一个教师的笃行致远

周艳华 著

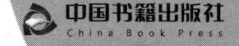

中国书籍出版社

图书在版编目（CIP）数据

一个教师的笃行致远 / 周艳华著. --北京：中国书籍出版社，2023.6
ISBN 978-7-5068-9456-2

Ⅰ.①一… Ⅱ.①周… Ⅲ.①教育-文集 Ⅳ.①G4-53

中国国家版本馆 CIP 数据核字（2023）第 113749 号

一个教师的笃行致远

周艳华　著

图书策划	许甜甜　成晓春
责任编辑	李　新
装帧设计	书香力扬
责任印制	孙马飞　马　芝
出版发行	中国书籍出版社
地　　址	北京市丰台区三路居路 97 号（邮编：100073）
电　　话	（010）52257143（总编室）（010）52257140（发行部）
电子邮箱	eo@chinabp.com.cn
经　　销	全国新华书店
印　　刷	四川科德彩色数码科技有限公司
开　　本	880 毫米×1230 毫米　1/32
字　　数	276 千字
印　　张	10.5
版　　次	2023 年 6 月第 1 版
印　　次	2023 年 6 月第 1 次印刷
书　　号	ISBN 978-7-5068-9456-2
定　　价	68.00 元

版权所有　翻印必究

一个教师的笃行致远

赵小勤

湖南省郴州市第十三完全小学周艳华老师的新书《一个教师的笃行致远》即将付梓,嘱我为其作序,我欣然应允。

艳华老师潜心小学班主任工作和小语教育教学三十余载,深耕笃行,收获良多。她不断研究儿童心理与小语教学的关联,探索班级管理、小语教学的规律,从中获取教学实践,进而有了一系列的体会和感受,得以总结结集,便有了这本新书面世。

韩愈说:"师者,所以传道授业解惑也。"古人所谓的"道",内涵特别丰富,我们新时代教师的"传道"大抵也应当是指明学生人生的道路,助其树立正确的社会主义核心价值观,引领学生在新时代的求学道路上筑梦前行。

习近平总书记说:"培养社会主义建设者和接班人,迫切需要我们的教师既精通专业知识、做好'经师',又涵养德行、成为'人师',努力做精于'传道授业解惑'的'经师'和'人师'的统一者。"

翻读艳华老师的书,发现三十余年来,她一直在努力做学生的班主任,做语文教师,一直在做年轻老师们"传、帮、带"的师父。她要用女性的柔情温暖学生的心灵,用师爱的星光点亮孩子的心灯。其所带班级,几乎年年被评为优秀班级,教学成绩总是名列全县前茅。她没任过学校主要领导职务，却一心扑在班级管理和教学研究上，提学识、强师能，与时俱进。最差的班她去带，别的老师不要的学生她会接。2012年下学期班上的刘同学（半孤儿学困生）、段同学（学困生）都是被任课老师认为不可挽救的"差生"，可在周艳华一年的苦心培育下，唤醒孩子的学习动力，该班从原来的倒数第一到排名顺数第二，两名学困生都考进县重点中学。如今两学生从免费师范毕业参加教育工作，成为教学骨干。校长在总结会上称赞："周艳华以慈母心治理班级，关爱孩子，她是我们学校的管班专家，转差能手。"近年来，在班级管理经验交流会上，在市教师培训会上，周艳华作过多次报告，她的班级管理的智慧与心得，成为大家津津乐道的话题，老师们一提及周艳华的班级管理理念，无不顶礼钦佩。从早早发表在《郴州日报》《湖南教育》推介她的教育管理类型的文章看，确实动人心弦。她著书提倡的"我在你眼里，你在我心中"，讲述着一个个感人的教育故事。老师不断地反思、改进、提升自己的教育教学方法，而学生的成长过程点点滴滴都成了教师心中永远的牵挂。学生们笔下的艳华老师栩栩如生，一个用心用情的好老师形象跃然纸上。

她用母性关爱每一个学生，让一个个可爱的小心灵吐露心声《"周老师，我想您了!"》，让《一碗绿豆汤》有了《夜几更，想起我的老师》，让《扎头发的故事》有了《长大后，我就成了您》……她用自己的学识、人品引领青年教师，认真地做着"传、帮、带"的工作，她每年主动为老师上示范课，不仅仅指导她们怎样做业务，如何提升专业知识，更重要的是引导徒弟们如何做"人师"，让《不积跬步，无以至千里》有了《您是我前行路上的一束光》，让《琢之磨之，玉汝于成》有了《寸草春晖，不忘师恩》，让《教育路上的师徒缘》有了《因为您，我变得更加优秀!》……在徒弟们心目中，她是同事中的解语花、学生旁的太阳花、工作里的铿锵玫瑰，与徒弟们相扶相携，教学相长……如春风化雨，润物无声。她指导的李老师、陈老师参加县、市、省教学比武获一、二等奖。她的很多篇独具慧眼的班主任论文与教学反思发表在省级报刊，让我们看到了一个"眼里有光，心中有爱，有教无类，不亦乐乎"的教师形象。

教书育人，育人是目的，是根本，而要想把人培育好，"经师"的本领则必须高强。要做一个有学问的人，先得做学术的有心人。许多教师感慨没有时间做学问，没有精力搞研究，艳华老师却为我们作出了榜样，她一直在教学一线打拼，已然是大家公认的名师了，相辅相成，她的教科研也取得了巨大的成功。她脚下躬耕笃行的教育沃土是她的出发点，也是最终归宿。她的每一篇教学教研论文几乎都是脚踏实地，披文入情，用具体细微的一个个生动的教育案例来诠释她心中的教育理念。做教育课题研究，写授课教案，记听课笔记、学习笔记，一个个鲜活的案例信手拈来，继而结合平时的读书和思考，有学术底蕴做依托，厚积薄发，一篇篇有学术研究的论文接二连三地发表在各种期刊杂志上，三十多篇中《湖南教育》杂志就有八篇。她的《城中村学校转型后教师核心素养提升的途径》等课题成果体现了她从实际出发，因材施教的教育理念；《语文课，我们忽略了什么?》体现了她在教育教学过程中注重细节；《从〈"推""敲"的故事〉谈修改作文》《小学语文写作要遵循人本理念》等体现了她在作文教学中注重引导小学生贴近生活，表达真情实感；《教学设计与课堂实录不可混为一谈》《走出"合作"学习的误区》等体现了她勤于思考……她把一线教师得天独厚的第一手资料恰到好处地发挥到了极致。这些论文无一例外都很接地气，中小学教师拿来就可以用，为一线教师解决教育教学中实际问题点开了一条通道。

艳华老师的论文广泛涉及了小学语文教学的方方面面，诸如识字教学、词汇教学、修辞教学、写作教学，其论文的笔触甚至还探讨到了常常是专家教授们精研细琢的古代汉语领域。譬如古汉语名词的活用例析，古汉语宾语前置现象解读，都有比较独到的论述和深深的感悟。很显然，艳华老师从博大精深的中国古代文学和古代汉语汲取养分，其实这何尝不是我们这个有五千年文明古国的中小学教师的必备修养。五四时期开创了波澜壮阔、泽被后世的白话文运动的鲁迅、胡适、林语堂等大师，哪个不是古文功底深厚？

细品艳华老师《一个教师的笃行致远》，点点滴滴描述都可以看到她一直在身体力行，探寻"人师"与"经师"的真谛。正如著名教育家陶行知先生说的，"千教万教教人求真，千学万学学做真人"。

著书立说，人们总以为那似乎是专家教授们的日常功课，其实在这个领域小学老师一样可以大有作为的，霍懋征、李吉林、窦桂梅老师早已树立了高高的标杆。从古至今，中国知识分子历来追求"立德、立功和立言"的"三不朽"精神，艳华老师的新书面世，了了她自己的一桩心愿，更为一线教师带了一个好头。人到中年的艳华老师正处在年富力强的好时期，相信她不会停下继续在教育领域不断探索的脚步，深耕笃行方能致远，期待着她的新作问世。

是为序。

2023 年 3 月 3 日

（作者系湘南幼儿师范高等专科学校教授、特级教师）

一生写自己的书

陈荣华

"是的,一生都在写自己的书!"说这话的时候,艳华一脸的庄重。

一生都在写自己的书,是一种承诺,是一种习惯,是一种浪漫,是一种追求,是一种执着。

好多人都在写自己的书,这一点,我都看到了,人生本来就是一卷大书嘛!天天写,月月写,年年写,成为一种自然。于好多人,我蹭不上说三道四,也大可不必说三道四,因为没那闲心,没那时间,没那精力,更没那责任和义务。于周艳华女士,那就大不一样了。一连半个月,我都深陷《一个教师的笃行致远》不能自拔,是那样入心沁肺,是那样痴痴迷迷,一连折腾了三个回合哩。每读一轮,都有营造不同的意境,都丛生不同的领悟,都有兴高采烈,抑或情不自禁地拍案叫绝,说浑身透着爽,一点也不夸张。

一

"我在你眼里,你在我心中",讲述的是艳华与她的学生互动的教育故事。这栏故事,分三个版块,一是"蓬头稚子学垂纶",二是"小荷才露尖尖角",三是"一枝独秀不是春"。

童言无忌,孩子们怎么想,便怎么说,是那样口无遮拦,是那样心口如一。他们到底是怎么想的呢？在孩子们眼里，在孩子们心中，周老师是他们的好朋友，令他们沉醉的是"上课的笑声"，连做梦都想的是"在周老师家蹭饭"。当然，和周老师"一起去看玫瑰花"，那是他们的最爱，他们时时刻刻都想和周老师待在一起。孩子们就是喜欢那样的画卷，无拘无束，想怎么疯，就怎么疯，能把他们的天性发挥到极致，不但能收获快乐，而且能收获知识，收获成长的历程……不难看出，这个艳华老师，她的每一举手，她的每一投足，她的一颦一笑，甚至连一个不经意的细节，都能撩出孩子们的万般风情与千万遐思，从这个意义上说来，艳华确实有过人之处，有与众不同的地方。她经常与学生打成一片，上演亲情，上演爱情，上演周边班级为之倾倒且羡慕的场景。在他们的生活圈里，在他们的学习氛围里，展示出来的，既是传统的家，又是现代的家，每一个场景都那么温馨，都那么温情，虽然不是一家人，却又胜过一家人。一个语文老师，一个班主任，把班经营成家，把学生们当成自己的孩子，彼此没有隔阂，才有那样的心心相印，才有那样的水乳交融。

"家是讲情的地方，不必事事都一定要分个对和错。"真是一语中的。

艳华要的就是学生们敢说真话，会说真话，善说真话。这真，往往让她的课堂欢声不断，掌声不断，尖叫声不断，高潮迭起。她确实是这样想的，她确实是这样说的，也确实是这样做的——家长把学生们交到她手里的时候，恰如一张张白纸，当老师的做梦都想写最新最美的诗，画最新最美的画。她做到了，确确实实做到了。一个个鲜活的孩子，在艳华的精心培育下，眨眼就长大了，"我就成了你"，一茬茬小荷，都露出了尖尖角。

都说学生是老师教书生命的延伸，一点也不假。李艳旭、欧阳聪、雷见琴、曹江帅、雷雪……那言谈举止，活脱脱一串串周艳华，他们的精气神，他们的思维质，深深打下了艳华的烙印，说到底，"因为您，我变得更加优秀"，秀出山山教育的栋梁之材。

二

"老师的成长，都是从随笔开始的。"周艳华理了理遮住眼睛的刘海，陷入了深深的回忆之中。

她写随笔，大概始于上初中一年级，受语文老师的影响，不管是读书、读报，还是看电影，末了，总会情不自禁地来三五句，渐渐地，越写越长，以至于一发不可收拾，成为一种作业，成为一种习惯，成为一种时尚。

这些年来，艳华带了好多徒弟，据说，不少已成为教学能手，不少已成为校级领导，有肖细莲，有李婧，有何京津……徒弟们感激艳华，感激她引领他们走上教育教学之路。一路走来的徒弟们，是艳华"用心陪伴成长之爱"，才有了他们的今天。要不是细心采访，还真究不出所以然来，这些"青出于蓝而胜于蓝"的弟子们，在得到真传之后，他们的教育研究之心，是何以在如此之短的时间里迅速强大起来的？他们的文章，是他们快速成长最真实的写照。

"有什么样的师父就有什么样的徒弟。"好多人这样宣扬，这样信奉。这话，在艳华这里又一次得到了印证。不止一回这样认定，周艳华的书之所以与别人的不同，是因为她把职业当事业做，有自己独特的理念，有自己独特的方式，有自己独特的音符，一如她的随笔不拘一格一样，落笔尽是情，尽出好文章，这好文章都是从她的骨子里流出来的，浸染着她的汗水、心血和智慧！难怪她的弟子们也那么热衷于随笔的大开大合。

服了,由衷地,"教育不可赶时髦",一年又一年,总算重拾起那份失落的"爱好",我为艳华鼓与呼,我为艳华点赞。

三

老师们都热衷于母课题、子课题,为的是学习,为的是成长,为的是实现教师的最高追求。艳华也不例外,每个学期都有申报,每个学期都有自主研习,都有同伴互助,都有勤耕、苦耕、巧耕。

"要不是经常写随笔,怎会发现教育教学中有那么多的问题要解决?要解决问题,就得做课题。"艳华终于兜了老底。好多老师一个学年下来,两手空空如也,见别人除了丰收,还是丰收之秋,仍旧在原地打转转——摸不着北,对于那样的情景,除了廉价的叹息,剩下的,恐怕也只有哀其不幸,恨其不争了。

艳华一步一个脚印地从乡村学校走进城中村小学,再走进郴州市十三完小,如果没有对教育教学一如既往的虔诚,不可能有今日的成就。

"她呀,连洗尿布都想着课题哩。"一位王姓老师瞥了一眼,看得出来,她对艳华的钦佩是发自内心的。

连洗尿布都想着课题,不是走火入魔,而是上升到了境界中的境界。这些年来,她主持过两个省级和两个市级课题,参与或执笔省级课题也有好几个。

"课题研究,是中小学老师不断成长的必由之路。"艳华不止一回这样传经送宝。都年过半百了,她还是那样雄心勃勃地一头扎进课题研究的海洋里,打造自己的团队,打造自己的"航空母舰"。苏霍姆林斯基说:"如果你想让教师的劳动能够给教师带来乐趣,使天天上课不至于变成一种单调乏味的义务,那你就应当引导每一位教师走上从事研究这条幸福之路。"艳华就是这样在这条幸福之路上收获了沉甸甸的喜悦。

艳华有好多经验之谈，其中最吸引眼球的是："当老师的，没有成熟的，只有不断成长的。"的确，她用言传身教，夯实了这一说法。

艳华写自己的书，写出了特色，写出了风格，完全归功于她经年累月的孜孜不倦，孜孜以求。

四

"路，认定了，就要一直走下去……"艳华如是说。她生来就是一条书虫，嚼了多少书页，连她自己也记不清了，精装的，平装的，线装的，一卷卷；现代的，古典的，一丛丛。当老师的，在学生眼里，在学生心里，都是智能人，什么都晓得，什么问题都能得到解决。不错，艳华原本是一部大百科全书，内化了海量的知识，吸收了海量的营养，终于吐丝了，终于化蝶了。她学春蚕，吐自己的丝，破自己的茧，化自己的蝶，成为十三完小一道亮丽的风景线。

"菜煳了！"一想起这句话，艳华便笑得有些羞涩。她是那种一见到书就挪不动脚的人。那日，她一边煮菜，一边读《给教师的100个建议》，太入心了，要不是丈夫提醒，菜锅烧穿了都没有反应。好在那年月煤气还没上灶，要不然……多危险！一次次阅读，知识越来越丰富，底蕴越来越厚实，见解越来越独到，探究越来越深邃，表现在文论上，便是独树一帜。

艳华的论文，涉及语文教学的方方面面，有字词句的勘探，有学习方法的深挖，更有作文的独辟蹊径，她的论文和她的课题一样，大多是岁月熬出来的，是反复论证了的科研成果，操作性强，便于推广，是小学校本教研的活教册——或许称之为"范本"，更为准确。

还是第一回听说，班主任有五种类型：一是母爱型，二是益友型，三是活泼型，四是幽默型，五是学习型，这是艳华潜心研究的结果。事实上，班主任很少有单一的类型，他们大多是多面体，各种元素互相渗透，是一个多元的大融合。艳华是一个爱打破砂锅问到底的人，她条分缕析，论得头头是道，展现出女性的细腻，凸显出学者、智者的风范。

艳华还在埋头苦读，还在伏案疾书。她坚信，既然学有所得，就要努力实践所学，使所学最终有所落实，做到"知行合一"。我赏识她的忠贞不渝，我赏识她的踏踏实实，我赏识她的一心一意。只有这样，也只有这样，她的教育之路才能走得天长地宽，才能写出属于自己的、与众不同的、独一无二的瑰丽人生，是为序。

2023 年 3 月 10 日

目 录
Contents

第一章　我在你眼里，你在我心中

（一）蓬头稚子学垂纶 | 002

　　我的好朋友——周老师 | 002

　　　　"周老师，我想您了！" | 004

　　　　"周老师，您能到我家去做客吗？" | 005

　　我的班主任周老师 | 008

　　　　鬼灵精怪的谢雅婷 | 011

　　我的语文老师 | 014

　　　　新转来的张希杰 | 015

　　我心目中的周老师 | 017

　　　　"凭什么？" | 019

　　周老师，我想对您说 | 022

　　　　被指定的班长"下岗"了 | 024

　　　　变　化 | 026

"偏心"老师 | 028
　我的心愿 | 030
我的语文老师 | 032
　金口难开的陈瑞 | 033
我的老师 | 037
　"老师,我今天过生日" | 039
我的班主任周老师 | 043
　沉默寡言的雷宇航 | 045
我的语文老师 | 047
　"妙手"李秉鸿 | 049
我心目中的老师 | 051
　自律的邓亚俊 | 053
我的周老师 | 055
　可爱的刘倩 | 056
我的老师 | 059
　"为什么是我擦黑板?" | 061

(二) 小荷才露尖尖角 | 063

长大后,我就成了您 | 063
　扎头发的故事 | 065
夜几更,想起我的老师 | 068
　一碗绿豆汤 | 070
我眼中的周老师 | 073
　懂事的雷见琴 | 075
给予信心赋予力量 | 077

"我不想寄宿" | 079
我眼中的周老师 | 082
　新转来的邓智 | 083
印象中的周老师 | 086
　心目中的雷雪 | 088
我眼中的周老师 | 090
　调皮的谢方明 | 091
我的老师 | 094
　学生这样奖励我 | 095
好久不见，周老师！ | 097
　可爱的刘卓男 | 099
严厉的周老师 | 102
　"李逸，他们怎么打你，你就怎么打他们！" | 103
我的老师 | 107
　文具盒又回来了 | 108

（三）一枝独秀不是春 | 115
您是我前行路上的一束光 | 115
　不积跬步，无以至千里 | 117
寸草春晖，不忘师恩 | 120
　琢之磨之，玉汝于成 | 122
教育路上遇见美好 | 125
　教育路上的邂逅 | 127
我的师父周艳华老师 | 129
　"是金子，到哪里都会发光！" | 130

眼中有光，心中有爱 | 132
  阳光总在风雨后 | 134
我眼中的师父 | 136
  相扶相携，如切如磋 | 139
因为您，我变得更加优秀！ | 142
  教育路上的师徒缘 | 145

第二章 教学随笔

教育不可赶时髦 | 150
幼小教学衔接的思考 | 154
语文课，我们忽略了什么？ | 158
教学设计与课堂实录不可混为一谈 | 162
多给学生一点"自主权" | 165
走出"合作学习"的误区 | 167
浅谈"读中感悟" | 170
唱响诗歌的旋律 | 173
重拾那份失落的"爱好" | 177
塑造"五型"班主任 | 179
浅谈"绿化式"批评 | 181
"我们都不想成为'凡是'" | 184
表扬卡 | 187
"当小女孩醒来，发现……" | 189

第三章　课题研究

城中村小学学生学习现状的调查分析　｜　194

城中村小学生家庭文化背景现状调查与分析　｜　199

城中村小学生传统文化修养培育的途径　｜　206

城中村学校转型后教师核心素养提升的途径　｜　209

教师执教和引导能力观察调查与分析　｜　214

为学生的"语用"架桥搭台　｜　219

第四章　教学论文

文言文中几个常见多音字的读音辨异　｜　224

试谈古汉语名词的活用　｜　229

试论我国古代的元宵诗词　｜　237

小学语文写作要遵循人本理念　｜　243

让学生养成积累语言的好习惯　｜　249

小学作文教学中的问题与分析　｜　252

正确区分"比喻"和"拟人"　｜　255

从《"推""敲"的故事》谈修改作文　｜　259

抓好小学作文教学中的"仿写"工程　｜　263

第五章　校本讲坛

教学设计作业需要注意的几点　｜　270

教学设计之"教材分析"　｜　272

评语，一个不容忽视的问题 | 278

识字教学 | 281

教师怎样做课题研究之"操作过程" | 284

小学生传统文化修养培育在班级管理中的作用 | 289

第六章　媒体推介

周艳华的"家校经" | 298

随风潜入夜　润物细无声 | 302

周艳华：用心呵护每一位学生 | 305

春风化雨，爱心育人 | 309

白鹿洞小学出名师，农村教育的骄傲 | 313

后　记

走近学生，走进教材 | 315

第一章 我在你眼里 你在我心中

（一）蓬头稚子学垂纶

【你眼中的我】

我的好朋友——周老师

罗舒倩

俗话说"一日为师，终身为父"。不过，在我这里应该"终身为母"。我们班的周老师有一双炯炯有神的眼睛，一个鼻子，一张嘴，虽然看上去那么的严肃，但在长时间的相处中发现，周老师是一个很有趣的人。

上课时的笑声

一次上课，讲到几个成语形容一个人，老师突然想到一个好主意：让我们用成语形容邓亚俊。大部分人说的是夸他帅或夸他学习好的，到了曹佩轩时，他语出惊人，张口就来一个："不知天高地厚！"他平时最爱损人，这个机会定不会放过。话说这个不是成语吧！所以他又换作了"五大三粗""不知廉耻"。所有人的矛头又对准了曹佩轩："老师，我觉得形容曹佩轩可以用'不知廉耻、五大三粗、没头没脑、出口成章、谎话连篇'。"老师听了,在讲台上笑得合不拢嘴,边笑边说:"不要只说曹佩轩的不好,难道曹佩轩没有优点吗?也要说点好听的,好像人家没有优点一样。"曹佩轩也疯狂点头:"我有了,有勇有谋、丧尽天良。""停!你自己说的啊!哈哈哈!""又说到坏的了。"……这节课就这样伴着笑声去了。

在周老师家蹭饭

一个周末,我和好几个同学去周老师家玩,到了中午,有两个同学回家了。我和其他几个留下的同学做了个决定:要在周老师家蹭饭。我们和老师说了这个决定后,便留了下来。看着许多美食一盘盘的上桌,我们的口水都流了下来。"我饿得不得了了,我要开吃了!"一个同学说着夹起一个鸭腿就吃。我也大口吃起来,一盘鸭肉被我们几个秒杀。这顿饭我们吃得很开心,就是苦了周老师,一口鸭肉都没有吃着。

一起去看玫瑰花

一天下午,周老师带我们一群同学到了一个小花园,这里面种了许多玫瑰,很漂亮,我也是头一回看到这么多的玫瑰。一场雨后的玫瑰丛,看起来像一群可爱的孩子展开了灿烂的笑容,我为此还特意写了一篇作文,改写了"郴城朝雨浥轻尘,客舍青青草木新""晓看红湿处,花重林邑城"这几句古诗,老师还表扬了我,把我的作文读给大家听。

老师就像我们的好伙伴,好朋友,她教我们知识,带给我们快乐,让我学会了很多知识,我们在她的陪伴中、关怀中不断成长。这六年里,感恩有您,我的好朋友——周老师。

【学生档案】

姓名：罗舒倩

年龄：12 岁

爱好特长：播音主持、舞蹈

就读学校：郴州市苏仙中学

【我心中的你】

01
"周老师，我想您了！"

"周老师，我想您了！"刚放寒假没几天，罗舒倩就打过几次电话了，每次打电话就是说这句话。今天，她又打电话来了。

"倩宝，今天又怎么呢？"

"周老师，您能来我家做客吗？"小姑娘几乎用央求的语气说着。

"你家住哪呢？老师去看你。"

"我家在桂阳乡下。"

"哦，有点远哦，我找不到路。这样，你打开微信视频，咱俩就可以见面了。"

"哦，那好吧！"

打开微信视频，小姑娘兴奋地聊开了。别看她才六岁多，说起话来滔滔不绝，她向我介绍她的家人、她家的房子、小花园、菜地、家里发生的有趣的故事……我俩聊了差不多一个小时才停止，她十分高兴地说："谢谢老师，有时间，您一定要来我家做客。"

罗舒倩，身体瘦小，脑后扎着一个小马尾，那双水灵灵的大眼睛里，盛满热情、聪慧与善良，能够和每一位同学成为好朋友，也能时时为别人着想，体贴和关心身边的每一个人。但有时上课，她表现出傻呆呆或心不在焉，我几次向家长了解，家长都是说，孩子晚上总是睡不着，看了好几次医生，都没什么效果。

有一次，罗舒倩的妈妈向我吐槽："我家姑娘简直是个小大人，比如每天要争着去买菜、煮饭，我出门时她还再三问我有没有落东西，等等，什么事都要去管，有时我都觉得，她是老娘，我是她的崽。她有时候很晚都不睡，患得患失，没少折腾我们。"怪不得，刚刚开学不久，罗舒倩的爸爸晚上十点钟打电话给我，说孩子告诉他她怕老师，因为老师凶了一个不听话的小朋友，她害怕有一天老师也会这样凶她，那一天都在她爸爸面前念叨，这才有了她爸爸深夜的电话。次日早上，我一到学校就找到她，抱了一下她，安慰了一下她，没想到小姑娘一回家就告诉她爸爸妈妈："今天老师抱了我，以后我不怕老师了。"尔后，她时不时拿个橘子、一串葡萄，或一块饼干、一颗糖递给我，说是要与我分享，我也会拿一些食物跟她分享……

今天的微信视频，她应该很满意吧?!

02
"周老师，您能到我家去做客吗？"

"周老师，您能到我家去做客吗？"罗舒倩已在我面前叨叨了好几回了，如果我总是推诿、拒绝，小姑娘可能又会有很多猜想：老师为什么总是不答应我呢？是不是不喜欢我了？是不是……凭我对她的了解，这些猜想会让她感到很不安，我决定利用家访赴一次约。

星期五,我联系了班上几个任课老师一同去家访,当我们敲开罗舒倩家的门时,罗舒倩又惊又喜,继而欣喜若狂:"爸爸、妈妈,快来!快来!我们老师都来我们家来看我了!"她父母也高兴地迎了出来。

待我们坐下,罗舒倩已经为我们倒好了开水,还在迅速地摆果盘,给我们介绍橘子在哪买的、苹果什么时候买回来的、葡萄已洗干净了……我和几个同去的老师都不住地夸奖罗舒倩,她兴奋得像一只放歌的小鸟。

在交谈中,我了解到,罗舒倩的爸爸妈妈开了一家房地产公司,夫妻二人每天在公司忙出忙进,对孩子的饮食起居照顾得很少。孩子很懂事,什么都学着干,家里被收拾得干干净净。说话间,罗舒倩的妈妈还拉着我参观了一下家里的卧室和书房,东西都放得整整齐齐,各类物品摆得井然有序。这不得不让人惊叹:这哪是一个7岁孩子做的?!"她还帮着照顾弟弟。"罗舒倩的爸爸边说边把孩子抱起,说话间,他的眼里闪现一丝心疼。

当我们几个人提出去另一个同学家的时候,罗舒倩马上拉着我说:"周老师,在我家吃了饭再走吧。"

"倩宝,今天可不行哦,我们还得去别的同学家,下次有时间,我们提前约。"我摸摸她的头说。

"可是今天就很好的呀。"她有些依依不舍,噙着泪跟我们说,"老师再见!下次一定要在我家吃饭。"

通过这次家访,我想,罗舒倩之所以有这些举动,可能是长期得不到家人的关爱而引起了孤独症,她经常独自一人在家里完成父母没做的家务事,弟弟需要她的陪伴,她还是个孩子,她也要人陪伴,没有大人的陪伴,就没有了安全感,内心就缺乏一种宁静感,一种平和感。这或许是她的父母没有意识到的。如果不及时引起注意,她以后还可能会出现优柔寡断、反应迟钝,甚至记忆力下降的情况。长此以往,也可能造成她不懂得与人沟通,经常反复地做着同一件事情,把自己封闭在自己的世界当中的态势。

  我把我的想法与罗舒倩的父母沟通了一些,引起了他们的高度重视,他们立即对自己的工作时间做了调整,保证每天轮流在家陪着孩子,周末还给罗舒倩姐弟俩报了播音主持和舞蹈辅导班,改变孩子的交际环境,罗舒倩从此变得更加活泼开朗,学习成绩提高了,还做了我们学校少先队大队部的主持人。

【你眼中的我】

我的班主任周老师

周老师不但是我们班的班主任,还是语文老师。可能会有人说:"语文老师有什么好的,凶得和老虎没什么两样。"可我们的老师就是刀子嘴豆腐心,时而温柔至极,时而让我感到不知所措。当班里那些男生将周老师弄生气了,我会觉得"周老师好凶啊!"但她只是表面上凶,内心是非常关心我们的。

四年级时,我凭着自己的聪明能干,在同学们的心目中树立了榜样,在"竞选班干部"中拔得头筹,戴上了"班长"的桂冠,心里简直乐开了花,于是盘算着:哈哈,以后除了老师,班上同学都归我管了;以后我不写作业,组长也不敢拿我怎样!于是,贪玩的我放学一回家,丢下书包什么也不做,完全把老师的嘱托抛到了九霄云外。可是有一次,小组长偷偷告诉了周老师,说我经常拖欠作业,每次收作业就说没带。周老师听说后就不动声色地在我书包里突击检查,翻出几本崭新的练习册,而我全然不知。

那天上午第三节是语文课,恰巧是讲练习题。同学们都按老师的指令倏地拿出了练习册,我心里却顿时像十八个吊桶打水——七上八下:拿出来吧,都是空白的;不拿出来,老师肯定会刨根问底。

怎么办?

……

忽然,我看见前面的同学低头在书包里找什么,灵机一动,我装着在书包找作业的样子,只是头埋得很低很低。

"谢雅婷,你的作业还没找到吗?"我正洋洋得意之时,老师向我走了过来。

"还……还……没……"我支支吾吾地说着,还继续低着头装着找的样子。

"算了,我知道,你放家里了。我上课讲的时候先抄着吧。"

"嗯。"我迅速拿出练习本,一抬头,撞见周老师那含笑的眼神,周围的同学都在看着我,还有人在窃窃私语:"哼,还是班长呢!""她就不配当班长!""这下周老师肯定会收拾她。""说不定会撤了。""……等会儿,老师会继续问我吗?不会的,要不然,她会叫我抄?如果发现了,老师会大骂我一顿吗?那也好,总比撤了我的职务强。老师不会真撤了我吧?伙伴们会嘲笑我吗?以后大家还会信服我吗……"我的脑子里一团乱麻。那节课,我抄抄写写的是些什么内容,完全不知道,太难熬了。

中午放学时,老师把我叫到了办公室,我低着头在她面前站着,时刻准备着"暴风雨"的来临。

"你说实话,作业到底带了没有?"老师的语气有些轻描淡写。

我知道瞒不过了,脸唰地火辣辣的,心里还有点害怕,从牙缝里挤出一个字:"没。"

"看着老师。"

我稍稍抬头,又撞见周老师那含笑的眼神,眼泪禁不住流了下来:"我错了!"

"这么快就知道错了,说明你是个聪明孩子。"她语重心长地说,"你是我们班的班长,在班上是领头羊,你不好好遵守规章制度，不写作业，全班同学都跟着你学，我们这个班的班风、学风还会好吗？当班长不仅仅是领导和管理能力要强，学习也要跟上，不然，你的管理能力再强，没人信服你，你也当不长久。"

我点点头没有发出声，周老师又说："给你两个选择，要么班长你继续当，但是你作业要写，不许空着；要么这个班长就别当了。"我一听到"别当了"这三个字立马对周老师说："我……我想继续当班长。"虽声音不大，但周老师还是听到了。

"想继续当，是吧？可以是可以，但你要信守承诺。"我点点头。回到家里，我一口气把这几天没写的作业全部补上，交给了周老师。

回想起来，其实周老师也没有那么恐怖嘛！于是，夸赞她的语言在我脑海中喷薄而出：周老师真是人美心善、闭月羞花、沉鱼落雁、倾国倾城、国色天香……周老师诲人不倦，是我们的良师益友，对我们呕心沥血……

时间过得真快，六年时间一转眼就过去了，在这六年里发生了许多大大小小的事，我们这一届可能是周老师带过的最闹腾的一届，班里那群"疯子"没少折腾，他们给周老师惹了多少麻烦，周老师生了多少次气我都记不得了，可做老师的没有放弃我们，这应该是件幸福的事吧？

我庆幸，我们庆幸，遇见了周老师。

【学生档案】
姓名：谢雅婷
年龄：12岁
爱好特长：舞蹈、跑步
就读学校：郴州市苏仙中学

【我心中的你】

鬼灵精怪的谢雅婷

她性格活泼开朗,每天都保持着乐观向上的精神面貌。

她具有较强的管理能力,是老师的好帮手。2016年9月入校以来,她一直担任班长,对班级的工作尽职尽责。

她乐于助人,班上谁有需要帮的,她都义无反顾。

……

谢雅婷,扎着两个马尾辫,一双机灵的小眼睛咕噜一转便计上心头。上课时,她总是积极举手回答问题,思维活跃,声音响亮,准确率高,朗读课文非常有感情。她是一个小组长,她的小组被她"治理"得井井有条。每次作业属她交得最快,合作学习效果最好,有时她会手把手地教小组的成员解决疑难问题。不过,这姑娘有点个性,谁要是惹着她了,那人非得吃点苦头,否则,她决不会善罢甘休,连男生都怕她。参加区里的经典诵读比赛,她把主角精神发挥得淋漓尽致,让在场的所有人都啧啧称赞。

因为谢雅婷的父母去东莞打工了,她就一直跟着扫大街的爷爷奶奶。听说她在家挺能干的,经常帮奶奶扫地、洗碗、洗衣服,爷爷奶奶没什么文化,她还得管理好自己的学习。

经过大半个学期的观察,发现她的管理能力还不错,我有意识地训练她为班级做些事——其实,我是在为下学期的班长做准备。

第二学期开学选班干部,她自告奋勇地说:"我要当班长!"我以为孩子们都会很惊讶,没想到所有的孩子鼓起了掌。我看见平时"两耳不闻窗外事"的杨贵双也高兴地拍着手,便当众询问,他居然不假思索地说:"我觉得谢雅婷成绩好,又爱帮助人,还可以管住那几个调皮的同学。""是的,是的……"孩子们你一言我一语嚷开了。既然谢雅婷当班长是众望所归,就这么定了。

接下来,我找着谢雅婷单独谈话、布置工作,要求她"凡是要别人做的,首先自己要做好,这样才会让同学们心服口服"。她欣然接受,而且也完成得很好。半个学期来,班上的工作井井有条。我正欣喜,期中考试后的一天,上期的班长陈静香跑来告状,说谢雅婷有几天没写作业了。这孩子怎么了?我不动声色地观察谢雅婷,发现这孩子有些心事,从她组织排队做操可以看出脾气还有点暴躁。曹佩轩比较调皮,见谢雅婷整队,故意碰了她一下,不料谢雅婷挥手给了曹佩轩一巴掌,还送了一个白眼,吓得曹佩轩低头不敢出声。我静静地在楼上看着,没去"干扰"她的工作。上午放学送孩子们出校门时,我叫住了谢雅婷,让她留下来。

谢雅婷来到我跟前,眼里已噙着泪。

"受什么委屈了?"我摸摸她的头问道。

我话音刚落,她便抽泣了:"我这几天没写作业。可我不敢跟老师说,同学们都在说我。"

"没写作业?为什么呀?"

"我感冒了,心里特想爸爸妈妈。"她边哭边说,"我想给爸爸妈妈打电话,可奶奶说电话欠费了。"

"就为这事,就不写作业?"

"不写作业和想爸爸妈妈不是一件事。你不写作业,你的学习就落下了,爸爸妈妈会很生气。你乖乖的,爸爸妈妈才会更加安心地工作。"

"老师,我知道错了。可同学们以后不会再相信我了。"她哭得更厉害了。我把她搂在怀里，拿纸给她擦拭眼泪。

我知道留守儿童想念父母的心情，生病了，希望父母能陪着自己"宝贝"长"宝贝"短的，没文化的爷爷奶奶又怎么能理解呢？

"宝贝，还想跟爸爸妈妈通电话吗？"我掏出手机，"可以用我的。"

她使劲地点点头，兴奋地报着她爸爸的电话号码。

……

毕业晚会上，她捧着一束花走到我跟前，行了个标准的队礼，话还没出口，眼泪已经在脸上奔流了。我接过花，抱住了她说："你聪明能干，又热情大方，记住：欲穷千里目，更上一层楼！"她看着我笑了，边点头边说："谢谢老师的爱，我一定会记住您的教诲。"

【你眼中的我】

我的语文老师

鲜花要感谢雨露，因为雨露滋润成长，大地要感谢小草，因为小草装饰美丽，我要感谢我的老师，因为她在我成长中给了我自信和战胜困难的勇气。

六年的学习中，有许多老师教过我们，但我最喜欢的是周老师。她头上扎着马尾，头发乌黑乌黑的，还有一双炯炯有神的、智慧的眼睛，我最喜欢上她的课。

我是三年级的时候从乡下转到这个班的，野生野长的我自由惯了，而那时在乡下，我的成绩是最好的。一到这个班，我成了班上成绩最差的，想想在乡下读书时简直是混日子，这让我很有挫败感。

我上课总是低着头，不敢抬头正视老师，更不敢举手回答问题。有一次上课，周老师点到了我："张希杰，你来读一读这段话。"我有些忐忑不安，脸唰地红了，这一段话我不太熟悉，特别是有些字，它们认识我，我却不认识它们。因此我像蚊子一样"嗡嗡嗡"，读了什么，我的眼睛知道；读的声音，只有我自己听见。老师看出了我的窘迫，笑着说："没关系，胆子大一点，你行的！来，深呼吸——再读一遍。"我把声音提高了一点，这下，全暴露了，我把"羞"读成了"差"，把"愧"读成了"鬼"……有几个男生在窃窃私语："好'菜'啊！"好多同学已笑得前俯后仰。周老师走到我面前，轻轻地抚了抚我的头，让我坐下。

面对同学们的嘲笑声，我的自信全没了。老师没放弃我，下课了，老师把我叫到了办公室，十分和蔼可亲，她耐心地开导我，鼓励我。以后上课时，老师关注的眼神从没离开，课后帮我补课，不厌其烦地给我讲解。我的成绩终于进步了，期末的时候，我领到一张"进步学生奖"，还有一些学习用品，开心极了，老师也笑了。

虽然是进步了，但每次考试能考得 80 多分是非常"幸运"的事，偶尔有一次考到 90 分。无论考到多少分，只要有了进步，周老师都会在班上表扬我，并希望我再进步，学得更快一些。我记住了周老师说的一句话："聪明在于学习，天才在于积累。"我自己暗暗下了决心，一定要向班上的邓亚俊学习，即使不是学习最厉害的，也要做最勤奋的那个。

一转眼，六年的时光就这样过去了，我也要离别我的老师和同学了。在这里，我要真诚地说一句：谢谢您！老师！

【学生档案】

姓名：张希杰

年龄：12 岁

爱好特长：画画

就读学校：郴州市苏仙中学

【我心中的你】

新转来的张希杰

张希杰是三年级一起从乡镇中心校转来的。听说父母进城务工，孩子跟着爷爷奶奶在乡下上学，爷爷奶奶不识字，完全辅导不了孩子，一年级内容简单，他的学习还能跟得上，到了二年级，随着教学内容的难度提升，他的成绩就慢慢落下了。为了孩子的学习着想，他父母把他从乡下转入我校。入学摸底，我发现他写不出几个字，也认不得几个字。这样的基础让人大跌眼镜，"怪不得平行班的老师不肯接受他"。

一连几天来，我发现他上课的习惯很是差劲：坐不正、站不直、字写得东倒西歪、桌子底下全是垃圾……我不能在课上课下只管他一个人吧？怎么办？怎么办！

我决定找他谈一次话，了解一下他的情况。令我啼笑皆非的是他还不善表达，十分钟没回答清楚一句话。我只好安排几个成绩好的学生，每天轮流教他认读生字，他也很认真地跟着学。每天下课，我就会对他小结一下他上课的表现。渐渐地，他学习习惯有了很大的进步，期中测试时，他的语文成绩 59 分，数学 63 分。

我告诉他，只要养成了良好的学习习惯，学习成绩会进步得更快，还发了一份小奖品给他，从此，他的学习积极性在不断提高，上课有时候还会举起小手。

后来，我观察到，张希杰虽然成绩十分不好，可是这个孩子的身上有很多优点，为人正直善良、待人真诚、热心班级的工作，在同学中很有威信。

前几天下雨，他的父母一起来接他，我和他的父母谈了他的优点，并说出了他在学习方面存在的问题，同时鼓励他多用功。我和张希杰达成协议，让他遇到不会的问题及时地向各科教师或同学请教，如果期末考试总分提高 20 分，我就会送他一个小礼物，并邀请他的父母做公证人督促他，孩子很高兴地答应了。从他真诚的目光里我明白，他肯定会言而有信的。

【你眼中的我】

我心目中的周老师

周老师知识渊博,学识面广,她像春风一样,在我们心里播放了学习的种子。她像园丁一样因材施教,把我们这些不畏风雨的小树苗领入学习的殿堂。周老师带了我们六年,她认真负责,严中有爱。

那天是语文课,我的试卷不见了,周老师刚好在讲那一张试卷,老师走过来发现我没有试卷,就问我:"你的试卷呢?"

我说:"我不知道。"接着说,"没发给我!"学习委员立马站起来,再三肯定每个人都发了。老师见我说话阴阳怪气,什么也没说,看了我一眼,然后走到讲台上,拿了一张空白卷递给我。我正低着头,看着老师走过来,以为老师要过来惩罚我,所以瞪着眼睛望着她。老师可能也瞧见了我那种不友好的眼神,把空白卷递给我的时候,语气有点冷:"抄一遍!"

"凭什么?"我咆哮着。

"凭你没写作业。"老师的声音也提高了。我的心中不知道哪来的那股邪火,对着老师怒吼:"我就不抄,怎么着?"

"你敢!"此时,老师的声音足以震倒这栋楼。我仿佛听到了"河东狮吼",吓了一跳,全班同学都静静地望着老师,不敢出声。这时,同桌扯了扯我的衣角,轻轻地说:"冷静点,冷静点。"

老师继续说:"没写作业还有理了?你就是这样学习的?中午别回家了!待在这儿!"那声音又提高了八度。

虽然我与老师顶嘴,但心里多少还是有些害怕。中午放学时,我主动坐在座位上,等着老师过来罚我,心里也没有之前那么大的火气了。

同学们都陆陆续续走了,周老师送走同学,又回到了教室。只见她慢悠悠地走到我身边,脸上已经没有课堂上那严肃的表情了。老师大概也看出了我的心虚,她开口道:"何俊,你说实话,作业是不是丢了?"我不敢直视老师,轻轻"嗯"了一声。

"丢了,你就应该告诉老师,或者想办法解决,上课这样大声与老师说话不礼貌,学习态度不好……"特别是听到老师说她一直很喜欢我,一直认为我是个乖孩子的时候,我有些听不下去了,眼泪扑簌扑簌地流,懊悔、伤心,说不出的滋味。

这时,老师轻轻地抚了抚我的头,说:"你哭了,是不是知道错了?"我低着头,不敢抬头看老师。突然,我想起了奶奶说的话:"老师那么关心你,你要听话。"眼泪再一次扑簌扑簌地流了下来,我站起来给老师鞠了个躬,说:"老师,我错了,对不起!"

周老师拍了拍我的肩膀:"其实什么事也没有,你愿意写作业吗?"我没说话,只是点了点头。

"回家吃饭吧,别让奶奶等久了!"说罢,老师离开了教室,我也拿着试卷飞快地跑出教室,并很快补完了作业。中午,我用最快的速度把试卷写完,还没开校门就来到了学校,第一时间把答卷交给了周老师。她接过试卷,笑笑说:"孺子可教!"我也不好意思地笑着离开了。

老师,谢谢您!是您的关爱,让我感觉到了温暖;是您的鼓励,让我有了学习的动力;是您的循循善诱,让我在人生的道路上有了前进方向。

马上就要毕业了,我在这里真诚道一句:"谢谢您,老师!"

【学生档案】
姓名:何俊
年龄:12岁
爱好特长:体育
就读学校:郴州市苏仙中学

【我心中的你】

"凭什么?"

"凭什么?"今天的语文课何俊同学的咆哮声还在我的脑海萦绕,说不生气是假的。语文课堂上,我让学生拿出昨天发的试卷,在讲解的过程中,发现何俊同学桌上只有一本未翻开的语文书,但我询问他为什么不拿出语文试卷的时候,他阴阳怪气地说没有发给他。从他的表情可以看出,他分明是没有写作业而找的托词,为了不影响其他学生,我打算下课再找他说说,并顺便把一张多余的空白卷拿给他,要求他把讲过的抄一遍,没想到他突然站起来咆哮。

看他这副模样,我也激动地叫嚷了一声。大概是我的声音更大,他有些被震住了,没再顶嘴,继续上课。

中午,我把他留下来了,在经过一番"动之以情,晓之以理"之后,孩子还是向我说了声"对不起",并补完了作业。

巧的是,学习委员悄悄告诉我说,何俊最近总是早上到学校找别人的作业抄，其他科任老师也相继告状，说何俊最近上课太不像话，隔壁班的孩子也告状，说何俊在放学的路上打人，我决定不动声色地观察他两天。果不其然，他早上一来就找到同桌，要作业抄，一下课，他就到隔壁班找他所谓的"兄弟"玩，除了语文课外，没有一节课是安静的。

令我很不解的是，一向乖巧、听话、骨子里还有股上进心的何俊最近总是管理不好自己的情绪，这是怎么了？我决定与家长沟通一下。何俊父母离异，父亲后来又给他找了一个后妈，生了个妹妹，所幸的是后妈对他视如己出，爷爷奶奶也和他们住在一起。何俊爷爷和父亲在城外打工，后妈开了一家发廊，每天忙不停，兄妹俩由奶奶照看。

我来到发廊，何俊后妈正好一个人空闲，待我说明来意，她叹了口气："唉，这孩子最近迷上了手机游戏。每天晚上都拿着奶奶的手机玩到深夜，告诉他奶奶查学习资料。我那天看到了，他居然对我吼，说不要我管，他奶奶还怪我。"

"其实，你婆婆一直在我面前夸你。"我安慰道。

"后妈难当啊！"她倒了一杯茶递给我，"谢谢老师对何俊的关心。"

接着，何俊后妈把何俊奶奶找来了，我又与其奶奶交流了一下。其奶奶也很无奈地向我诉苦："老师啊，我都不好意思说，最近这孩子总是说，他在这家里是不是多余的？有时候教育他，我说大声了，就说奶奶偏心；我说小声了，就当耳旁风；我不说，就肆无忌惮；我多说几句，就说我好啰唆。"

"他爸爸是不是很少陪伴他？"我问何俊奶奶。

"是啊是啊，他爸爸没在家待几天。"

"我想孩子是长大了，长时间以来，父爱缺位了，孩子可能没有安全感，缺乏自信，所以自暴自弃了。你跟他爸爸说说，每周回来陪陪孩子,开导开导他,比你讲一百句都有用。"

回到学校,我又找到了何俊,先是夸了他一番,然后把他最近的表现小结了一遍,他不住地回应我,最后,我问何俊:"平时想不想爸爸?"他居然低着头抽噎,我鼓励他向老师、同学、好朋友敞开心扉,也许能走出迷茫。他笑着点了点头,并向我保证:以后一定听老师和奶奶的话,再不会不写作业了。

作为教师,不能只是对孩子的这些问题一味地批评指责后放任不管,而是要运用理论知识和实际的经验来解决这些问题,简而言之,就是要以爱心关怀学生,以细心观察学生,以耐心教育学生,及时发现学生的问题,尽量帮助其解决问题。我们不能放弃,而要在这个方面给他多点鼓励多点爱,让他能体会到我的良苦用心,把我当成能够交心的朋友,并愿意让我帮助他走出心理阴影,拥有正常孩子的阳光灿烂。

【你眼中的我】

周老师，我想对您说

"光阴似箭，日月如梭"，从一个不懂事的小屁孩长成青涩的小女生，您整整陪伴了我们六年。这六年里，您带着我们学习、游戏，与我们一起欢笑……我很舍不得您，心里有许多话想对您说，在这里，我就把那些曾经想说，又不敢说的话说给您听听。

周老师，我想对您说，有时，您布置的作业有点多，书面的就算了，还有实践的，我们多少会有点儿抱怨，在您背后说一些您的坏话。长大了，我们才知道，有了那些实践经验，我们才会在各种活动中表现得出色。如果没有您说的那些鞭策的话，我进不了心仪的学校。

周老师，我想对您说，您就像一把双刃剑，当我们惹您生气了，您就会狠狠地刺向我们。记得有一次，上课铃响了，可班上没有一个人停下自己叽叽喳喳的嘴，而您就站在门口，静静地看着我们。或许有人看见了您，便开始有了琅琅的读书声。应该是有人看见了您这副模样，读书声更大了。您进来"啪"的一声把书甩在了讲台上，看着我们，全班顿时鸦雀无声。哪怕是一只苍蝇飞进来，都会被您那强大的威势压给"吓死"。过了很久，您才看着我们，恨铁不成钢地讲了一通关于激励和鞭策我们的话……那节课后，我们都不敢上课乱说话了，上课铃一响，乖乖地拿书，做好课前准备，生怕被您逮到。几个调皮的男同学也安静了好一阵子。

　　当然，您也不是每一节课都是这样的——那是一节音乐课，我们小学有史以来上得最有趣的音乐课。或许是我们没上过一节音乐课的原因，您教我们唱的第一首歌是《浏阳河》。您先是教我们乐曲的节奏，告诉我们怎样用击掌的方式体现2/4的节奏强弱，我们一边拍手一边和着节拍念歌词，还听了几遍歌，小声地跟唱，然后，您就开始教我们。您的手臂在空中飞舞，您用那温柔的口腔唱出最优美的曲调。虽然我们总是跑调，但是，不管我们跑几次调，您都耐心纠正。等我们都把这首歌的曲调摸清后，终于唱出了令您满意的调子，当您关闭音乐，让我们和您一起合唱时，我们感到十分的满足。"叮——"下课了，我们意犹未尽地过完了这一节音乐课。我们天天盼望您来上音乐课，后来才知道，这个学期都是您上我们的音乐课，同学们都欢呼雀跃。

　　还有一件事，就是我妈妈患病期间，她天天到学校闹着要带领我们到台上去表演。在"六一"儿童节文艺汇演时，您想尽一切办法，安排我们一家人的表演节目。从那以后，妈妈没再闹了，我们全家人都很感激您！现在，妈妈病好了，总是跟我说："要听周老师的话。"

　　周老师，我想毕业的时候与您一起朗诵一首诗，因为你朗诵的声音十分悦耳，能把人带入诗情画意中；或者与您合唱一曲，跳上一段，让我们再一次见识您的多才多艺。

　　六年时光，转瞬即逝，感谢您一直以来的教育、陪伴、关爱、包容，我想，这就是幸福吧！

　　谢谢您，周老师。

【学生档案】

姓名：陈静香

年龄：13 岁

爱好特长：文学、古筝

就读学校：郴州市苏仙中学

【我心中的你】

01
被指定的班长"下岗"了

陈静香是 2016 年 9 月进入小学的，剪着学生头，样子很清秀，看上去很灵活，有些讨人喜欢。她是由她父亲带着来到我面前的。家长很懂礼貌，也很热心，一到教室就拿起拖把拖地，还指挥其他家长一起劳动。陈静香不像其他孩子站在一旁看，而是加入清扫队伍中，不一会儿教室搞得干干净净，搞完卫生还不忘夸一夸家长们，大家都对她啧啧称赞。

这家伙，跟班上其他孩子比起来，确实比较懂事。我和所有的小学老师一样，最怕一年级新生入学的第一个学期，因为孩子们刚离开幼儿园，对小学生活还不太适应，带班老师就得花上很多精力去引导、训练。而这些问题都被陈静香解决了。刚上一年级那会，班上的孩子名字我还都不太熟悉时，她却都能喊出名来，并且说话、做事像个"大姐大"，故事讲得津津有味。她每天到校主动带同学早读、很有号召力，俨然一位"小老师"；她乐于助人，谁有不会的她都会伸出热情的小手：帮同学转笔、带同学找厕所、找水龙头、手把手教同学写字……她兴趣爱好广泛；故事讲得津津有味，模仿播音主持有模有样，还学着古筝呢！她很有礼貌，也很会表达……这是个难得的好苗子，我有些得意，于是亲自点名，让她做了班长。

起初，班长还是很尽职尽责，她的管理能力已超出我的想象。可不知什么时候，她开始在教室里吼来吼去，还找了根棍子，敲得桌椅噼里啪啦响，大家都有点怕她。有几个家长悄悄跟我反映孩子回家说的关于陈静香的事。经过询问、观察，发现她的性情发生了变化。好几次，我都跟她做工作，告诉她怎样做好自己的职责。没多久，就有学生跑来告状，家长们也在班级QQ群里闹哄哄的：

"陈静香打了我的孩子。"

"陈静香打得我孩子青了一大块。"

"陈静香跟我孩子要东西，我的孩子不给，把我孩子的书撕了！"

……

天哪！这孩子前后反差咋就这么大？我开始反思：是不是自己平时监督不够，才会让她"施展拳脚"？这孩子太懂事，这些东西是不是从电视里学来的？……我决定对孩子进行一番了解。

我首先想到找孩子的父母了解孩子在家的状况，以便一起教育帮助孩子。可她爸爸强烈要求我撤了她的职。孩子太小，是非观念还不强，犯了错，不帮助她纠正，就这样"一棍子打死"，恐怕伤害了孩子，再说孩子能耐确实不错，是个可塑之才。

经过一番耐心教育，孩子马上认错，并承诺要改正。

尔后，我只好一边教育，一边监督。然而，我的期望让我大失所望，她不但没有改，反而愈演愈烈。我想：还得找找根本原因是什么。偶尔有一天，我在校门口遇见陈静香的父亲，跟他谈及孩子的表现，其父亲立马举起手中的杂志，边敲陈静香的脑袋，边咬牙切齿地骂道："你找死了，脑残啊？"陈静香吓得抱头，眼泪哗哗地流。我惊讶地赶紧上前制止。

待孩子跟着父亲走后，我突然明白，孩子之所以会有一些过激的举动，一定是受了父亲的影响。心理学认为这种孩子的行为偏差出了问题是源于父母的管教！第二天我找陈静香的父亲聊了下，其父亲承认在家经常有这样的举动。家里有三个孩子，每天在家打打闹闹，因为父母爷爷奶奶在市场卖菜，每天回家已经很疲惫了，孩子们一闹，心中来火，所以举手打孩子是常有的事。我跟陈静香父亲分析了一下，觉得孩子的性情变化肯定是学他的样，他自己也意识到了这一点，以后注意教育孩子的方法。

我又找陈静香谈了，她愿意辞职，好好学习，争取得到大家的信任。就这样，这位被指定班长只当了半个学期就"下岗"了。

02
变 化

没有当班长的她还是一如既往地活泼好动、主动带大家早读、关心集体、积极向上。在竞选班干部的时候，她极力举贤，还诚恳地提出希望："希望你能吸取我的教训，好好为同学们服务。"那一刻，我都觉得我这个班主任是多余的。

三年级的时候，她的性情突变：早上经常迟到，经常蓬头垢面，经常不完成作业。更甚的是，家长QQ群关于她的问题接二连三。

"老师，陈静香昨天在课堂上无缘无故抓起我崽的手咬了一口，手上还有几个牙印。"

"老师，昨天我崽也被陈静香咬了一口。"

"老师，我崽的作业本被陈静香撕了。"

"老师，我崽回家说陈静香上课时用书敲他的头。"

……

以往，要是有这种现象，陈静香的爸爸早就会主动向家长道歉，教训孩子了，为什么这次一点反应也没有？我把陈静香叫到跟前，摸摸她的头，拿了把梳子帮她梳理了一下头发。告诉她以后要每天梳头，把自己打扮得漂亮点，她笑着看了看我，说："老师，我告诉你一个秘密，我妈要疯了，天天在家摔东西，还天天在家闹着离婚，逼着我们姐弟几个说愿意跟谁。我好烦！"说完哇哇地哭了起来。我想，她说的"好烦"应该是"好害怕"的意思。我抱了一下她，安慰道："你就是个小大人，什么事都操心，大人的事咱不管，你也管不了，咱自己管理好自己。有什么事跟老师说说，看看老师能不能帮你解决。"她像竹筒里倒豆子般把话匣子打开了，足足聊了半个小时。最后我问她，是不是最近有咬人、打人等举动？她茫然地看着我，一下点头，又一下子摇头，好像很无辜。

我拨通了她爸爸的电话才知道，原本幸福的家庭，最近发生了一系列问题：父亲因为网贷背负了高额的债务，无暇顾及几个孩子，家里的三个孩子全由陈静香一个人负责照顾；母亲患了深度抑郁症，每天在家吵得不可开交；现在夫妻俩还在闹离婚。我向他反映陈静香最近的情况，并提醒他孩子这个样子要引起注意，怕患儿童抑郁症（因为以前我也遇到过这样的学生），有时间要多陪陪孩子们，跟孩子谈谈心。其父听了之后十分震惊，觉得事情有点严重，每天按时回家陪孩子，但夫妻俩还是离婚了。不过，后来陈静香又变得开朗了：关心集体、主动劝解同学之间的纠纷、主动学习，还时不时向我借书。我经常拿她的作文在班上读，激起了她写作的兴趣，也变得更自信了。

我想：经事的孩子心智一定成熟得快一些，只要有"爱"的引导，她一定能健康成长。

【你眼中的我】

"偏心"老师

我的"偏心"老师是语文老师,平日里她是一个平易近人、和蔼可亲的人。因为我上课爱举手回答问题,所以,她总是把我当榜样,我也十分喜欢她。

不过,她有时也会板着一张脸,一丝不苟,令人感觉很有威严,也让我感到有些害怕。因为那件事,我对她有了新的看法。

那是一个上午,同学们都在教室里抄资料。资料里有一条信息,是关于一名叫"海云"的人因不守交通规则而出车祸的事。有的人在起哄:"海云,嘿!嘿!"班上的黄立豪更是过分,直接就在说:"海云,邱海云!"我十分生气,便对那些说我的人说:"你们再说,我就要告诉周老师!"黄立豪却对我说:"傻子吧,没说你。"我顿时气得暴跳如雷,和黄立豪骂了起来。

周老师先找我俩了解情况,我俩在谁对谁错的问题上各执己见,只见周老师生气地说:"都错了,错在哪?恐怕自己不愿承认。先不说旁的,在课堂上吵架、打架,就是扰乱了课堂秩序。有精力在课堂上捣乱,今天中午就在这里抄课文。不要吃饭!""不要吃饭"我知道这是老师的气话,因为她从来没让同学们饿过肚子。看着周老师那严肃的样子,我只好乖乖地坐在教室里抄写课文,而黄立豪却不在教室里。我一边抄着课文,一边在心里闷哼:周老师在处理这件事的时候非常偏心,只是因为他家贫困,父亲得了病吗?明明是他先骂的我,还反咬我一口,说我骂他爹。难道他没有骂过我爹吗?凭什么周老师偏心他,让我罚抄,而他一走了之?

我抄完后,气鼓鼓地来到老师跟前,见老师依然十分严肃地望着我。我心虚地低着头,等着"暴风雨"的来袭。

"知道错在哪里?"老师缓缓地开口问我。

"我知道这件事我有错,我反思,我检讨,但是,他如果想要别人尊重自己的话,就要尊重别人。他开始在课堂上没有尊重我,而是嘲笑、起哄,甚至起哄说我也像资料里的'海云'一样遭遇车祸。如果他尊重我还会发生这件事吗?我不赞同家境不好,还欺负别人,还不会被老师批评的黄立豪这样的做法。"我像放机光枪似的将心中的不服气表现出来,因为我觉得周老师这样的处理方式是故意"偏袒"黄立豪。

"我知道你很有理,一个巴掌拍不响,你说是不是?"老师耐心地引导,"再说,你是班干部,就这点胸怀?"

"是!"我口是心非地说道。

"我知道你不服,你也很聪明,回家好好想想,如果怎么做,这样的事情就避免了?"她好像看穿了我的心思,却又不说破,叫我回家了。回家的路上,我一直在纠结这件事。

而我不知道的是,那天我正在教室里罚抄时,黄立豪被老师叫到了一边,黄立豪还想与周老师干起来,想威胁周老师……后来黄立豪还给周老师道歉,承诺以后不会这样骂同学,挑是非了。我想,黄立豪那时是不是也在心里想:周老师就是"偏心"!因为成绩好而偏袒邱海云呢?……而以后的时间里,黄立豪确实说到做到了,真不知周老师使用了什么办法制服了他,我也慢慢释怀了。

这件事虽然过去有一段时间了,却仍令我记忆犹新。周老师就这样隔三岔五地处理我们这些自以为是的事情,她该有多智慧、多强大！他们是不是也在说：周老师就是个"偏心"的老师?!

【学生档案】

姓名：邱海云

年龄：13岁

爱好特长：运动、篮球

就读学校：郴州市苏仙中学

【我心中的你】

我的心愿

我很欣赏邱海云这种敢于说真话的孩子。富有朝气，性格直率，爱好广泛，努力为班级争荣誉，运动场上的英姿是他最大的骄傲。他也是一个很聪明的孩子，阅读经历广泛，上课回答问题总是语出惊人，学习成绩名列前茅，但心智还未成熟，过于贪玩，明辨是非的能力较差，学习上还欠勤奋、踏实，最糟糕的是管理不好他的情绪。我还记得他三年级下册第一单元测试时写的习作《我的心愿》。

第一单元测试的习作题是《我的心愿》。翻阅试卷，一个个积极向上的"心愿"让我激动不已，孩子们个个有话可写，而且有理有据。有的写到：我要好好读书，将来考上一所好的大学，学很多知识，挣很多钱；有的写到：我想当医生，因为爷爷不小心摔了腰；有的写到：我想当班长，一是可以促进跟同学间的友谊，二是锻炼自己的能力……论点论据一样不缺，这就是孩子们最真实的感受，最单纯的想法。

然而，邱海云同学的作文却让我十分惊讶。他在文中写到：我想当官，因为父母在海南做生意，每天都起早贪黑，十分辛苦。可每年都有很多管理部门上门收相关的管理费，每当此时，父母便会与那些人吵起来，那些人走后，父母都会怨声载道。父母教育孩子：你一定要好好读书，考个好大学，长大了也去考个大官当，最好能管住那些收费的，因为"官大一级压死人"。于是孩子记住了，还朝着这个目标奋斗。

所以，刚从海口转学回来的他，学习非常认真。试卷发下去后，该家长在试卷上认认真真地写了几个字"继续努力！"孩子从小就有这么强烈的报复愿望，当然是家长教育的结果。家长为什么会有这样的教育方式？我决定跟家长聊聊。

随后，我联系了孩子的母亲，问她看了孩子的习作有什么想法，他母亲对孩子的成绩很满意，一点也不否认自己经常这样教育孩子。她说："一个农民工，远离家乡，靠着自己的手工活生存，养家糊口，我们老老实实做生意、纳税，可有些当官的处处为难我们。我们没读什么书，只有教孩子好好读书，以后当了大官就不怕那些人了……"真是"虎父无犬子"啊！

激励孩子好好读书，的确没错，但孩子读好了书，会有很多种人生，从小就用这种负面的思想来教育孩子，孩子的心理完全被扭曲了，以后孩子会有健康的心理吗？没有健康的心理，他的人生怎样呢？为什么不能用正面的实例影响孩子，让孩子多一些正能量呢？孩子有了正能量，才能更好地实现自己的人生价值。我不知道孩子的父母有没有意识到问题的严重性，看到这篇文章，或许他们在洋洋得意，孩子很听话；或许，他们很无奈，因为他们不知道用什么更好的办法教育孩子。

然而，这样的结果仅仅是家长错了吗？我决定要找邱海云以及他的父母聊聊。

【你眼中的我】

我的语文老师

在六年的小学生活中,对我最为重要的是我们的语文老师——周老师,她是这所小学为数不多的优秀教师。她对学生要求十分严格,但严中有爱。她有一头短发,一双炯炯有神的眼睛,目光很犀利,谁在课堂上做小动作都会被叫起来。

一、二年级的时候,我几乎没有做错什么,可到了三年级,我就是她办公室的"常客"了。我记得那时的她是最严的,只要黑板上有名字的人,中午都要留下来抄课文,如果字没写好,还得重写一遍,直到写端正为止。我记得抄的课文能有几本本子。那时,我是恨她的:为什么要把我留下来抄课文?直到期末考试我才明白她的良苦用心,那试卷上的题目,大部分是老师让我抄的课文。

一个暑假过去,我的字就成了"鬼画符",于是,老师就把我们这些字写不好的人,中午留下来,在学校练字。一天写一课,一个字写十遍。写好的回去,没写好的重写。起初,我们之中有一些人写得很快,但全被叫重写;我开始慢慢写,但也被叫重写。我就静下心来写,终于写好了。后来,我抄写得越来越快。不知不觉我的字练好了,同时,我也是那些人中第一个中午不用留下来练字的人,老师说,我只要静下心来,字还是写得好的。有时候,家里顾不上给我准备中午饭,都是周老师来管我的饭。记得那一天，爸妈有事，我一早上都没吃东西，饿得头昏眼花。周老师知道后，立刻带着我到校门口的粉店，吃了一碗粉。吃饱了，我的精神也好了，那一天，我觉得自己是最幸福的。而班上有这种待遇的，不仅仅是我一个人。

她爱我们，就像爱她自己的孩子那样。

周老师，您在我的心目中永远是伟大的，永远是和蔼的，处理起事来，永远是公平公正的，您永远是我心目中的榜样。

【学生档案】

姓名：陈瑞

年龄：13岁

爱好特长：阅读

就读学校：郴州市苏仙中学

【我心中的你】

金口难开的陈瑞

陈瑞性格内向，憨厚，虽成绩不是很出色，骨子里却透着一股向上的劲。他是个懂礼貌的孩子，从不与同学发生争执。一年级的第二个学期时，班上转来一名学生，他叫陈瑞。最初见到他，蓬头垢面，一身衣服也污垢不堪。是他父亲带他来的，他父亲穿戴也不是很整齐。因他是一位同事的亲戚，我特向同事打听了一番，该生父亲领了几百万拆迁款做生意，做什么倒什么，弄得生活窘迫。孩子最开始由奶奶带着，父亲发现孩子养成了很多坏习惯，所以这个学期他父亲自己把他带在身边。

为了了解陈瑞的学习状况，我开始与他交流，问他是否想跟着爸爸妈妈？是否想在城里读书？不管我怎么好说歹说，他只是愣愣地看着我，一声不吭……因为他不愿与我沟通，家长也不知道怎么说服他，我俩的第一次谈话就在我的无奈中结束了。

看看学生报告册上陈瑞的考试成绩不错，我想从试卷上打开他的话匣子。先表扬他学习成绩好，然后拿出一张练习，测试他的学习情况。可是，只需20分钟就足以完成的试题，他花了足足2个小时也没完成，而且只写了几个字。"天哪，这孩子是不愿意到这来上学吧？""还是他的成绩是写错的吧？"……很多种猜想让我心中充满了怨愤。我想，但凡当班主任的或科任老师的都不愿有这样的经历。但是孩子来了，先不说家长是通过什么关系才进来的，光凭他是随父母进城务工来的，我们就没有理由拒绝他的转学啊。或许孩子是认生，或许是孩子……

我苦着脸找校长，校长笑着说："你都是专家型的老师了，你搞不定的事情别的老师更有难度了。我相信你，一定能做好的。"我被校长忽悠得很无奈！

一连几天，我都在观察陈瑞。上课时他总是东瞧瞧，西望望，这摸摸，那捏捏……注意力一刻也没放在课堂上。

星期三最后一节课，学生作业，很多学生十几分钟就写完了。一节课下来，除平时作业很拖拉的李凯兴还有一点没做完外，还有一个就是陈瑞了。我拿起陈瑞的作业本一看，本子上只写了两个字，笔画之处被擦得稀巴烂，一点也不夸张。天哪，这一节课40分钟他在干什么?！我问周围的孩子，孩子们都说他右手拿着笔，左手捏着橡皮擦，写一笔擦一下……就这样，一节课就完了。

我无可奈何，只好放学后守着他写了。我限他25分钟把作业写完。

十分钟过去了，他的作业本上多了两个字，我没出声，坐在讲台上静静地等他。

二十分钟了，我又走过去看他，就只写了那两个字，我提醒他："已经过去二十分钟了！"他只是抬头看了我一眼，然后捏着笔发呆。我还是耐着性子等着……这时，陈瑞的姐姐在教室外面等他一起回去吃饭，有些不耐烦，在外面大喊："快点写啊！"听到姐姐的喊声，陈瑞那眼泪哗哗地流出来了。

半个小时过去了，他的作业本上依然是那几个字。我知道，再等下去是没用的，得想个法子纠一纠，不然，这样下去真不得了。我拿起他的书本、笔塞进他的书包，又拧起他的书包故作气愤地扔出教室，边扔边说："不要你写作业了，你跟姐姐回家，也不要来上学了！我不欢迎你这样既不回答老师的话，又不写作业的孩子！"陈瑞的姐姐捡起书包，看陈瑞还傻愣愣地站在座位前，叫他说话，可他只是哭。我把陈瑞的姐姐拉到一边交代了一番，又顺势推着陈瑞出了教室，锁了门回办公室了。

下午上课前，我去教室里例行常规检查，刚进教室，陈瑞便迎面跑来，双手捏着作业本，他微笑着说："老师，我做完了。"我"怔"了一下，也微笑着接过他的作业。打开一看，作业写得很工整——难道是他姐姐帮他写的？我有点疑惑，仔细辨认着他的字迹，确认是他做的了，忍不住笑出声来："呵呵，这就对了。"为了鼓励他，我顺手从口袋里拿出一包饼干递给他，"我相信你是个聪明的孩子，老师就是喜欢什么事都跟老师交流、上课认真听讲、爱思考问题、积极举手回答问题的孩子，你也可以做到的，对吗？"他点了点头，接过礼物，兴奋地说了声"谢谢"。

第二天上课，当我跟他用眼神交流的时候，他玩小动作的手立刻停住了。后来，我偶尔发现他举起的小手，抑或在课堂上大声朗读……就连衣服也穿得整齐干净了。

一个月以后,陈瑞的父亲打电话给我:"老师,我真是太感谢你了!我的儿子现在一回家就学习。以前,骂不变,打不变,听说他要转走,那老师都说要放鞭炮,把我气得吐血!现在好了,真是天翻地覆了……"听着陈瑞父亲的唠叨,我感到很欣慰。

一个孩子,从小不养成好的习惯,将来肯定没有好的人生。这其中既要有家庭文化背景的熏陶,也要有老师的谆谆教诲,更应有社会这个大环境的关爱。

【你眼中的我】

我的老师

"黄立豪,你今天吃早餐了吗?"
"刘佳明,你今天怎么这么开心?"
"黄超,你昨晚没睡好,还是哪不舒服?"
……

每天在学校里,同学们都会听到类似的关切的声音,那声音,就是我的小学班主任兼语文老师周老师发出的。她陪伴了我们整整六年。

周老师的性格我说不准,有时严厉,有时又可亲可敬;有时温柔,有时又刚柔并济。我们敬她、喜欢她,还有点怕她。如果你做了她的学生,或许也有这样若即若离的感觉。

周老师有一张能说会道的嘴。从一年级开始,她就一直强调一些行为习惯,到了四、五年级,我们觉得自己长大了,几个"小哥们"合计要与老师理论一番,没想到被老师说得哑口无言。她经常与我们分享一些"成长小故事""读书的故事"等,给我们"洗脑":读书不一定有出路,不读书肯定没有出路;知识改变命运;做事先做人,诚实是根本……我们都"中了蛊"似的跟着她转。

周老师那一双炯炯有神的眼睛好像会说话。她每次走进教室,只要眼睛把教室里的同学都扫了一遍,就好像在说:"不要以为离我远就可以开小差,我站在讲台上,每个人都能看见。"

同学们都会乖乖地坐好。有一次，周老师转过身在黑板上板书，曹佩轩偷偷反位找同学玩，周老师突然喊了一声："曹佩轩，你有什么问题要问吗？"曹佩轩应声坐回，发现老师还没转过身来，吓得曹佩轩吐了一下舌头，却又听到周老师说："别做怪相，赶快做笔记。"课后，我走到她身边，问她是怎么知道曹佩轩的反应的，她笑着说："我的后脑勺上长了眼睛啊！"从此，同学们再也不敢这样做了，彻底服了她。

周老师有一对雷达一般的耳朵。无论老师在干什么，只要我们一说悄悄话，她都能听得一清二楚，还能辨别出是谁在说。

周老师有一颗慈爱的心。我的妈妈常年在广东上班，周老师总是像妈妈一样关心我。记得有一次，我感冒十分严重，整天咳个不停，就在我趴在课桌上休息时，周老师轻轻地走到我身旁，亲切地关心道："黄超，你这么难受，为什么不在家里休息呢？""在家休息是会落课的！"我没精打采地说，"这样，我会落后的。""没关系，老师相信你不会落后的！"周教师摸了摸我的脑袋，和蔼可亲地说道……看着周老师，我仿佛看到了妈妈，她的关心和信任让我十分感动，顿觉有一股暖流涌进我的心头。

敬爱的周老师：您是春雨，滋润我们的心灵；您是大树，为我们遮挡风雨；您是航灯，照亮我们前行的路。

老师，有您真好！

【学生档案】

姓名：黄超

年龄：13岁

爱好特长：绘画、篮球

就读学校：郴州市苏仙中学

【我心中的你】

"老师，我今天过生日"

黄超是一个天真可爱的孩子，有较强的自尊心和上进心，集体荣誉感强，尊敬老师，喜欢帮助老师做事，与同学相处和睦，不计较个人得失，懂得谦让，爱劳动。如果他以后在做每件事时，都能坚持不懈的话，一定会很出色。

那件事还一直印在我的脑海里。

那天早上，一来到学校，走进教室就看见讲台上放着一小袋食品，还没等我开口，罗舒倩便站起来笑眯眯地告诉我，这是她想请我和她一起分享生日的快乐。

上课前，我把小食品分给了一些早读表现好的孩子，提议大家一起为罗舒倩唱了一支庆祝生日快乐的歌。"来而不往非礼也！"我把一个装满巧克力的小礼盒送给她。她高兴极了，双手接过礼盒，嘴里不住地说"谢谢老师"，还对小伙伴们扬了扬手中的小礼盒："下课，大家跟我来分享吧。"

"多可爱的姑娘啊！这么小就知道与人分享了。"我情不自禁地自言自语。这应该得益于孩子的父母，我很欣赏孩子父母如此教育孩子。

下课后，很多学生都围着罗舒倩，准备分享她的快乐。这时，另一个小男生黄超来到我跟前认真地说："老师，我明天过生日。"

"哦，提前祝你生日快乐！"我边说边摸了摸他的头。他把头靠在我的肩上蹭了蹭，像蹭他妈妈那样，很是得意。

"玩去吧，老师去办公室了。"

黄超立马站起来，那样子似乎很吃惊。到办公室喝了杯水，看了一下学生报到册，原来黄超的生日在 11 月份，离现在恰好两个月，我不禁暗自好笑。自言自语道："这机灵鬼，我大概明白了他的意思。"

接下来的课还是我上。我刚站在讲台上，黄超又来到了我身边，他摆出一副很委屈的样子，说："老师，我说错了，其实我是今天过生日。"

"嗯？确定？"

"哦，不不不，是明天。"他因我这简单的一问蒙了，他的头摇得像拨浪鼓，"哎呀……哦……嗯嗯……不不不，是今天，不不不，是……明天……是今天。"那声音很没底气，一次比一次弱。

"哈哈哈，一下子说昨天，一下子说今天，笨蛋，自己生日都不知道。"旁边，有同学忍不住笑话他。

见他说话吞吞吐吐，我笑笑说："不管今天明天，还是后天，我都祝你生日快乐！"

他努力地挤出一丝笑容，接着两手抓住讲台的一角，继而收敛笑容，显出一副可怜巴巴的样子。

"去，到座位上，准备上课了，下课后我俩再说生日的事啊。"

"可是老师，我今天过生日！"他眼巴巴地望着我，又强调了一句。

这孩子，为了能拿到一小盒糖，以为只要说自己过生日，我就会像把一盒巧克力送给过生日的罗舒倩那样送一盒给他。我笑了笑，说："老师知道了，先去准备上课！"

"我过生日，你没送巧克力给我。"他歪着头还是眼巴巴地望着我，终于把憋了好久的话吐出来了。

"下课再说吧。"

"黄超，我给你一块糖。"站在一旁的罗舒倩拉着他回到了座位上，还安慰了他一番。我发现，他很不爽，罗舒倩提醒他好几次，他才把书拿出来。那一节课，他心不在焉。

下课后，我把黄超叫到办公室，从包包里拿出几块巧克力。黄超喜出望外，伸手去抓糖。

我连忙按住："等等！"

他惊讶地看着我，有些丈二和尚摸不着头脑。

"我现在问你，你到底是不是今天过生日？说实话，我就把糖送给你。"

"我……我……"他不敢说出声，只是点点头。

"可我知道，你的生日还有两个月才到。"

他怯怯地瞟了我两眼，不敢出声，两手不停地捏来捏去，不知如何是好。

"没关系，你实话实说。"

他看了看我，还是不吱声。

"我的糖只送给诚实的孩子。"我故意拿起糖在他眼前晃了晃。

"我说错了，我没过生日。"他龇着牙，露出一脸的尴尬。

"宝贝，说谎的孩子可是没人喜欢哦，不要跟人家攀比。别人有的你没有，你有的别人也没有。"

"是。"他不好意思地低下了头。

"好吧，给你一块。"我把一块糖递给他时，他迫不及待地接过去，眼睛还直勾勾地盯着剩下的几块。

"还想要吗？"

他不好意思地看看我，接着又摇摇头，否定自己的想法。

"那就要看你今后的表现啊。上课去吧。"

他转身就走了,我正想:这孩子连句谢谢都不说。只见他又敲门进来了,站在门口对着我鞠了个躬:"谢谢老师!"

我笑着又从盒子里拿起一块巧克力递给他。他竟摇摇头说:"不用了,老师,你留着,等我过生日再送我吧。"说完转身跑了。

事后,我给黄超的妈妈沟通了好一会,她很感激老师的做法。

其实,黄超的愿望很简单:想得到几块糖。但他没有意识到罗舒倩得到糖是一种快乐的分享,自己仅仅是想得到糖而已;他完全可以应罗舒倩的邀请去分享,但他只想一个人独自拥有。7岁的孩子,虽然不能意识到这种行为关乎一个人的教养、人品,但我们可以想远一点:他今天要的是几块糖,明天看到别人的好东西也想要,又会想出什么法子呢?这个时候,老师、家长有责任和义务去引导、帮助孩子,让他们从小学会分辨事物的善恶,养成良好的行为习惯,做一个心智健全的人。

【你眼中的我】

我的班主任周老师

周老师——我们班的班主任，有一双炯炯有神的眼睛，头发黑如煤炭，爱扎马尾辫。

她像一位智多星，哪个学生有困难，她都能想办法解决。还记得在二年级时，我每周都会被叫家长，虽然老师没有骂我，只是教育我要在课堂上多回答问题，多动脑筋会有进步，但每次被叫家长时，我心中就很慌，心中如同地震般摇动着。二年级过去了，老师在我报告册子上说我总不爱举手发言，同学们都不了解我。后来，老师建议母亲让我多参加实践活动，多与人接触交流，提高我的表达能力。我参加了作文学习班，在那里我认识了许多新朋友，学会了怎样把话说清楚。我把作文拿给老师看时，老师就把我的作文读给同学们听，我在同学们羡慕的眼光中获得了快乐，自信在我心中播下了种子。在老师的鼓励下，我每天写一篇日记，来加强我的作文能力，有一次，我的作文打了90分。老师鼓励我："还要多加油！"这句话透进了我的心中，如春雨点点让我滋润在作文的沃土里……

她像一位和蔼的母亲，时刻用爱温暖着我们。课间，老师就喜欢这样叫着同学们："小航航""芳芳""倩宝""小陈"……有时，她要找哪个同学谈话，会说："宝崽，过来一下……"有同学生病了，她比谁都着急，倒水、找药、通知家长、背着同学去医院等。有一次,妈妈在老师面前告我的状,老师叫我去谈话的时候,我吓得语无伦次,可是,意想不到的是老师没有我想象的那么可怕,她一直笑着问我问题,帮我分析问题,告诉我什么该做,什么不该做,最后抱抱我,说:"小航航,我是相信你能做到的,宝崽,加油哦!"在她的面前,我们都成了她的孩子。

　　她还是一位有爱心的人。老师经常教育我们:"做一个好人,一定会有好报!"李世杰与我们一样的年龄,因患脑瘫,无法坐在教室里上课,为了让我们理解李世杰的生活状况,老师每个月都带我们去帮助残疾人李世杰,去与李世杰互动。开始,李世杰还很排斥我们,而我们也想着李世杰流着口水的样子,旁人肯定不想靠近。说实话,我当时也想离他远点,可老师去了以后,就会抱一下他,后来,他逐渐开朗起来,见到老师就张开双臂,要老师抱一下,会说一个简单的字,见到我们就握手……李世杰的爸爸妈妈说:"我家李世杰有今天的变化,要谢谢周老师,谢谢你们这些小朋友。"那一刻,我觉得自己就是一个好人,心里无比开心快乐。

　　如今六年级了,鱼尾纹爬上了老师的脸,时光也在慢慢流淌,我马上就要离开这个让我印象深刻的学校了,告别敬爱的周老师,心里有很多的不舍。

　　我会永远感谢母校,感谢我的老师,感谢我成长中的报告手册,我会带着老师的每一句叮咛走向成功的彼岸。

【学生档案】

姓名:雷宇航

年龄:11岁

爱好特长:画画、写作

就读学校:郴州市苏仙中学

【我心中的你】

沉默寡言的雷宇航

他性格内向,平时沉默寡言,不爱说话。从开学到现在,已有两个多月了,没跟我说过一句话。起初,我是想了很多办法的,想激发一下他的积极性,得到的结果都是如此:我叫他名字,他就挤挤眉,看我一下,然后又低着头,更不要说上课举手回答问题了。本来我是早想去做一次家访,但碍于孩子的父母是开饮食店的很忙碌,时间不凑巧。

星期六的上午,我去爬山,路过他家的店子,一个熟悉的身影跃入我的眼帘:他熟练地收拾碗筷,擦桌子。这么娴熟的动作,在家一定没少做。我正在想:要不要喊他一声,突然见他拉了拉她妈妈的手,张了张嘴,说什么,我是听不见的。他妈妈便抬头喊我:"周老师,您好!"

我笑着应了一声。她接着说:"我家雷宇航说看见周老师了,进来坐坐。"我知道,这会儿还不是他们忙的时候,就走了进去。雷宇航还是怯怯地站在他妈妈的后面,不敢正视我。

"我家这小子,胆子太小了。"

"是的,还没跟我说一句话。"

"在家也是,说话像蚊子一样。"

"我刚才看他在家的表现,挺不错的。"

"乖还是挺乖的,每天都会帮忙收拾,就是胆子很小。在家也能按时完成老师布置的各项作业,但不喜欢让家长检查作业。当我们询问他的学习时,孩子总是不乐意,我们很是头疼。"

"平时你们也很少与孩子交流吧?"

"确实，确实!"她妈妈很不好意思地回答。我们又谈了一会，马上要准备晚上的菜品了，我也不便打扰。对于我的建议，家长表示一定加强监督教育，因为他们对孩子的期望很高。

周一升旗活动结束后，我在班上表扬了雷宇航在家的表现："小朋友们说说，我们要不要给雷宇航掌声?"我的话音刚落，班上响起了热烈的掌声。雷宇航这会儿没低头了，脸上露出了久违的笑容。

后来，他已经愿意与我说话了，虽然不是很频繁，但确实进步很大，学习也更认真了。而他的父母与老师的沟通也多了，他们告诉我，孩子每天会主动把写完的作业拿给父母看，与父母交流班上的人和事。我还发现：他的画画得不错，我就几次把他的画推荐到区教育局去参赛。他还爱看书，写话作业很出色，有好几次，我把他写的习作读给班上的同学听。他渐渐自信了，学习成绩也在不断提升。

我一直在想，今日的孩子总有一天要走上社会，今日的教育必须要为其适应社会作铺垫。社会竞争激烈，孩子如何找到自我的一席之地？这就需要自荐和自信，能够大胆地推销自我，而不是循规蹈矩地按照别人的安排走。况且，世界瞬息万变，别人能为你安排什么呢？一切要靠自我，靠自我打拼一片天地。所以，在孩子的求学阶段就要培养其适当的竞争意识，培养其适应未来社会的心态和本事。一个人的性格在某种程度上很难改变，但要研究到自身性格中的某些弱项可能会影响到将来的发展，所以要学着慢慢尝试以开放的心态来学习、生活和交往。

【你眼中的我】

我的语文老师

周老师是我的语文老师兼班主任。

她有一头乌黑发亮的头发,岁月的痕迹已经悄悄地爬上她的额头,但周老师嘴角的微笑让人感觉和蔼可亲、平易近人。当我们调皮时,她的眼神变得那么犀利,很有威严,我们马上就变得老实了。

我的性格比较内向,说话很小声,做什么事情都不主动。我妈妈很着急,常常打电话向周老师求助。周老师都会记在心上,上课总是鼓励我主动、大声地回答问题,学校有什么活动都会鼓励我参加。比如,周老师把我的作文推荐到区里、市里、省里,还获了奖;我的手抄报,每期都会荣获优秀奖,每每拿到了奖状,周老师就会在班上高兴地表扬我:"李秉鸿的学习态度很值得我们学习!把掌声送给他。"每次听到那响亮的掌声,我的心都在欢呼雀跃。我开始变得比以前开朗了,慢慢地变得有自信了。

上课时,周老师严厉而有耐心,无论是谁,只要上课不听讲,都逃不过她的法眼。有一次,看到她转过身去写板书,我就转过头,朝着后面的雷宇航笑,趁雷宇航不注意,拿走他的改正带。雷宇航反应迅速,立即过来抓我。这时,老师刚好转身,我倏地坐直,以为她根本没看到我,心里正在得意,就听见周老师说道:"李秉鸿,刚才我说了什么?"

我的心"咯噔"了一下,不敢抬头看老师,不经意间的一瞥,才发现同桌已经在书上写了长长的一行字。

"坐下!"那语气有点重。

我一下子蒙了,难道老师有透视眼?又或者……我不敢再想下去,余下的时间都在忐忑中度过,那一节课,我什么也没学到。下课后,我被老师叫到办公室,本以为周老师会大发脾气,可没想到,周老师先给我分析不听课的后果,然后要我保证:必须上课认真听讲,如果下次还抓到我,肯定要重罚。我舒了一口气,心里暗下决心——以后不再犯了。

周老师还是一位多才多艺的老师,唱歌、跳舞全不在话下,每次都亲自上阵编排节目,带领学生参加比赛,都获得了奖项。只要对学生有益的活动,她都尽力为我们去争取,为的是让我们多在实践活动中增长见识、丰富知识。

周老师是最负责任的老师,每次家访的时候,挨家挨户地走访,一户也不会落下,都会很有耐心地跟每位家长沟通,让每位家长的心里都暖暖的。

小学六年的时光即将结束,周老师陪伴了我们六个春夏秋冬,像那辛勤的蜜蜂不停地、默默地付出着,我想由衷地对她说一声:"周老师,谢谢您!您辛苦了!"

【学生档案】
姓名:李秉鸿
年龄:13 岁
爱好特长:跆拳道、篮球、画画
就读学校:郴州市苏仙中学

【我心中的你】

"妙手"李秉鸿

李秉鸿是一个可爱的男孩,个子不高,还比较瘦,一双炯炯有神的小眼睛,看上去十分灵泛。

他的逻辑思维能力很强,在数学方面有较高天赋,所以数学成绩很好。

他的语文成绩就够呛了,不是他不会学,而是他害怕写字、背诵积累,每次要背诵课文内容,他就急。我也没想明白,就连记忆力差的同学都背完了,他还在磨蹭,没记住几句内容。他的妈妈也多次与我交流,我和她一起努力了一段时间,可对李秉鸿没起多大的作用。在课堂上,他还不敢大胆举手发言,强烈的自尊心和上进心让他有些不自信。可他的作文有的十分细腻,还记得他在三年级时写的那篇《我给妈妈洗脚》,把我都感动得要哭了。我把他的作文读给小朋友听,大家都不约而同地为他鼓掌。看到他埋着头偷偷地笑,我下课便利用这个机会鼓励了他一番。尔后,我发现他不那么讨厌读书背书了,还喜欢写作。

那天刚下课,我拿着课本出门,路过他的座位时,发现他正在一本本子上画画,画上的主题是"迎国庆",他画得很投入,寥寥几笔就把天安门、城墙、白玉栏杆、护城河勾勒了出来,然后又用彩笔给图配上相应的颜色,人和物都显得栩栩如生了。逼真的绘画,赢得了同学们的青睐,好几个同学悄悄站在旁边欣赏着,情不自禁地拍起了小手,他这才抬头,看到我,脸唰地红了,连忙去收他的工具。

"等等!"我拦住他,"不要害羞,继续画,你们看,画得多好啊!"他抿着嘴笑了笑,又继续画。为了不再打搅他,我离开了教室。我把他的画推荐参加"区艺术节书画作品比赛",获得了一等奖。我把这事告诉了李秉鸿的妈妈,他妈妈听后十分高兴,很重视培养孩子的兴趣,送孩子去参加了"绘画培训班",他的画技也日益提高,学习的自信心更强了。我把绘画和背书的问题融为一体对他进行引导,以后,只要有绘画或手抄报比赛,肯定少不了他,他每次都能获得最好的奖项,班上的同学因此都称他为"妙手"。而他,不爱背书的问题也迎刃而解了。

  我想:这应该是进行鼓励式教育的效果。孩子在小的时候,做的一些事情,是需要得到老师和父母的肯定与鼓励的,可能孩子做得并不是很完美,但是适当的鼓励会增强孩子的自信心,让孩子更有干劲,以后会做得越来越好;如果一直批评和责骂孩子的话,孩子就会在心底埋下自卑的种子,觉得自己一无是处。所以,我们一定要及时地鼓励、肯定孩子的一些做法,在孩子做得不好的时候,也可以对孩子加以引导,耐心讲解,这对孩子以后人格的形成也非常重要。

【你眼中的我】

我心目中的老师

小学六年的学习生活中，我认识了许多老师，他们有的幽默，有的风趣，有的博学，都给我留下了深刻的印象，但让我印象最深的是我的语文老师——周艳华老师。

周老师善于言辞，上课时，常常旁征博引，滔滔不绝，大有势不可挡之势。周老师相貌平平，并不出众，但有一双炯炯有神的眼睛，她的眼神仿佛能看透人的心灵。哪个同学上课走神，她一眼就能看穿；哪个同学说谎，她一一洞悉；哪个同学在她板书时窃窃私语，她也能一点就中。调皮犯错的同学撞见她的眼神，一个个灰溜溜的。

周老师对我们学习十分用心，为我们找复习资料，她不像其他老师那样，今天买一本资料，明天买一本资料。她说过："我们不是写作业的机器，应该把时间放在有效的思维中。"所以，她的课十分有趣。临近考试时，她早就针对我们的学习情况制订了复习计划，她的题型涵盖整个小学的知识。说来你或许不相信，上周六的语文课，周老师就只讲了一张试卷，因为那张试卷共六道题，每道题都是一个复习专题的知识点。也正因为这样，周老师的教学质量很高。

然而，让我印象最深的是在一年级结束时，老师在学生手册上留下的批语。我的自我感觉不太好，我总觉得自己不够优秀，偶尔会举起手，但举起手后又会默默放下，认为别人的答案比我好。老师留下的批语使我受到了激励，也让我在二年级的考试中成绩突飞猛进。

她不但尽心教书，还关心我们的身体。每次上课前，她都会重复那句"坐得直，行得正，精气神，常相随"，于是，上课时，同学们无论写字还是读书，都坐得端端正正。如果哪个同学没坐好，她会在讲课的时候，不经意地走过去轻轻拍拍，同学会立马改正。有段时间，我经常驼着背，写字时坐姿不正，周老师对此十分关心，先问我是不是不舒服，然后提醒我坐正，慢慢地，我也解决了这个问题。

周老师还时常关注我们的思想变化。同学们渐渐长大，小心思也多起来。周老师常常利用班会课对我们进行思想教育，她把一些育儿的优秀文章推荐给家长们看，提醒家长注意我们的思想动态。有段时间，好些男同学不学习、爱捣蛋，周老师用了两节课的时间给大家讲"读书与不读书"的区别，让同学们明白"黑发不知勤学早，白首方悔读书迟"的道理。因为读书才会明理，只有明理才会做人！

流逝的日子如同一片片凋零的树叶与花瓣。时间转瞬即逝，六年的小学生活即将结束，渐行渐远的是童年的纯真与浪漫。不记得曾有多少雨滴飘在眼前，风响在耳畔，只觉得他们是童年最明显的历程，周老师就是那历程中的引路人。

【学生档案】

姓名：邓亚俊

年龄：13岁

爱好特长：阅读

就读学校：郴州市苏仙中学

【我心中的你】

自律的邓亚俊

"老师,就要毕业了,我可以向您提个要求吗?"他微笑着看向我,眼神中还有几分忐忑。

"可以!"我爽快地答应了他,这是他六年来第一次主动向我提要求,"什么要求?"

他十指交握,脸唰地红了,好像很难开口。

"说说。"

"说错了,是恳求。"脸上露出了尴尬的微笑。

"没关系,告诉我恳求什么?"为了不让他继续尴尬,我笑着拍了拍他的肩。

"我想,明天在苏仙岭上单独跟您合影!"

"可以啊!"

"还有其他同学也有这样的想法。"

"没问题!"

"谢谢老师!"他高兴地跑开了。

邓亚俊是一个比较安静、踏实的男孩,学习态度很认真,每次听写、考试都很让教师放心,做事很稳,教师布置的任务都很出色地完成,喜欢读书,善于积累,在习作方面比较突出。他是我十分喜欢的学生之一。我喜欢他不单单是他学习成绩优异,更多的是他的自律。

邓亚俊是随进城务工的父母到这里就读的。父母每天早出晚归,无暇顾及他,邓亚俊学会了自己照顾自己:煮饭、洗衣、学习。

五年级的第二学期，有段时间，我发现他上课总是瞌睡，我问他："是不是病了?"他说："没有生病，就是很困。"待我进一步追问，才知道，他父亲每天早上五点就起床了，他也被吵醒了；晚上他父亲十点钟才回来，他刚好入睡又被吵醒了。为不让父亲担心，他就假装没睡醒。就这样，没睡好的孩子上课总是瞌睡。而他的妈妈却去了浙江打工。知道这个情况以后，我与他父母沟通了一下。后来，邓亚俊的睡眠问题也恢复了正常。

因为他不大爱讲话，又不擅长表达，在班级工作中缺少一种魄力。这也许是自我的性格吧！但我更期望他能绽放笑容。微笑是内心愉悦的外在表现，同时也能够将欢乐传递给他人。

看到邓亚俊，我便想到我自己，他很像童年时期的我，具有自我约束力和上进心，却也缺少协调组织管理本事。这种本事的缺失也直接影响到了我的人生轨迹。但愿邓亚俊在今后的活动中能渐渐磨炼自我，全面提高素质。

【你眼中的我】

我的周老师

周老师是我们班的语文老师,也是我们班的班主任。上课时,她总是眉飞色舞:用她那一双会讲话的眼睛诱导那些上课不爱听课的学生,会用那一双眉毛告诉上课回答问题的人,说得是对还是错。我们常常会听到她在轻声细语:在我们进步的时候,她会说鼓励我们的话;在我们上课胆小不敢回答问题的时候,她会说打气加油的话。

记得我上学的第一天,第一节课就是周老师的课,周老师正绘声绘色地讲课、启发我们思考问题时,别的同学都在积极地举手发表自己的想法,积极参与讨论,而我就常常用十分羡慕的眼神望着他们。我天生胆子小,又不自信,不敢举手回答问题。周老师可能是注意到了我,在上课时,经常用那会讲话的眼睛暗示着我,提醒我,鼓励我。我看到老师眼睛的鼓励和打气,在下课的时候,我认真地预习;在熟读课文内容的同时,还做好了批注……上课时,听到老师提的问题,我踊跃地表达了自己的想法,后来,我每节课都积极参与交流和发言。老师还时刻关注我们的课外生活,希望我们的课外生活丰富、有趣、健康。

她不但是我的老师,也是我的好朋友。

记得那次课间,周老师与我们一起跳皮筋,她要我教她,不知她是故意的不会,还是真的不会,我拉着她的手一步一步地教,她学得很认真,不住地夸我:"倩宝,你的手脚很协调,在学跳舞吗?"

我笑笑说:"没有。"

"哎,不去学跳舞可惜了。"老师叹了口气。

"爸爸不让我去学跳舞?"我有点委屈。

老师马上抱抱我,说:"想去学吗?"

"想!"

"那好,我来问问你爸爸什么原因?不要把我的小舞蹈家扼杀在摇篮里。"

中午,我听见周老师给我爸爸打电话,并说服了他,让我去学习跳舞,没想到我不但学习有了进步,也有了自己的所长。

周老师,谢谢您!

【学生档案】

姓名:刘倩

年龄:13岁

爱好特长:舞蹈、画画

就读学校:郴州市苏仙中学

【我心中的你】

可爱的刘倩

刘倩娇小玲珑,纯真可爱,对待同学热情大方,脸上的每一个表情都很温和,从她的笑容中可以看出她心灵的善良。我总喜欢喊她"倩宝宝"。不管哪个同学向她借学习用品,她都毫不吝啬。

她是个很能干的小组长。每次都把同学们的作业收拾得整整齐齐，处理小组的事情很有一套。杨俊熙是我们班最不讲卫生的家伙，身上经常散发出一股臭味，其他孩子都不愿跟他同桌。而刘倩却毫不犹豫地说："老师，让他跟我坐一起吧。"杨俊熙一坐下去，刘倩便像一位"大领导"似的，对杨俊熙噼里啪啦地交代了一通："我告诉你，今天回家洗澡，换衣服，不然，我把你赶回家。如果你做到了，我就带汉堡给你吃。"杨俊熙乖乖地听了她的话，她还跑来告诉我："周老师，杨俊熙现在不臭了！"我对她竖起了大拇指："都是你的功劳！"后来，我给她颁了个"最能干的孩子"奖。她拿着奖兴奋地手舞足蹈："哈哈哈哈，我也得奖了！"

她最出色的是她那婀娜的舞姿，班上同学都称她"小舞蹈家"。听她爸爸说，刘倩从上幼儿园开始就特别喜欢跳舞，而且悟性很高，所以家里决定让她去学习舞蹈。刘倩很认真，学得有模有样。课间，不管有没有音乐，我总会看到她或压腿，或劈叉，或下腰。经常会有一群女生围着她学习舞蹈动作，成了全班同学心中一道美丽的风景线。前段时间，我发现刘倩突然沉默寡言了，当问她最近为什么不开心时，她忍不住抽泣，向我诉说。

"我爸爸说做生意赔了，没钱送我上舞蹈课了。"看着伤心的她，我着实有些心痛：家庭经济状况有时也是阻碍成长的因素。

"那你是怎么想的？"我问。

"我不想停课，可是爸爸妈妈已经决定了。"刘倩哭出声来。

我抱着她拍了拍她的后背，让她平复一下心情。她拉住我的手说："周老师，您可以帮我跟我爸爸说说吗？而且，我知道了，不是因为做生意赔了钱，是……"她突然停住了，有些尴尬地看着我。

"是什么?"我也注意到了她的情绪变化。

"是……是……"她不安地拧着手指,"是因为我期中考试没考好。"

"你确定?"

"嗯,外婆偷偷告诉我的。"

我忍不住笑了:"我可以去说服你爸爸,但你也要给我承诺吧?"

"只要爸爸答应了我,我也保证文化课在期末每门课能拿到 90 分以上。"她信誓旦旦地说着,脸上已经拨开乌云见太阳了。

"万一没达到呢?"

"那就不再上舞蹈课了。"

"成交!"

于是,我拨通了刘倩爸爸的电话,说服了他,刘倩又回到了舞蹈课堂,还特意跑到我跟前鞠躬。她又像一只快乐的小鸟了。

其实,刘倩无论是作业还是考试,书写总是工工整整。她也很想成为一名优秀的学生,以优异的成绩去回报父母和老师,但她有时对自己的要求还不够严格,基础知识掌握得不够牢固,这使得她没有取得太大的进步。其实,她反应能力不错,只要勤补基础,多思多问,成绩是可以提高的,就看她愿不愿意付出努力了。

我深深地明白,要教好一个学生,要带好一个班级,仅有活力和爱心是远远不够的。

【你眼中的我】

我的老师

周老师是我们的班主任，在我们班上，无论发生什么事情她都会管一管。我们排队集合，不敢随便出列，上课也不敢心不在焉，因为她有一双"火眼金睛"，任何一个同学的蛛丝马迹她都看得见，有任何的小心思她都能洞悉；我们都不敢把零食带进教室，因为她嗅觉灵敏，班上有任何异味儿都能闻得到。我们每天都希望她多上一会儿课，因为她知识渊博，每次讲课都能潜移默化，情感丰富，我们听得津津有味。

今天，老师说给大家写了一篇作文，写的是我们班的同学，老师说的一句话勾起我的回忆：在一年级，我害怕举手，但老师经常点名我这个"胆怯的小老鼠"。正因为她频繁地点我，我才慢慢变得胆大了起来，我敢举手了，也找到了自信。

老师对我的印象应该很深刻。在我看来，老师对我的第一印象是不好的，因为我经常犯错，不写作业，经常去老师的办公室，也因写作业哭泣。一次，老师要求我们做"庆祝国庆节"的手抄报，我为了偷懒，便央求大姐姐帮我。要知道，大姐姐可是学美装设计的，绘画自然是很厉害的。我想：如果大姐姐出马，我的手抄报肯定可以拿到学校去评奖。刚好大姐姐那天有空，还真帮我布局、绘图，我只管填写内容。当我把手抄报交到老师手上时，周老师惊讶地说："段正豪，不错呀！大家都看看，这个手抄报做得好吧?"她边说边把我的手抄报展示给班上的同学看,同学们都向我投来了羡慕的目光,我的心里别提有多高兴了。我以为老师不知道这张手抄报有我大姐姐的参与,没想到中午放学时,周老师把我从路队中叫出来,等同学们都走出了校门,才说:"段正豪,虽然你的手抄报不完全是你做的,但我决定还是要拿去参赛,以后自己加油,我相信你可以的!"

"啊?"我有些忐忑,"老师,你怎么知道的?"

"这个是秘密!但是你要答应我,以后自己加油!"老师微笑着说。

我感到十分难堪,如果同学们知道了,不知道他们会怎样笑话我。于是,我窘迫地抬起头,恳求老师:"周老师,可不可以……可不可以……"我不知怎的,结巴了好一会儿也没把话说完。

"别告诉其他同学,对吧?"老师看出了我的心思,把我的话接了,我重重地点点头。

"放心吧,你也要接受我的建议哦,加油!"

"好!"

我的手抄报被选送到区里,获了一等奖,高兴之余我记住了老师的话:"你能行!"

周老师,谢谢您为我保守秘密,让我找到了自信,激励着我去努力。我会永远永远记住您!

【学生档案】

姓名:段正豪

年龄:12岁

爱好特长:阅读、画画

就读学校:郴州市第四中学

【我心中的你】

"为什么是我擦黑板?"

因第二节课我继续上,所以下课后,我坐在讲台边改作业,段正豪从座位上起来,笑着靠近我,想看我改谁的作业。我抬头看他时,发现他的眼角有一小处伤痕,那血迹还没怎么干。

"崽崽,过来给我看看,你这怎么回事?"我用手指指他的眼角。

"我自己不小心弄的。"他还是笑着告诉我。

"太不小心了,多危险!以后注意点儿!"我摸摸他的头。

"好,我以后会小心的。"他依然笑着告诉我。

见他还站在我旁边没走,知道他是没事干,我指了指黑板:"段正豪,把黑板擦了。"见他没吱声,我又抬头看着他重复了一遍,可他仍然无动于衷。我提高声音再次又重复了一句。这时,他收住了笑容,转身一边拿黑板刷,一边说道:"我不是值日生,为什么是我擦黑板?"

我有点儿忍不住笑道:"为什么你不能擦?"

他也开始冲我诡笑,极不情愿地将黑板擦了大部分,还没擦完,上课铃响了,他赶紧放下黑板刷坐回座位上。我见状又把他叫上来,要求他擦完,并严肃地说了句:"做事要有始有终。"他只好嘟着小嘴极不情愿地擦完了!他气愤地坐回座位上。我看在眼里,没说什么。

行过上课礼之后,我在班上组织一次小小讨论会,讨论两个问题,一是老师为什么要段正豪擦黑板?二是段正豪能不能擦黑板?

我把刚才的事简单说了一遍，要孩子们说说自己的看法。

黄超第一个站起来："肯定是做错了事，老师罚他。"说完做了个鬼脸，似乎有点儿幸灾乐祸。

刘佳明马上指着段正豪说："他很懒！"一连几个孩子都带有指责的意思，看看段正豪，他已经有点儿脸红了。我有点儿担心，怕孩子们朝段正豪冷嘲热讽，给他带来心理上的伤害，"不行，得赶快收场！"我自言自语着。还没等我开口，谢雅婷摆摆手说："不对，应该是段正豪没事做，老师就叫他擦一下黑板。"

刘雨萱接着说："肯定是老师要他帮忙。"

"是的，我是说要段正豪帮我擦一下黑板。"终于找到了知音，我赶快接住话，"可段正豪说'为什么是我擦黑板？'段正豪能不能擦黑板？大家说说看。"

邓亚俊立马站起来："虽然不是段正豪值日，但老师说要他帮忙，擦一下黑板没什么关系。更何况段正豪是我们班的一员，擦黑板是每个同学应该做的事。"

"是啊，我们都是 70 班的学生，班上的任何事情我们都有责任。"陈静香补充道。

唐秀丽站起来说："就比如，看到地上有垃圾，拿钳子捡起来；看到同学在危险的地方玩儿，提醒他不要去；还有好多事情，我们都有责任去做。"……就这样，你一言我一语，足足花了 15 分钟才停下来。我注意了一下段正豪，他的脸上完全没有了那种尴尬。

通过这件事，我感觉孩子们长大了，看到了孩子们的责任心，不但化解了段正豪的尴尬，还能由此及彼地看问题，这是我没想到的。当一个小小的心念变成为行动之时，便能成了习惯，从而形成性格。而性格就决定你一生的成败，教育其实需要契机。

这么一群可爱的小家伙，我有什么理由不爱他们呢？

（二）小荷才露尖尖角

【你眼中的我】

长大后，我就成了您

我第一次知道，老师可以这么漂亮，青春如满月一样的脸盘，两条辫子，笑意盈盈。

我第一次知道，课堂可以那么有趣，语言的神奇、艺术的魅力、科学的奥妙，让我们每每沉浸在课堂里，忘记下课的时间。

我第一次知道，这个世界上除了父母之外，还会有其他人给予你不计回报的无限包容的爱……

这所有的第一次，都发生在1994年9月1日，我遇见了她，对我影响最深的一位老师——周艳华老师，也因为她，我心里种下了对于教师这份职业的爱，在研究生毕业后我也毫不犹豫地选择了教师这个职业。

苏霍姆林斯基说："没有爱，就没有教育。"爱是小学六年萦绕在周老师身上的光，照亮了我们成长的路。在她的身上我看到了对工作的爱，她的课总是那么与众不同，生动活泼又有趣,将万事万物蕴含的人生哲理纳入小小一方课堂;在她的身上我感受到了对学生的爱,她总是能发现我们的闪光点,无条件地接纳,鼓励我们变得更好,变着法地帮助家庭条件困难的学生,我们是她的家和餐桌的常客;在她的身上我体会到对生活的爱,教室可以是美丽的家,带着我们一起打扫装扮教室,她带着我们举行水果拼盘比赛、包饺子,然后像家人一样享受大家彼此尊重又互相信任的幸福时光;她带着我们唱歌、跳舞、画画、做游戏,然后引导我们把快乐邂逅在时光的午宴,变成铅字;她带着我们一起认识爱,丰富爱的意义,去敬老院搞卫生,陪伴孤寡老人,爱护花草树木,关心碧海蓝天。六年的陪伴,这些爱成为我不断向上生长的沃土,在后来的工作中,不断影响着我。

有一天我收到一条学生的信息:"老班,我觉得来学校遇见您一定是我上辈子拯救银河系换来的。"我也同样想对我最亲爱的周老师说,遇到您真是我的幸运!

【学生档案】
姓名:李艳旭
年龄:35 岁
学历:硕士研究生
毕业学校:南京师范大学
专业:学前教育
工作单位:湘南幼儿专科学校

【我心中的你】

扎头发的故事

今天是我到中心校上班的第一天,第一件事就是给一年级的小朋友报到,编排座位。我看李艳旭剪着短头发,以为他是男孩子,在编排座位的时候就把她拉到男孩那一队,她气愤地说:"我是女孩子!"随即"哼"了一声,直跺脚。小朋友们都笑她"假小子"。我发现弄错了,赶紧说:"对不起!"她依然不依不饶地说:"坏老师!"

第二天,她居然变了一个样,她用红色的彩带扎了一个冲天小辫,然后将一朵粉红色的大花夹在上面,像个冲天炮。一见她那副模样,我捧腹大笑。我没有告诉小朋友们我为什么笑,但是除了李艳旭,其他小朋友们看我笑的样子,也忍不住笑了。我瞥了一眼李艳旭,她很淡定,噘个小嘴,眼里满是不屑。下午我与学前班的老师聊起这件事,学前班老师说:"她经常这样扎头发,很奇怪,我以前总是要她不要扎成这样。"难怪班上的同学不感到新鲜,他们以前是看多了啊!不过,我不太赞同学前班老师的做法,女孩子嘛,爱美是天性,扎个发型犯了什么错?况且李艳旭才6岁多,幼稚、纯洁,如果换种方式引导她欣赏美,会怎样呢?

下午放学的时候,我把她留下来,告诉她这样扎的发型既不好看又会在上课时挡住后面的同学,引起同学们的不满。她只顾着后面那句话,高傲地仰起头:"不关我的事!"

我忍住笑,说:"对,肯定不关你的事。要怪就怪你妈妈,没告诉你这样扎好不好看,还不给你留长发。"

她似乎很赞同我的说法,但立马又递给我一个白眼。我从办公桌里拿了一把早准备好的梳子在她面前晃了晃:"相信我吗?我帮你扎个好看的发型。"

"是什么样子的?"她天真地问我。

"'哪吒',你知道吗?"我试探道。

她一听"哪吒"就来神了:"知道!扎那样的发型很好看,可我妈妈说我的头发太短了,扎不了",她顿了顿,看看我,歪着头天真地问,"你能扎?"那说话的语气像个小大人。她三下五除二就把头上的装饰卸了下来。

说实话,我真不会,我自己的发型从来都没弄出个好看的,每天就知道扎两个羊角辫。我让她坐下,拿着梳子在她头上摆弄了好一会,终于梳成了"哪吒"模样。我其实就是把她先前的头发分成了两部分,用红色彩带缠绕两圈,系成蝴蝶结,让那朵粉色大花派不上用场。

"哎呀,只有一朵花,扎哪边呢?'哪吒'好像没扎花。"我故意自言自语。她听后走到教室窗户前,对着玻璃照了又照,看了又看,满意地笑了:"老师,真好看!那花送你了!"

"那怎么行?买这花要五角钱吧?"

"没关系,我家卖这个。"她高兴地拿着书包飞快地跑了。我正在心里犯嘀咕:死丫头,谢谢都不说。只见她气喘吁吁地跑了回来,我愣住了,还没开口问她,她却"咯咯咯"地笑起来:"你不是坏老师!"然后又飞快地跑回家了。我被她天真的"肯定"逗笑了。

这小姑娘,精灵古怪,聪明活泼而又非常可爱,说话一套一套的,像个"老江湖"。

连续几天我都在观察她:学习很认真,上课小手总是举得很高,而且语言丰富,与众不同,非常能干,有魄力,例如帮着我收发作业、把教室里的风琴擦干净、带班上的小朋友练习做操，集合排队时她一个一个拉人，俨然一个指挥官。她还是喜欢打抱不平的侠女，几个女生被男生欺负了，她能解决的没告诉我，解决不了的就向我报告，她根本不像学前班老师告诉我的那样。

我看在眼里喜在心里：班长就她了！

我参加工作时间不长，当班主任经验也不是很丰富。精明能干的李艳旭小朋友的表现，让我想到了童年的我，激发了我，这应该是"教学相长"吧！

我想：班主任要带好一班人，必须要了解这一班人，知其外，知其内，用爱心、耐心和恒心因材施教，方能善始善终！

周老师，加油！

1994 年 9 月 15 日

【你眼中的我】

夜几更,想起我的老师

夜一更,一盏灯,窗外霓虹闪满天。忽闻故人问候声,一首熟悉的歌,回忆不经意浮现在眼前,那可爱的人现在是否安好?这么多年,我除了想跟您说声抱歉,更想说声爱您。

夜二更,时光荏苒,兜兜转转,恰同学少年,已不再年少,是时光的魔法让我们彼此"成熟了",尘封在盒底的照片,还有那半块橡皮,那陪伴我的声音:"欧阳……你站起来!"那声音是那么的记忆犹新,仿佛昨日。您告诉我们:"我们农村的孩子只有读书才可以改变自己的命运。"您对学生不认真学习的严厉、对学生生病时的关爱、对学生做错事时的批评与指导、对迷茫学生的开导,让当时的我对您既是害怕,又是不满,更多的是敬畏……我能有现在的生活,与您的用心良苦是分不开的,而自己那时的年少轻狂,自以为是的"帅气,潇洒",现在看来都是那么的可笑。

夜三更,回忆起刚刚转校,您那英姿飒爽的样子让学生不寒而栗,一副"峨眉掌门人"的气势。今后的日子真是难过咯!以前上课我总是喜欢乱动,不认真听讲,第一次考试,结果没及格。是您没放弃学生,孜孜不倦地教导我,让我改掉小毛病,教我如何写好一篇作文。不怕您笑话,我是从那时开始才知道什么是比喻,什么是引用,什么是排比——因您的指导,直到高中我的语文成绩一直很好。还有一件趣事：人们都说语文好的，英语不会差，可我都被英语老师抓了好几次了。还有我记得，上课时我丢垃圾，借着自己的身高和坐在最后一排，把垃圾随手一丢，结果被您看个正着，当时您呵斥学生的样子，学生现在还记得。

那年，全国很多地方在流行急性肠炎，我也被感染了，当时我发着烧，您送我去医院，还让我在您家休息，可是您忘了自己家也有一位小妹妹正在等着妈妈回家吗？带我看医生回来，您还让小妹妹给我盛了一碗绿豆沙，您就不担心您自己的孩子吗？那一碗绿豆沙，真的是甜到学生的心里去了。

夜已深，还有人，为了学生月下灯，《三字经》《百家姓》，莘莘学子开慧心，唐代诗宋朝词小说明末清初时，四书五经，礼乐射御书数。白字戒尺夜半天，君心一片为谁倾？时光似水日日去，晓鬓白发生。碧血丹心育栋材，教书职责在心中。蜡炬成灰泪始干，桃李芬芳化佳谈。

爱您，我的老师。

【学生档案】

姓名：欧阳聪

年龄：29 岁

文化程度：大专

最后毕业学校：湖南都市职业学院

现在职业：厨师

【我心中的你】

一碗绿豆汤

是夜，喧嚣即将殆尽，窗外的大街上，闪烁的霓虹灯依旧，我坐在写字台前，晚上发生的事还在脑海中萦绕。

……

今天上午109班的欧阳彬同学打电话给我，邀请我晚上见一面，说是有惊喜。一走进约好的地方，一群少男少女向我挥挥手："周老师好！"因为欧阳彬与我家有点儿裙带关系，也经常见面，这些孩子们与他一起，应该是一个班的同学，我还没来得及一一打招呼，一个长得清秀英俊的帅小伙子已经微笑着走近我身边："老师，你知道我是谁吗？"我被这突如其来的开场白弄得有些尴尬，脑海里放电影般的快速搜寻。迄今为止，他们小学毕业已经12年，很多学生长大了，变了模样，我认不出他们也很正常。小伙子大概看出了我的窘样，走过来抱着我说："周老师，我是欧阳……"

"欧阳聪！"没等他说完，我立刻抓住他的胳臂，呼出了他的名字，"是你吗？"我惊喜地望着他，"傻小子，长这么高啊！"

"哈哈哈，周老师还记得我的名字。"他高兴地嚷着。

待大家一一介绍完，打完招呼后，欧阳聪靠着我身边坐下，然后把头靠在我肩上，犹如小情人一般："老师，我找到安全感了。"旁边的学生都笑话他："又不是你一个人的老师！我们会吃醋的，哈哈哈哈！"

"别闹，我又想起老师家的那碗……"

"绿豆汤！哈哈哈……"欧阳聪还没说完，对面几个孩子就把他的话截住了。

听得出，这碗"绿豆汤"不止一次说了。说真的，那会儿我有点儿蒙，我与那碗"绿豆汤"到底有啥关系？我压根不知道。

大家在一起说说笑笑，聊的都是小时候上学、毕业后创业的故事，每个人脸上都洋溢着幸福的笑。谈笑间，欧阳聪一直坐在我旁边，时不时给我添茶倒水，告诉我他现在深圳，做的是技术活儿，不累，挣得多。他说他有时候特想见见我，还一再邀请我一定要去深圳，他会带我喝早茶、尝早点、吃海鲜……我问起了他"那碗绿豆汤"的事。

他调侃道："看来老师好事做了很多，所以记不得了。"他激动地讲述着当年的事。等他讲完那件事，又仰着头望着我："老师，那碗绿豆汤激发了我努力学习，所以我一直记得。真的很感谢您！"我像听故事的小学生，听得都有点激动了，这样的"心灵鸡汤"以前没少被灌输过，但没想到的是，真的在我这发生了。回到家里，我找到2002年的教学日记本，打开查找了一番，还真的找到了关于"绿豆汤"的事。

……

那是2002年9月的一天，天气很热，上午第三节课时，班长跑来告诉我："欧阳聪今天总是说肚子疼，好像在拉肚子。"欧阳聪的家离学校很远，所以他住校，估计是带的菜馊了，自己没注意，吃了后闹肚子，因为这样的事学校经常有发生。班长告诉我说欧阳聪早上就没吃东西了。我来到教室，看欧阳聪正坐在一旁哭，脸色苍白，整个人显得疲惫不堪。我问明了情况，可叫家长来带孩子看病不现实，他家离校有十多里路，更糟糕的是如果坐摩托车去未必能解决问题，一是他的妈妈已经不在人世了，爸爸这会儿不知道在哪里做事，根本联系不上；二是浪费了坐车的钱，万一孩子拉得厉害，还耽误了治疗的时间，病情加重。思量过后，我直接带着他去了乡卫生院。医生说是吃了不干净的东西引起的急性肠炎。医生给他看过之后，打了一针，配了点药，就回学校了。

　　学校食堂早就关门了，我带着欧阳聪到我家吃饭，到家我才想起外婆有事回家了，我得自己煮饭，又因着急带欧阳聪去医院，煮饭的事就耽搁了。不止欧阳聪眼巴巴地望着我，连我女儿也眼巴巴地望着我说："妈妈，老外婆回家了，我好饿，你的学生病好了吗？"这时我才想起早上外婆熬了一大锅绿豆汤，打开锅子一看，还有好多，于是拿碗给欧阳聪和女儿每人盛了一碗，还放了点白糖，叫他俩先填填肚子，等我做好了饭再吃。欧阳聪接过碗，大口大口地喝起来，几口就喝完了，估计是没吃饱，可他又不好意思说，只是怔怔地看了我一眼，我又把剩下的一小勺添给了他。喝完绿豆汤之后，我听见他打了个饱嗝，他尴尬地笑了，说："老师，我吃饱了。"然后走到水龙头旁洗了碗。其他学生在午睡，我怕他回寝室会吵到同学，就叫他在我家的客房休息。下午，我看见他气色好多了，并给他弄了点新鲜菜，叮嘱他吃了药，很快他的病就好了。

　　次日赶集，我特意捎信给他爸爸来学校一趟，商量一下欧阳聪吃菜的问题，他爸爸表示，赶集的时候给孩子送点新鲜菜，每周带一餐熟菜、在学校买几餐菜。欧阳聪吃菜的问题就这样解决了。

　　我跟外婆说起这件事的时候，外婆不住地夸我："孩子，咱们农村的人读点书不容易，多做好事，好人有好报。"

　　……

　　作为一个老师，像"绿豆汤"这样的事应该是比比皆是，让眼前这个孩子对一碗小小的绿豆汤牢记于心，激励了他奋发向上，我确实没有想到。

　　我想，大概是外婆的话一直在鞭策我，让我在教师的征途中享受着这份"尊重"与"被尊重"，"爱"与"被爱"。

2016年2月1日

【你眼中的我】

我眼中的周老师

22年后的今天,几位小学同学邀我一起共进晚餐,我见到了我心中的女神——周艳华老师。

周老师是我小学的启蒙老师,我对她至今仍记忆深刻。初见她时,是在一年级分班的时候,她扎着一条长长的马尾辫,梳着当时很流行的"空气刘海",穿着一件粉红色的上衣,衣服样式我已经记不清了,她皮肤白净,整个感觉很清新、靓丽,但是她很严肃,这个形象一直记在我的脑海中二十余年。

上学时我对她最多的感觉就是"怕",怕撞见周老师的眼神,因为她对我们要求很严,每每想起她的眼神,我仍觉得"不寒而栗"。都说"严师出高徒",周老师的教育方式证实了这句话。在课堂上走神或者是偷懒不写作业时,周老师常常会盯着我们看,男同学说"那是温柔的杀手"。听说一年级分班的时候,隔壁班老师把当时考了"双百分"的学生都挑走了,我们这些被挑剩下的分给了周老师。为了证明我们并不笨,周老师可花了不少心思。记得那时背书背不出的同学,周老师会将他们留校读背,直到背出来为止,天黑了就自己送他们回家,要知道,那时候交通不便,走路打手电筒。在周老师的带领下,我们班的成绩甩了隔壁班几条街。我一直到参加工作,步入社会,为人妻为人母,才体会到她的用心良苦。庆幸!当年周老师对我们的严。能有这样的老师我感到自己是幸运的,谢谢周老师当年为我们付出的一切,也感谢我们心中幸福的"怕"。

当然,我们最怕的还是她突然间就不教我们了。印象中,周老师除了没教过我们的数学课,其他的课都上过。她就像传说中的好老师一样,会每天监督我们背书、过识字写字关;会教我们跳舞、唱歌、识五线谱,带我们折纸、剪窗花,跟我们一起在教室里包饺子、做凉拌菜;会给我们绘声绘色地讲故事,我们听得津津有味;她会在文体活动时间陪我们玩游戏(其他班都在教室里上语文、数学课),教室里有一台脚踏风琴,除了上音乐课用到,有时课上到一半,还会听到她的琴声,而我们也会在琴声中乖乖地收回"开小差"的小心思,还有些怕。语文课堂上,周老师经常用幻灯投影要讲的重点,或某个例句词语,或某张插图(全校只有我们一个班在用幻灯投影仪,据说其他老师不会用),录音机是她自己买的,每天都会出现在课堂上……隔壁班的同学常常站在教室外偷偷地看我们,向我们投来羡慕的眼光。我想:她的教学理念别说在二十多年前,哪怕就是放到现在来讲也是很先进的吧。别看她那时自己还是个黄毛丫头,却很会照顾我们,有时候我们带的午饭冷了,都是到她家去热。为了得到老师的"青睐",后来大部分同学中午都带饭到学校吃,这样就可以名正言顺地去老师家热饭,然后与老师坐在一起吃饭。

读三年级的时候,周老师生宝宝住院了,我们急得直哭,以为周老师不会再教我们了,上课都没有心思。中午的时候,十几个学生跑到医院去看老师,得到老师回来后还会教我们的答复时,大家高兴地跑回学校,一进校园不管见到老师还是同学便会嚷嚷:"周老师说了,回来还会教我们!"因为她的手里拽着我们的快乐与幸福……

【学生档案】

姓名：雷见琴

年龄：35 岁

学历：大学本科

毕业学校：南华大学

专业：临床医师

工作单位：湘南幼儿师范高等专科学校

【我心中的你】

懂事的雷见琴

今天见到 27 班雷见琴同学的父亲，当我问起雷见琴的学习状况时，她的父亲一副无奈的口气："没办法，家里经济收入少，小孩子多，负担重。不打算让她继续上学了，我家里现在能好好地送我最小孩子上学就不错了。"

"雷见琴不能上学，那可惜了。孩子聪明、懂事，学习认真，思维灵活，是难得的读书苗子，以后肯定有出息！"我想劝说她父亲，可她父亲说自己也知道这其中的利害关系，最后还是重复那句话："没办法，家里经济收入少，小孩子多，负担重。"我一时组织不好语言劝说，只是无奈地叹了口气。雷见琴小学毕业考取了本区重点中学，在城里上学，花费大，这是可以理解的，因为她家中几姐妹都很会读书，所以成绩很好。

唉，困难是可以克服的啊，说白了，也是个"重男轻女"的主儿。

说实话，我挺讨厌农村人"重男轻女"的思想，因为我也差点儿被这封建观念害了，庆幸的是我有一位德才兼备的外婆，让我的父亲屈服了，我才幸免停学。我很想帮帮雷见琴，但我拿什么去帮呢？我突然很理解国家为什么提出"优生优育"了……

雷见琴，1994年进入小学一年级，分到我带的班。她长得黝黑，却总是笑盈盈的，有时还露出一口洁白的牙齿，十分可爱。她做了副班长，工作认真负责，乐于助人。我挺喜欢她的。也许因为家庭原因，她的穿着有些破旧，大概是家里姊妹多沿袭下来的，她很乐观，从不会因为吃穿与班上的女生攀比。当其他同学在一起谈论玩具或花裙子时，她总是一个人默默地坐在座位上读书、背书。我问过她为什么，她告诉我只有好好读书，才会有好日子过。多么懂事的小女孩儿，让人有些心疼……

此刻，我只能在心里默默祈祷这孩子能幸运遇到一位好心人来资助她完成学业，以后能用自己的智慧过上好日子。或许，她爸爸回家想通了，她仍继续在学校读书……

2002年5月

【你眼中的我】

给予信心赋予力量

——我眼中的周老师

　　依稀记得在我小学六年级以前，我是一个胆小、自卑的男孩儿，平时话不多，更不愿意在课堂上表现自己。不过，这一切，在我小学六年级之后彻底改变了，短短一年的六年级生活，让我的性格发生了很大的变化，让我从一个害羞腼腆的小男孩儿，变成了一个阳光自信的人，而这一切变化都要从我小学六年级班主任周艳华老师说起。

　　回忆把我带回到 1999 年的那个秋天，我第一次离开父母身边，来到需要寄宿的五里牌中心小学，进入到小学六年级 70 班，从未离开过父母身边的我，第一次住在学校的集体宿舍里，内心惶恐不安，但在热心的周老师关心下，我渐渐放下了对学校的陌生感，适应了学校的集体生活。

　　初识周老师时我觉得她是一个非常阳光自信又关心学生的老师，那个时候的我每次见到周老师，就仿佛一股暖阳洒在我的内心，给予我温暖和力量。

　　要知道在这之前，我的极度自卑让幼小的我几乎重度抑郁，只要在人多的地方，我都会非常害羞和去回避，甚至脸一下子唰的就红了。这个时候周老师不断鼓励我，经常让我在课堂上踊跃回答问题，耐心地辅导我的作业，推荐我参加各种征文比赛，并在学校年级比赛、市区、全国的比赛里都取得了不错的成绩，我也开始慢慢变得自信。那年刚好要迎澳门回归，学校组织了一个"迎澳门回归"的文艺汇演，周老师又鼓励我和同学代表班级参加学校的这次活动，这是我人生第一次站上舞台，第一次体验"化妆"，第一次拿上麦克风……就是这么多的第一次交织在一起，我内心里那颗自卑的种子似乎被湮灭了，迎来的是新生的种子，在慢慢发芽，那是一颗自信的种子，是一颗阳光的种子在不断成长！

一次在别人眼中看来再普通不过的演出，对我来说却是一次莫大的鼓舞。后来我又被学校聘为校广播员，组织学校的课间操活动还有学校的各种大型活动，我终于可以非常自信地站在众人面前，告诉自己我是可以的！我深深地知道，我的这一切的改变，都是源自这位人生的导师，我的恩师周艳华给予我成长的力量，是她给予了我自信，消灭了我内心那颗自卑的种子。很难想象，如果当初不是遇见这么优秀的一位老师，这么用心用爱做教育的老师，这么关心农村基层一线孩子的老师，我的人生会是怎样的？

写在最后，我还想衷心地向周老师道一声："周老师，谢谢您！您是我一辈子的好老师！"

【学生档案】
姓名：曹江帅
年龄：35
学历：本科
毕业学校：湖南大学
专业：金融学
工作单位：中国平安人寿保险

【我心中的你】

"我不想寄宿"

今天，曹江帅同学邀请我一定要参加他的庆功宴。为了不让他失望，我如期赴约。宴会上，我听着主持人振振有词地介绍他的业绩以及晋升的职位，看着他胸前的大红花，与眼前的这位玉树临风的帅小伙十分相配，知道这孩子现在是事业有成，我打心眼里为他感到高兴。在发表获奖感言时，我被曹江帅隆重推出："我能有今天的成就，最要感谢的人是我的恩师周艳华老师，一路走来，是我的恩师给予我信心赋予我力量，指引我不断向前行进……"他说完，向着我深深地鞠躬，所有人都齐刷刷地把目光投向了我。这样激动的场面让我有点儿惊慌失措，回应他的时候有些语无伦次。此刻，我真正感受到"教师的职业是太阳底下最光辉的职业"。

曹江帅，我与他相遇在1999年的秋天。

秋季开学，村小的孩子都要到中心校读六年级，曹江帅就是这样从湾门前小学来到了中心校，分到了我的班上。他长得有点儿帅气，穿着一件很干净发黄的白 T 恤，大眼睛透出一丝胆怯与不安，来到我跟前，怔怔地看着我，在我的引导下填好报到相关信息后，在我身边徘徊了好一会儿，我以为他在等同村的小伙伴，便也没怎么在意。直到大家都离开了教室，我才发现他一个人还在教室里，那犹豫不决的样子，让人看了就心痛。

"你叫曹江帅吧？怎么还不回家？"

"我……我……"他怯怯地说，"周老师，我……我……可以不寄宿吗？"

"为什么?"我惊讶地看着他。

"我……不想……寄宿。"按照常理,刚从村小上来的孩子们应该对寄宿有特别的好奇,因为,他们很想感受一下住校的趣味,可曹江帅为什么会有这样的要求呢?是他家里想节约钱?还是平时太娇气了?

"学校原则上要求你们寄宿,你的家离学校这么远,你不寄宿就不怕迟到吗?"

"我……我……"他纠结了好一会儿,终究没把原因说出来。我也没把这事放在心上。

第二天,曹江帅妈妈陪他一起来到了学校,看得出,他早上哭过鼻子。他妈妈告诉我,孩子从小就挑食,不吃隔餐饭菜,到不熟悉的地方就睡不着,听说学校要求寄宿,都不肯来上学。

唉,小孩儿没有离开过家,胆子又小,有这样的想法很正常。我耐心地开导他,给他分析不寄宿会带来哪些弊端,寄宿会有哪些益处,好说歹说了半个小时,他有些动摇,但还在纠结隔夜菜的事。我告诉他这个问题完全可以解决,如果带的是熟菜就放在我家的冰箱,吃的时候我帮忙热一下;如果带的是生菜,我就帮忙煮熟。他立马答应了,背着书包跑进了教室。

后来,我发现曹江帅口才不错、作文写得好、画画得不错,我便给他"搭"了个梯,让他有了展示的舞台,找到自信,而这孩子每次都没让我失望。

小学毕业后,曹江帅多次跑到我家,跟我分享他在学习、生活中的点点滴滴,直到今天,他依然如此。

我想:当时应该是他觉得可以每天跟老师接近,他所遇到的切身问题与困难、独特的要求与愿望方面,我的小小举动恰好接触到这些"点子"上,所以才会收到这样的效果。

有位专家说过:"母爱可以拯救一切!"我不知道这是不是教育专家们口中的"爱",我只是用我母性的"善良"帮助了一个需要帮助的小孩子。

祝福你,亲爱的曹江帅同学,希望你的事业蒸蒸日上,一路顺畅红红火火!

【你眼中的我】

我眼中的周老师

老师,是一个十分神圣的职业,各种不同的老师会以各种不同的方式出现在我们的生命中,教会我们不曾认知的东西,她们的举动都会影响着我们。那时年龄还小,但已遇见过许多老师,也有了一个自己心目中最完美的周老师。

记忆中的周老师,感觉有精致的妆容,衣着朴素,但必须干净且整洁,她可以真诚地对每一位同学微笑,她不像一个领导者,严肃且高高在上让人敬仰,她可以牵起每一位同学的手,与学生们做朋友,与学生们谈笑。

周老师是一个智者,告诉我们什么该做,什么不该做,但她并不一定直接告诉我们,而是让我们自己细细去体会,去理解,去明白。她在我们做了错事之后,不会把我们拎出去骂一顿,逼迫我们承认错误,然后再在班里或学校里宣传,把我们当成反面教材,去告诫别人不要重复我们的错误,而是静静地站在我们面前,让我们自己去发现错误,自己去承认错误,让我们深刻地记住这个错误所带来的教训。她可以教会我们自己去判断一件事的好与坏,并告诉我们坏会带来什么样的后果,能够正确地看待所有的事情,不误入歧途。

周老师是一个友善的人,她能够对任何同学微笑,可以和学生成为朋友,与学生一起谈笑,使师生之间不会产生一条无形的沟,谁也无法跨越，她可以和学生谈心，可以使学生把真心话告诉她。她可以对差生报以期望，而不是对她们失望；她可以在学生进步的时候给予微笑和鼓励，但不会在学生退步的时候对她们怒骂，而是鼓励且善意地微笑，告诉学生们成功不是永远属于一个人的，即使努力和结果不成正比，但成功总会来到。她在上课时，会在一些沉默的时候开几个小玩笑，使同学们轻松地上完一整节课，她可以在课后与同学们促膝长谈，了解同学们是否掌握了课堂上所讲的重点，同时聊一下家常，关心同学们的生活状况。

周老师，她可以教会我们做人，教会我们分辨是非，让我们发现世界的美好，让我们心存善念，让我们学会努力，给予我们微笑和鼓励，让我们微笑地面对整个世界。

这就是我心目中最好的周老师！

【学生档案】
　　姓名：邓智
　　年龄：35
　　学历：本科
　　毕业学校：湖南人文科技学院
　　专业：教育管理
　　工作单位：苏仙区观山洞街道办事处

【我心中的你】

新转来的邓智

邓智是小学三年级从秧塘村小转到中心校的，来到我跟前时,一点儿也不认生,他对着我笑,在我的办公桌上东摸摸,西摸摸,好像对什么东西都很好奇。我的目光在他身上停留了一会儿:衣着干净整洁,皮肤白净,留着小平头,脸上洋溢着单纯与可爱。

农村孩子没见过什么世面,胆子大的,上蹿下跳,无所畏惧;胆子小的畏畏缩缩,小心翼翼也是必然的。因为邓智在村小的时候,成绩是班上的佼佼者,所以他就是那胆子大的一类。他刚到我的班级,有些小调皮,每天都会在值日生的"登记簿"上报到:早读走位、上课讲小话、课间在教室里追追打打、不扫地……我找他谈话,他都会嬉皮笑脸,有时会弄得你哭笑不得。

没想到第一单元测试,给了他一个下马威:全班32个同学,90分以上的25个,80-89分的4个,一个不及格,一个68分,还有一个72分的就是邓智。他拿到试卷的那一刻,似乎不太相信是真的,答案与同桌对了又对,终于消停了。他怔怔地看着试卷,羞红了脸。从那以后,他安静了许多。经常与成绩好的几位男生在一起,屁颠屁颠地跟着他们一起学习、玩游戏……很快就融入了这个班集体。这是一个上进的孩子。其实,我还是很喜欢这孩子的。

第二单元,他考了85分,我给了他一点小奖励,他兴奋地拿着"奖品"一路挥舞着回家。之后,他明显变了许多,也许是班上优秀的孩子多,周围的环境让他有了危机感,便缺少了活力和自信。我又找他谈话,鼓励他好好学习,并到他家去家访时,夸他聪明、有潜力,增进了我与他之间的信任感。

我一直在想,今日的孩子总有一天要走上社会,今日的教育必须要为其适应社会作铺垫。此刻竞争激烈,孩子如何找到自我的一席之地?这就需要自荐和自信,能够大胆地推销自我,而不是循规蹈矩地按照别人的安排走。况且周围的世界瞬息万变,别人能为你安排什么呢?一切要靠自我,靠自我打拼一片天地。所以,在孩子的求学阶段就要培养其竞争意识,培养其适应未来社会的心态和本事。一个人的性格在某种程度上很难改变,但自身性格中的某些弱项可能会影响到将来的发展,所以要学着慢慢尝试以开放的心态来学习、生活和交往。

【你眼中的我】

印象中的周老师

　　时间过去很久了，只记得刚来我们班上的时候，老师给人第一感觉是穿衣打扮得体好看，短发大方干练，上课井井有条。

　　觉得印象最深刻的就是第一次郊外春游了。作为农村孩子，从小没和大人一起出去游玩的我，有幸在周老师的带领下，去了一次野外游玩。

　　那次是去"飞天山"。我们在猫王寨爬山比赛，然后到山中扯竹笋，坐大船观翠江两岸的风光，一个个欢呼雀跃，不知疲倦。而老师一边护着我们的安全，一边给我们拍照。在鲤鱼寨，老师带着我们在一棵菩提树下休息，我们吃着自己带来的午餐，听老师讲"菩提树下的故事"。我们班读书最厉害又最调皮的雷康还提议"对对子"。他早想好了一句："猫王寨前比登山——"学习委员雷杰立马对了一句："野竹林里扯竹笋。"大家正想笑话雷康，他却脱口而出："鲤鱼寨前跃龙门。"他料定没人对上，正哈哈哈大笑，李佳妮便回了一句："菩提树下听故事。"他马上收回笑脸，同学们也开始起哄……就这样，你一句，我一句，不管说出来的像不像对联，只管开心地玩、尽情地闹，有的男同学还把别人说的"对子"刻在石头上。对于我们农村孩子来说，这样的出游可真是开了眼界。

　　那时我们觉得这个老师好伟大，带着我们一起去玩，毕竟人多了，所担心的事情也会多，要承担的责任也会多，但是她无所畏惧，只为了让我们的童年有一份这样令人印象深刻的画面，让我们的童年有老师的陪伴，也让我们有了学习努力的动力。

周老师教语文，我的语文有了很大的进步，因为喜欢这个老师的教学理念与方法，让我爱上了语文，那时候不觉得语文很难。我们最喜欢的就是语文活动课了，在活动过程中，我们积累了大量的语言信息。后来才知道我们那个班是课题实验班，难怪隔三岔五地就有一些老师来我们班听语文课。有一次上语文活动课"有趣的对联"时，其中有个环节是"互相交流"，有几个胆大的男生竟然拉着旁边的老师合作，有个老师害怕地溜出了教室。还有次举行"古诗词会"，老师鼓励我们用不同形式来朗诵古诗，老师唱了《悯农》，欧阳树、邓为就把要展示的《小儿垂钓》用《两只老虎》的曲调唱出来，还边唱边跳，逗得在场的老师和同学笑得前俯后仰……唉！那时有周老师，我的开心事也多。

后来因为老师工作调动的原因，去城里任教了。从那以后，我的语文成绩也开始发生了翻天覆地的变化，写作文、写语文作业不再是我喜欢的课程了，每次考试也不再是自己满意的成绩，每次考试，作文、阅读就成了我头痛的事情，以至于我现在读书最怕的就是写作文与阅读，所以启蒙老师很重要，自己坚持也很重要。

周老师就是一盏灯指明前进的道路，感谢周老师那几年的陪伴，让我们的童年过得很充实，很愉快！

【学生档案】

姓名：雷雪

年龄：29 岁

学历：本科

毕业学校：湘南学院

专业：护士

工作单位：郴州市第四人民医院

【我心中的你】

心目中的雷雪

　　学校决定办一个课题实验班，选取四年级作为实验班，原来的两个班重新组合，雷雪就是因为这个原因来到了我的身旁。她总是扎着两条落肩的小马尾，穿着一件粉红的碎花上衣，满月似的脸上挂着如百合般的笑容。

　　起初，她在班上的表现平平，学习成绩平平，但比较乐观，有时愿意与老师接触，又有些若即若离，展现在我面前的她似乎与她的气质有些违和。有时她也会帮着老师做一些事。我曾经想更多地了解她，可一直没找到合适的机会。

　　春游活动让我重新认识了她。我带着全班学生去飞天山的猫王寨爬山。春日的阳光灿烂，洒在孩子们灿烂的笑脸上。老师的哨声响起，孩子们像放飞的小鸟争先恐后地向山顶跑去。大概是用力过猛，大部分孩子开始气喘吁吁，在中途停歇。这时我看见雷雪咬紧牙关，奋力冲向终点，红扑扑的圆脸上渗着汗珠，她全然不顾，终于第一个到达了山顶。小姑娘幸福地呐喊："加油！加油！我扯笋去了。"说完，嗖地钻进竹林里，不一会儿工夫，就听见雷雪在喊："老师，快来，我扯了好多笋，拿不动了！"其他人刚上山顶，看到雷雪的"战果"，都来夸她。那会儿，我才算真正地认识了她：聪明、能干、勇敢、有耐力，她犹如不起眼的迎春花，娇俏清丽，藏在萧萧花木中，迎着寒风开放，当人们发现它，就知道春天快来了。

本期期中考试后，我找到了她，告诉她："尽管成绩不理想，但是你从未想过放弃；尽管基础知识薄弱，但是你从未想要懒惰。这是我对你印象最好的地方，其实一个人努力了不一定会有回报，但是不去努力一定不会有回报。就这样勤勤恳恳地学习，你可能会发现，原来自己的能力并不像自己想象的那么差。雷雪，继续努力吧，相信自己一定行！"

从此，她更自信了，在课堂上举手的次数多了，还喜欢看书，作文写得越来越好了。

【你眼中的我】

我眼中的周老师

转眼小学毕业很多年了,想起当年小学的时候,还是甚是想念,我记得当时的班主任周老师,她有着一头清爽的短发,一双锐利的眼睛,严厉但又充满了慈爱。

在我眼中,周老师是比较严厉的,因为她是班主任而且是教语文的,所以在她的课堂上大家基本上都是非常认真,而且积极地回答问题,基本上没有人敢直面他(至少我是这样),一直面她就好像什么心思都被看穿了一样。而且我感觉我们老师比较负责,平常学校组织任何形式的大型班级活动,我们班都拼命地练习准备,记得有一次,学校举办广播体操比赛,我们班为了争第一,抽各种时间去练习,有的时候就连下午放学了都不能走,还得加练。

其实在当时,最烦的事情是下午放学,因为几乎每天都不是正常时间放学,基本上都要晚半个到一个小时才放学,家长们可是很赞同的,但小时候因为爱玩儿,感觉非常不理解,天天都要推迟放学,搞得我回家打球的时间都没有多少了。

不过,留下我们基本上都是在为我们补课和讲作业,很难想象,在现在这种到时间点就下课,而在我们读小学的时候却经常推迟放学,而且是免费的。现在长大了,也懂了很多事情了,现在有多少人愿意花自己的时间为你拖堂为你推迟放学给你"讲作业"？那个别人嘴巴上总是挂着"这是为你好"的时代已经回不去了。

都这么多年过去了，大家都长大了，变成熟了，也回不去了！原来，老师的苦口婆心依然让我们回味无穷。

【学生档案】
姓名：谢方明
学历：大学本科

【我心中的你】

调皮的谢方明

"一百个学生就有一百个哈姆雷特。"这句话说得真好，因为每一位学生都是一个独立的个体，他们是发展中的人，在老师的教育下，会变成什么样的人，教师的引导尤为重要。

这个学期刚开始，谢方明同学课间时和同学打架在全校出了名。只要上我班课的老师都很是头疼，因为他上课时喜欢干扰其他同学。大概刚从幼儿园步入一年级的小朋友认知都还不成熟，还不懂规矩，我对他也不是很了解。为此，我特意注意了他，觉得好像没有想象中的那么难搞，你对他讲道理，他还是很乐意接受，也在努力做到。但是，隔不了几天，就又会犯错，他都成了我办公室的常客了。有一次下课后，他在座位之间玩"飞腿"，踢到了谢海涛，谢海涛怕他，没敢告诉老师，也没告诉家长。谢方明以为这样好玩，同学还怕他，一发不可收拾了。我今天刚处理完，明天打架事件又来了。我忙得焦头烂额，可一点效果都没有，我决定先了解了解他。

我找到幼儿园的老师，了解到他家里很在意这个男孩，爸爸和妈妈、爷爷奶奶，甚至他的小叔都十分宠他，对于他的所作所为总是听之任之。所以从小在幼儿园就是个"小霸王"，别人不敢惹他，但他敢惹别人，因此没有小朋友想跟他玩。现在上小学了，还是这样。

别看长得壮实，可孩子毕竟还小，是非观念还很淡薄，好好引导他还是可以转变的，我在心里这样说服自己。这样的孩子其实内心深处是需要认同感的，我作为他的老师，就不应该用审视大人的眼光去要求他了。我告诉他玩"飞腿"是非常危险的，踢到别人不好，如果别人受伤了，是要赔偿的；玩的时候不小心，摔倒了也不好，自己会受伤。经过多次劝导，他渐渐不玩"飞腿"了。

可是没过多久，他又在课间时用两手撑在座位中间玩起了"飞腿"，这一次比上次更猛，两腿一抬，猛的一下向前飞出去。谢方明的双腿恰好落在迎面走来的谢海涛的肚子上。真是"冤家路窄"啊，几次受伤的都是谢海涛。

谢海涛依然没告诉我，回家说肚子疼，其父母问起，才告诉父母是谢方明踢的。掀开孩子的衣服一看，青了好大一块，巧的是谢海涛家也把孩子当"宝"，听说孩子被欺负了，而且不是第一次，看到那块淤青的地方，心中的那个"火"啊不点自燃，一家老小直接冲到谢方明家，吓得谢方明的父母不敢出来。而谢方明的父亲并没有意识到问题的严重性，不但没好好教育孩子，第二天反倒跑到学校来找老师的麻烦。朱书记教训他一番，最后被拦回去了。都说父母是孩子的第一任老师，是孩子的榜样，如此父亲，如何能教出一个彬彬有礼、与人和睦相处的孩子？

待他们心平气和后，我主动把孩子的父母找来，进行了一次深刻交流。我给他们讲这样做的危害，孩子如果还不好好引导，将带来什么后果等，其母表示愿意协助老师做好孩子的思想工作，让他学会与同学和睦相处。而他父亲可能个性比较强，一下子还扭不过弯，一言不发地先离开了。

经过我和谢方明母亲的努力，谢方明在班级的表现有了明显的进步，我发现他上课积极举手回答问题，作业写得一丝不苟，有时还乐意帮助一些潜能生认读拼音，我夸他是一个很聪明的孩子，他听了非常高兴。从这之后，每次碰到我，都是很有礼貌地问好，也没再听到他打架的事了，身边的小朋友也越来越多了。

第二学期，我任命他做了班长。他工作的样子很可爱，且认真负责，有号召力，还学会了以理服人。

我想，这样的孩子犹如一张白纸，要画成什么样的画，就看家长和老师如何引导了。刚上一年级，可能是他还不适应，想引起老师和同学的关注，只是方法用错了。如果家长和老师用错误的方法处理问题，孩子将会愈走愈远。

看到他的一点一滴的变化，老师很是欣喜。这大概就是教师的伟大之处吧！教师不单是传道、授业、解惑，更多的是心灵的教化吧！

【你眼中的我】

我的老师

  我有一个美丽的语文老师,她也是我们的班主任。她的个子不算高,但走起路来风风火火,一头乌黑发亮的短发,显得十分精明能干,她每天都教给我们新的知识,最特别的还是那双炯炯有神的眼睛,如果你在课堂上不专心听讲,就肯定逃不过她的眼睛。

  她就像个热水瓶,外冷内热,其实内心还是想让我们读好书,因为只有严厉才能教育出一个个好学生。她也不是每天都板着个脸,有时候也有微笑,只有个别同学屡教不改的时候,才会大发雷霆,尤其是上课时,对我们格外有耐心。

  还记得上一年级的时候,每次上语文课,老师提出问题,我就会把头低下去,手上像压了一个大石头,怎么也举不起来,就怕会说错。有一次,老师突然喊到了我的名字,我慢慢地站了起来,握紧拳头,心里的小鹿怦怦直跳,回答的声音如蚊子般小,连我自己都听不见,甚至不小心读错了一个字,我不由得在心里大喊一声:"哎呀,这下可惨了!"

  出乎意料的是,老师轻轻地走过来,非但没有批评我,还笑眯眯地看着我,摸摸我的头,温柔地说:"没关系,再来一遍,你可以的!"老师的话像一股暖流流进我的心里。我鼓起勇气,用洪亮的声音准确地回答了这个问题。老师和同学们向我投来了赞许的目光。从那以后，每当我会了的问题，我都会勇敢地举起手来，说完以后，心里滋生出一种说不出来的喜悦。

【学生档案】
　　姓　名：杨毅
　　学　历：中专

【我心中的你】

学生这样奖励我

　　放学前，我从调皮鬼杨毅的身旁走过，他拉住我，把一片口香糖递给我。我正在纳闷，他眯缝着双眼望着我笑了，那两颗还有点儿白的大门牙全露出来了，看到他调皮的样儿，倒有几分可爱。看见我怔怔地看他并准备开口说"谢谢"时，他可是先开了口："老师，这是我给您的奖励。"看着他那腼腆的样子——不住地晃着身体，低头不敢正视我，哪有男子汉的气魄，像个十足的女生。

　　"理由……"我忍不住笑着问道。

　　"我这一段时间觉得学习很有趣。"

　　"好事呀！那应该由老师来奖励你才对。"

　　"不，应该先奖励老师……因为……"他有些不好意思，说话吞吞吐吐，"因为你上课总点我回答问题，所以……"

　　"所以没挨批了？还是……？"

　　"学习进步了！"他猛一抬头扫视了我一眼，又注视着地上。

　　"好，我接受奖励了。"说完，我马上将口香糖的纸剥去，将口香糖塞进嘴里,边嚼边说:"嗯,好甜,好香!"他听了双手捂着嘴,把脸转到一边笑去了。

我嚼着口香糖走到了讲台上,故意咀嚼着让班上的同学都看见。其实,我俩刚才的说话大家都听见了。

孩子们目不转睛地看看我,再看看杨毅,抿嘴笑了。

【你眼中的我】

好久不见，周老师！
——想在您面前撒个娇！

在一个夏天的深夜，躺在床上检查消息，在 QQ 上发现了一个尘封在通讯录已久的头像正在闪动，我不断地在记忆中搜索着这个头像的主人，然后想起了十多年前您在讲台上挥动粉笔的姿态。

好久不见，周老师！

我想在您面前撒个娇！

我好想告诉您，我好怀念您教我们的日子。在您的关怀下，我终于有了一群小伙伴。每天放学直接奔回家，打开电视，满怀期待地坐在沙发上等候着 6 点黄金档动画片，吃完饭后跑出去和住在附近的同学们一起讨论动画片、一起捉迷藏，无忧无虑地度过每一天，从来不会去想自己将来要干什么。而第二天上学，却想着要与您分享，下课喊了一声"周老师"，可我那时也有点儿怕您，终究没有说出口，最后只是对着您憨憨地笑，我也看见您的微笑，心里十分满足。

好久不见，周老师！

我想在您面前撒个娇！

我好想告诉您几个小秘密。脑海中还依稀记得自己被批评后不敢抬头的模样，可能那个时候除了父母，最敬畏的就是周老师了吧。我记得自己是小学三年级转到你班上的。我那时腼腆、个子高、好胜、爱哭、还挑食。每餐只吃火腿肠，其他的菜看都不看一眼，由于身体生长需要，这样吃下去肯定是营养不良，而这样的后果也将导致我学习跟不上。爸爸妈妈已无计可施。一天中午，您把我带到家里，跟着您的家人一块儿吃饭，不知为何，我那几天吃得特别香，从此改了挑食的毛病，以至于后来总想去您家蹭饭。

因为自己小学的语文成绩相对比较差劲，我很不自信，所以常常能够受到周老师的关照，在那个时候，我一直觉得能够被老师关照一直是一件非常开心的事，每次在教室外的地方看见周老师，都会特别开心，因为能够更进一步地认识到周老师。那个时候，总还想向您撒娇，抛掉所有的烦恼，单纯地玩乐，单纯地学习。

好久不见，周老师！

我想在您面前撒个娇！

我好想告诉您，不知不觉，我已经长大成了能够说出"十年不见"这种听上去带几分沧桑的话的大学生了。我经历了各种考验，一路摸爬滚打来到了北京，达到一直认为的终点，却发现这也只不过是一个起点而已，难免还会有一点儿丧气，烦恼也在一天一天地增加。每天只是漫无目的地学习，脑海中关于未来的景象却从来没有明朗过，每次想到这里，便会开始厌恶、责备自己。

但现在的我仍然还是想要长大，想要让自己能有更大的能力，足以去面对这些烦恼，这才是我真正想要成为的强者。周老师，您的鼓励也让我更加坚定了现在的想法，尽管未来的道路还存在着迷茫，但相信自己总有一天能够走出迷雾，奔向光明的未来。

那时，我还想在您面前撒个娇。

【学生档案】
姓名：刘卓男
年龄：21
学历：本科肄业
就读学校：北京理工大学

【我心中的你】

可爱的刘卓男

这个学期，新转来了一名男生——刘卓男。与同龄的孩子相比，他长得有点高，身体看上去很壮实，班上的孩子们都说他"又高又大"。一害羞，白净的脸蛋上准会泛着两朵"红云"，十分可爱。他喜欢看书、爱好运动、谈吐自如、彬彬有礼，说明家庭文化背景、受教育的环境一定不差。

一开始，他上课总是非常投入，积极举手回答问题，每天的作业都认认真真地完成，还热心帮助成绩差的同学，班上的同学们在他的带领下学习气氛十分浓，我暗自高兴："我那天起得早，捡了个大活宝！"

没过多久，我发现他上课有点走神，有时还会萎靡不振。我找他谈话，他就低着头，一副怯怯的模样；批评他，就哭脸；有时碰到一点小困难和小挫折，就垂头丧气。我不知如何是好。

"情况有点不对。"我决定去家访，向他父母反映一下孩子在校的表现，了解一下孩子在家的情况。

原来，刘卓男的爸爸妈妈每天也是起早贪黑，刘卓男的午餐是妈妈早上煮好放在保温杯里的，有时业务忙，父母回来的时候，刘卓男已经睡觉了。大概是孩子太乖，父母忽略了孩子的感受，加上刘卓男有点挑食，父母又不允许他在外面买东西吃，因此午餐没人监管，出现他经常饿肚子的情况。我在心里腹诽：刘卓男也是挺可怜的。尽管他的父母一再表示会调整时间多关注孩子，但有时候事与愿违，刘卓男的问题还是没有得到根本的解决。

一天中午放学，同学们都走了，我看见刘卓男一个人在校门口徘徊，我问他为什么不回家吃饭，他告诉我他不饿，想在校门口玩一会儿再回家。我知道，他肯定又是怕吃家里的"午餐"，想偷偷地在旁边的小卖店买零食吃。我想邀请他去我家吃一餐中午饭，又怕他不愿或是不敢去。我借故说手中的东西太重，请他帮忙拿回家。他欣然答应了。一到家里，刘卓男就与我侄儿（同一个班）玩儿起了走迷宫的游戏。我悄悄地跟侄儿说："你等会儿留下刘卓男吃饭。"等我饭菜做好后，在侄儿和我的再三邀请下，刘卓男终于坐下来和我们一起吃饭了。我帮他盛了一小碗饭，要他自己随便夹菜。可当他举起筷子时发现，那些菜都是他不喜欢吃的，便把筷子收回了。我示意侄儿介绍菜的味道，我就坐到沙发上，以免他尴尬。侄儿是个"人精"，故意说："哇，姑姑今天做的好好吃，刘卓男，来尝尝。"一边说一边给刘卓男夹菜。刘卓男苦笑着不好拒绝，开始吃起来。我认为他会吃得好难受，瞥了一眼，发现他吃得津津有味。一碗饭吃完，他兴奋地说："周毅，你好幸福，天天有这样的美味吃。"我问他吃饱了没有，他笑着看了看我，不好意思说"没有"。我又给他盛了一碗。就这样，一顿饭他吃得很开心，他的"挑食"毛病就这样轻松解决了。他的学习状态又回来了。以后，他隔三岔五就说："老师，你如果今天要奖励我，就奖励我到你家蹭饭吧！"

其实，我做菜的方法与刘卓男的妈妈没什么两样，不同的是吃饭时的意境不一样了：因为有人陪伴！

　　我曾经对此类孩子情况做过调查，发现很多父母整体对孩子陪伴行为率不高，尤其是父亲陪伴缺位仍然严重；家长"假陪伴"现象明显，即积极陪伴缺位；多数家长缺乏对孩子的阅读习惯和学习主动性的培养；多数家长缺乏对孩子生活自理能力的引导与培养；多数家长不常陪孩子一起进行运动、玩耍等活动；家长对孩子的情感关注严重不足等，没有了父母的陪伴，孩子的内心是脆弱的，缺乏安全感，不自信、不信任……这些问题也必将影响孩子的身心健康，阻碍孩子的成长！

【你眼中的我】

严厉的周老师

周老师是我们班上的语文老师。

周老师她长着浓厚好看的眉毛,一双炯炯有神的眼睛,一张能说会道的嘴。在我心中她是严厉而又温柔的。

严厉,得从那天下午说起。周老师让我们拿出听写本听写,我们觉得很简单,因为我们复习完了,所以我们不怕这次听写。刚交上去的听写本,不一会儿,周老师就把听写本改完了。看着她皱着眉头站在讲台上,我们有点害怕,只听见她说:"你们真是一塌糊涂,一个全对的都没有,错了的一个抄十遍。"那声音明显提高了八度。

等本子发下来后,我目瞪口呆地看着听写本,我居然错了那么多。最近,我们确实有些飘飘然了,以为自己什么都知道了,所以学习的时候总是心不在焉,还自作聪明,以为老师什么都没看出来。

"看你们嘚瑟,以为自己很了不起了。还真是小看你们了!"她边说边把本子发下来,"自己好好看看,对了几个?然后说说有什么本事值得嘚瑟!"她生气的样子,让人十分瘆得慌,这时候,我觉得周老师是最严厉的。

有时候,我觉得周老师是温柔的。因为我们生病、感冒什么的,周老师都是第一刻来关心我们,照顾我们。有一天上课时,老师发现我满脸通红，立刻放下手中的书，向我走来，问："李逸，你发烧了？"我摇摇头，觉得没关系。而周老师一边听我说一边用手在我额头摸了摸："傻瓜，这么烫。"我无力地笑了笑。这时，她叫同学自己读一下课文，拿着手机出去打电话，不一会儿，又端来一杯温开水叫我喝下去。接着，老师又写好放行条，陪我在传达室等妈妈。我心里一阵暖流：老师真好！像妈妈一样。

俗话说："一日为师，终生为父。"我们已是六年级的学生了，马上就要离开了，我想对您说：敬爱的老师，时间是多么匆匆啊！匆匆中，我们走进小学的课堂，匆匆中，我们又要离开校园，离开您！从齐腰长到与齐肩膀，整整六年。六年间每天的两声"老师好"与"老师再见"，带着我对您不变的情谊。不知道从什么时候起，您满头的黑发中长出了一根白头发；不知道从什么时候起，鱼尾纹爬上您的眼角。但在我眼中，您永远是年轻的，永远是最美的老师！

【学生档案】

姓名：李逸

学历：大专

【我心中的你】

"李逸，他们怎么打你，你就怎么打他们！"

"李逸，他们怎么打你，你就怎么打他们！"下午上课前，我去教室巡查，正好遇见这一幕：李逸的妈妈气急败坏地一手抓住谢海涛的手,一手掀开谢海涛后面的衣服,大声叫唤着。孩子们都被吓蒙了,我也蒙了,不知道到底发生了什么事。

谢海涛吓得不住地抽泣。我急忙上前拉开李逸的妈妈:"哎哎,怎么回事?李逸妈妈,先放手。有什么事先跟老师说说。"

李逸妈妈松开手,依然黑着脸,大声叫唤:"老师啊,来得正好,谢海涛合着谢方明、林津全、张情杰、李体健一起打我家李逸一个人,你说气不气人啊?"

"我们没有,是他自己先打人。""老师,我们真没!"我把中午在一起玩的孩子和李逸妈妈都叫到办公室,了解事情的原委。

原来,谢海涛、谢方明、林津全、张情杰、李体健几个人中午回校之后一起打乒乓球,李逸中午回校后,看见那几个同学在打球,也想玩。他不跟同学商量,直接跳到乒乓球台上捣乱,那几个同学好言相劝,李逸就是不听,于是双方就推推搡搡,李逸趁机动手打人,可没占到便宜,便回家搬救兵。李逸的妈妈一到学校,一不调查了解,二不找老师反映情况,跟随孩子冲进教室里,然后出现了我看到的那一幕。

"李逸,他们讲的是不是事实?"

"没……"李逸没有正面回答我。

"老师,你可以问邓婷和黄薇,因为她俩当时也在场。"谢海涛说。

为了不引起李逸妈妈的误会,我让自以为是"受害者"的李逸通知邓婷和黄薇,两个人陈述事情的前因后果,跟谢海涛几个人讲的一样。这时李逸不出声,但他认为妈妈在,显出一副趾高气扬的样子,而李逸妈妈的情绪也缓和了一些。

"大家在一起好好玩多好啊,硬要打架才好吗?今天如果谁让一步,就不会这样了。"

"还记得《难忘的小诗》吗?你打我,我打你,打来打去只是借别人的手打自己。现在是不是印证了?"

几个孩子点点头:"我们知道错了,谢谢老师!"李逸却站在一旁一声不吭,还是一副满不在乎的样子。

"以后发生这样的事情一定要冷静处理,自己解决不了可以告诉老师。"另几个孩子回教室了。

我又耐心地劝导李逸妈妈:"李逸妈妈,你说你这样冲动,后果是什么?"

"我当时没想那么多。"

"都是爹妈生的,你打人家的孩子,他们又跑来打你的孩子……这样子打来打去,什么时候是个头啊?你回去要好好说说你家孩子,要跟同学和睦相处。"

她有点不好意思,但一句"对不起"也没说就走了。我与李逸的妈妈交谈过几次,感觉她很溺爱孩子,特别是家庭婚姻出现状况后,更加明显。李逸也养成了自私习惯,脾气暴躁,什么都要别人让着他,他绝不会让人,班上的学生都不想跟他玩,生怕会发生摩擦。这次,完全是他惹是生非导致的。

从那以后的一段时间,李逸不但没认识到自己的错误,反而变本加厉,总有学生跑来告状,说李逸打人、抢东西、捣乱……或许在他心里已经盘算:"若我吃了亏,我妈肯定会来帮我收拾你们的,所以我谁都不怕。"

我打电话通知李逸的妈妈到学校,并把李逸最近的表现告诉她,她还反映孩子在家也是如此,令她苦不堪言。

正好市文化馆邀请部分学校家长和老师参加"智慧家庭教育"报告会,我特意申请安排李逸和他妈妈去听报告。听了几次报告之后,她才意识到自己在怂恿孩子的不良行为是在助长孩子变本加厉,几次找到老师商量如何补救过失。在老师和家长的努力下，李逸有了很大的转变：主动为同学服务，主动学习、主动与同学交流。

在毕业联欢会上，李逸和他妈妈一起深情地演唱了一首《感恩的心》，全场响起了热烈的掌声。

"人之初，性本善。性相近，习相远。苟不教，性乃迁。"父母是孩子的第一任老师，良好的家教氛围能潜移默化地影响孩子。这就是"有意栽花花不发，无心插柳柳成荫"。作为教师，我们要用心指导家长，同时多进行交流，家长和教师相互学习，相互信任，相互合作，结成一个家庭学校的教育同盟，那么我们的教育会获得更大的成功。

【你眼中的我】

我的老师

我的周老师,她中等身材,心地善良,有一头漂亮的头发,美丽而又慈爱的脸蛋,一双水灵灵的眼睛,嘴角挂着恬静的微笑,面容是那么自然。

周教师很严厉,一双尖锐的眼睛时刻察觉着我们的小动作,提醒我们注意听讲。她讲课很有趣味,脸上的表情很丰富,眉毛、眼睛、嘴巴都像在舞蹈。在周教师的熏陶下,我们班的"小作家"像雨后春笋似的,冒出了许多写作"高手"。

周老师刀子嘴豆腐心。二年级一期时,区里举行"经典诵读"比赛,学校从我们班选了 26 个同学,我也是其中的一个。我凭着自己的小聪明很快就背熟了要记的内容,于是,每天排练的时候我特别闹腾,周老师已经提醒我几次了,可我还是一副无所谓的样子,继续我行我素。这时候,周老师手持一把戒尺向我走来。

完了,完了,我要挨打了。我一边在心里犯嘀咕,一边用双手抱头看着周老师。她举着戒尺指着我说:"段博财,你站一边去。我等会儿再来教育你。"

"还好,不是打我。"我低声说着,立马退到老师指定的地方。

排练结束后,周老师来到我身边,问我:"老师讲了一些什么?"我顿时傻了眼,因为我根本没听。

"那好,你不用参加比赛了!"老师气愤地说。

我立马使出我的撒手锏,挤出几滴眼泪,哭丧着央求老师,可能老师知道我在"演",只是瞟了我一眼,没再理我。接下来的几天,周老师既没有说不准我参加训练,又没有说让我参加训练,我也很忐忑地每天跟同学一起集训。

比赛前一天,老师把需要准备的事项说了好几遍:"所有人穿一套秋季校服、白袜子,系好红领巾,女生扎高马尾,男生理平头……"

表演那天,我认为家里买的裤子才是最好看的,于是根本没听指挥,只穿了校服上衣,结果上台的时候我被另一位老师拉了下来。周老师知道后,赶快与那位老师沟通,把我调到最后一排,后来爸爸告诉我,周老师怕伤害我的心,所以出面协调,这才让我站在了舞台上,爸爸还教育了我一番。第二天来到学校,我主动找到周老师承认错误。

这就是我们既严厉又有爱心的周老师!

【学生档案】
姓名:段博财

【我心中的你】

文具盒又回来了

"老师,我的文具盒不见了!"学习委员曹振哭喊着。

"别急,再仔细找找。"我一边安慰曹振,一边走过去帮他一起找。

"我都找遍了,没看到我的文具盒。"

"想想,下课时放哪儿了?"

"下课时,数学老师要我们去多媒体教室上课,我就把数学书、本子、文具盒一起放在桌面上,然后就去讲台上整理同学们交的作业,一回来就不见了。"

"同学们都坐回自己的座位上,都找找看,有没有看见曹振的文具盒?有没有谁拿错了?"学生马上回到了座位上,个个面面相觑,然后东瞧西看。

"老师,我这儿没有!""老师,我这儿没有!"……一会儿,教室像炸了锅,一个个都在报告。曹振也在教室里转了一圈,确实没有。

"曹振,你的文具盒是什么样的?"

"老师,他的文具盒上面有奥特曼,还写了曹振的名字。"还没等曹振开口,曹振的同桌陈易菲大声说道。

"嗯,是的,我们也认识。"一连好几个孩子都证实。

真是奇了怪了,曹振来整理作业才两分钟的时间,文具盒就不见了,况且大家都没走出教室。

"难道文具盒长了翅膀,自己飞了不成?好吧,大家准备好上课去,等你们走了,我再一个个座位找一遍。"孩子们个个表现出很无辜的样子。

上课铃响了,孩子们拿着数学书、练习本、文具盒去多媒体教室上课了。我正想挨个挨个地搜索,段博财匆匆跑了进来。

"怎么了,还没去上课?"

"老师,我忘了拿作业本。"

"丢三落四的家伙,动作快点!"

"诶,老师,曹振的文具盒怎么在我位置底下?"段博财突然

第一章 我在你眼里,你在我心中

叫道。

我立马接过文具盒一看,上面的图样与陈易菲描述的一样,上面还写着"曹振"二字。怎么回事啊?刚才大家翻腾的时候,不是什么也没有吗?难道是他恶作剧……我不禁心中一震,看看段博财,他十分镇定,一点掩饰的神情都没有。"你真厉害,把曹振的文具盒找回来了。快去上课!请你把文具盒带给曹振。"

段博财拿着文具盒飞出教室,可我发现,他的手中并没有拿作业本。

"回来!"我本能地叫住他。

他怔了一下,马上很镇定地问:"老师……"

"你的作业本还没拿,等会儿又跑回来。"

"哦,我……我……"他好像有点措手不及。

"我什么我,动作快点儿!"为了不影响他上课的情绪,只是催他赶快去上数学课。

我压根不知道,他回教室到底是不是如他所说的那样,所以也没在意他在书包翻腾那会儿的细节。我不能凭我主观臆断去责怪段博财,万一弄错了,那岂不是会伤害孩子?再说,这正是上课时间,小孩子犯的小错,不应该占用他的上课时间。至于怎么教育他,我得冷静地好好捋捋。

放学时,我在班上说段博财帮曹振找到了文具盒,同学们都为他击掌示好,段博财非常开心。我顺势教育孩子们以后自己妥善管理好自己的东西。

接下来的一段时间,我特别注意段博财。他上课很活跃,总是积极举手回答问题,每次回答都会让同学们赞叹不已;课后,他也是生龙活虎的,并没有深深反常的举动,我甚至有点怀疑自己的判断力。

两个星期后,刚下早自习课,我还在讲台上收拾东西,曹振把他那组的作业交上来，回到座位上时，又喊道："我的文具盒呢？明明放在桌上，我就去交了一下作业……"

"唉，就这一眨眼的工夫，真不让我省心！"我有些抱怨。扫视一下教室，坐在曹振旁边的学生，除段博财刚刚出去了，都还在原地没动。我下意识地走到段博财的位置前，在他的位箱和书包里翻了一下，什么也没发现。我让坐在曹振旁边的学生留坐在座位上，其他学生全部走出教室。留下来的学生除了陈易菲坐着没站起来，另外几个学生都站起来，把自己的书包拿到了桌面上，等候老师的检查。曹振弯腰看桌下，瞟了一眼陈易菲的位箱，立马举起一个蓝色的文具盒："老师，我的文具盒在陈易菲这儿！"

陈易菲脸涨得通红，哆嗦着，眼泪已在眼眶转圈了。

"陈易菲，怎么回事？"

"不是我拿的，是段博财出去时把文具盒放我这儿，要我收好，不要出声。"陈易菲一口气和盘托出，哇地哭了。看着她那样子，我是又好气又好笑。

段博财悠哉游哉地走进教室，他走到陈易菲旁边正想干什么，陈易菲擦干眼泪瞪了他一眼，愤怒地说："我再也不跟你玩了！"他还不知道教室里刚才的那一幕，对陈易菲的举动有点惊讶，他转过身来看我时，我正看着他。这回，他有点慌，眼神立刻朝下，不敢与我对视。

"上次曹振的文具盒肯定也是他拿的。""我觉得也是。"已有学生在议论纷纷了。

段博财惊慌失措，不住地辩解："不是我！不是我……"那声音一声比一声低。

我把段博财叫到办公室，什么话也没说，拿出一本《弟子规》，递给他，要他三天之内抄完《弟子规》并背出来，其他的事三天后再说。他低着头接过书走了。这孩子有点聪明过人，两岁开始，他父亲就带着出去游览祖国的名胜古迹，他说话出口成章，上一年级那会儿，已经认识三千多字了，还有"过目不忘"的本领，背诵是他的强项，但要他三天抄完一本《弟子规》是狠了点，他这么缜密的思维，绝对不会写的，一是内容太多，抄起来累，二是在家抄写，被父亲知道了肯定会盘问。他父亲对孩子要求很严，绝不容许儿子犯错，如果有，绝对会暴打一顿。

　　三天时间到了，我又把段博财叫到办公室。我要看看他会用什么办法来承认自己的过错。我问他《弟子规》抄背得怎么样了，他站在我跟前，一言不发。后来，我把他父亲搬出来说事，孩子一听说要告诉父亲，马上哭丧着脸说："老师，请你不要告诉我爸爸，我明天完成。"

　　第二天，他主动来到我跟前，把他抄写的内容递给我看。

　　"你写了什么？"我看了一遍写满的作业本后问道。

　　"物虽小，勿私藏；苟私藏，亲心伤。"他很麻溜地背出了这句话。

　　"我不是要你把那一本都抄完和背完吗？"我有点激动，声音提得有点高。二年级学生，他居然聪明到这样，我一时真不知说什么好。我停了停，见他正惶恐地看着我，不停地搓捏着手指。"那好，你给我说说理由。"

　　"公物虽小，也不可以私自收藏占为己有。如果私藏，品德就有缺失，父母亲知道了一定很伤心。"他很流利地解说道，犹如刚排练过。

　　"那你为什么要拿曹振的文具盒？还有上次，我在同学面前没戳穿你，是希望你能认识到错误。没想到你会变本加厉。"

　　"我就是想逗他玩。"他急忙辩解。

　　"有这样玩的吗？你为了好玩伤害了多少人？这是把自己的

快乐建立在别人的痛苦之上,这叫'损人利己'。你知道现在同学们怎么看你吗?"

"我不但伤害了大家,也伤害了自己,大家肯定都说我是强盗!"他瘪着嘴,挤出几滴眼泪,"我愿意为我的行为买单。"

"怎么买单?"

"等会儿上课,我就到讲台上向曹振赔礼道歉,希望能得到曹振和同学们的原谅。"

我没马上答应他,一句话没说,看着他。他有点急,抓着我的手央求道:"老师,这样可以吗?我求你了,我知道错了,我以后再也不恶作剧了。"那眼泪已经流成两条小沟沟了。

我对他进行了一番教育之后,他回到了教室。上课前,他主动走到讲台上,双手作揖:"曹振,同学们,我对不住大家!"俨然一副江湖做派,"我把曹振的文具盒拿走,让曹振着急,让陈易菲背黑锅,让大家受牵连,还让老师操心!在老师的教育下,我知道错了,以后我若再犯这样的错误,我就是小狗。"

曹振是个很懂事的孩子,他站起来说:"我原谅你,我妈妈常教育我'知错不改错中错,知错就改不算错',我也希望你记住,并且希望大家都能原谅他。"

"谢谢!"段博财深深地鞠了个躬,教室里想起了一片热烈的掌声。

后来还有学生偷偷告诉我,段博财经常拿着同学的文具和书在班上藏来藏去。我听了十分震惊。我想:这绝不是偶然,一定是有原因的。当我找到段博财的父亲时,才了解到,段博财的父母因正在闹离婚,孩子无人看管,常年住在辅导站。父爱母爱的缺位,让他幼小的心灵十分失落。他之所以喜欢恶作剧,是因为他想通过恶作剧来引起别人的注意,看到别人被捉弄了自己觉得很开心。

思想家奥古斯丁说:"习惯不加以抑制,不久它就会变成你生活的必需品了。"小孩子在成长的过程中,总会有这样那样的过失行为,这些过失行为往往带有很大的盲目性、偶然性、试探性和好奇性。虽说段博财有些"人小鬼大",但心智还不成熟。我们平时总是要学生"不要这样""不要那样",也未必能收到期望的效果,如果善于及时利用这些偶然发生的事例引导他们明白"勿以善小而不为,勿以恶小而为之"的道理,或许是终身受益的。

（三）一枝独秀不是春

【你眼中的我】

您是我前行路上的一束光
——致师父周艳华老师的一封信

敬爱的周老师：

很荣幸在一年多以前能够成为您的徒弟，虽然我从不曾叫过您"师父"，但您在我心中一直是不可或缺的存在，没有您就没有我今天的成长。

一、相逢

清楚地记得那是2020年的寒冬，在苏仙区教育局和师训处的统筹安排下，在几十上百号人里面，冥冥之中我们结成了师徒。这是缘分，更是我的幸运。

在此之前，我被分配到一所村小学校任教，那时我并不知道自己当老师是为了什么，也不清楚未来该去向何方。迷茫之中，接触到的人只有学校的几位老师，他们在这个岗位待了多年，对教师这份职业已经产生倦怠心理，每天传递给我的只有悲观消极、得过且过的信息。在日复一日的相处后，我很快受到了影响，对工作失去积极性、对生活敷衍了事。

一脚已经踏进黑暗低谷的我，突然被一束"从天而降"的光照亮。是您的出现，将我带回到生命的正轨，并给我指引着前行的方向。

二、相识

我们的第一次"会面"是在微信里，那时我们互相都不了解，对话也仅仅停留在打招呼。直到后来的新教师培训，我们才终于见了第一次面，同时我也猝不及防地接到您的通知，说第二天要上一节见面课（这跟别的师父完全不一样，别的师父都是在给徒弟上示范课）。当时的我特别忐忑，一方面觉得您一定很负责、很严格，另一方面也知道自己教学这方面表现并不好。

该来的总会来，原以为上完课，您会像其他老师一样狠狠地批评我一顿，但您没有，您只是和蔼地指出了我的不足，还一点一点十分耐心地引导我，告诉我以后可以怎样去提升自己。后来我才知道，你是为了更好地了解我们几个，以便因材施教。

见面课结束后，您对我们徒弟三人提出了更高的要求和期许，在我们眼里您是良师，更是严师。

三、相知

为了能让我们几个快速成长，您给我们几个讲述您在农村工作时如何成长的故事，让我明白了"坚守"既是一种考验，更是一种成长。还记得您在我的书法作品下的那句评价："不积跬步，无以至千里"，激励着我继续练习的热情。

在2021年这一整年中，您不辞辛苦地好几次来到我所在的学校听课、给我提出教学建议，也组织我们徒弟几人开展各种教学活动，让我们有所学、有所思、有所得。或许是因为从小就对教师这个身份抱着敬畏之心，就连自己当了老师后，我也依然对您有些畏惧。

直到今年，这一次新进教师、班主任专业技能大赛的开展，在你的指导下，我意外进了片区预赛后，跟您的联系渐渐多了起来。我去过您的学校，见过您认真工作的状态；到过您的家里，看过您充满烟火气的模样……我们之间的距离好像一下就拉近了，当我再次见到您时，不再只有胆怯，而是多了一分亲切和敬佩。

四、相信

这是与您结为师徒的第二年，很惭愧，我多数时候都是一个不主动，也不善言辞的徒弟，在教育教学等方面似乎也没有明显的长进，不知道我是否会让您失望，但无论如何，我会继续努力、奋勇向前。

您是照亮我青春的一束光，也是点亮我前行路上的一盏灯。在未来，我会带着您给予我的这份光芒和温暖，努力成为更好的自己，把这束光传递得更远。

【学生档案】

姓名：吴芷依

年龄：21 岁

学历：本科

毕业学校：湘南幼儿师范高等专科学校/湖南师范大学（自考）

专业：小学教育

工作单位：郴州市苏仙区塘溪学校

【我心中的你】

不积跬步，无以至千里

"师父，你看，上面是我的书法作品。"吴芷依给我发了一张书法图片，随即发了这条短信。当我看到她的书法作品的时候，不禁有些震惊，虽然谈不上行云流水，却也刚劲有力。字如其人，用"不积跬步，无以至千里"来形容一点儿也不为过。我很诚恳地回了她一句："吴芷依，在这方面，你是我师父。"她立马发了一个脸红的笑脸图。此刻，我能感受到她内心的雀跃，以及那害羞的模样，心中有份释然：姑娘还是挺信任我的，她把我当朋友了。

第一次见到吴芷依，是在苏仙区2020级新进教师专业成长计划跟进培训的师徒结对仪式上，我们只是互相介绍，并没有过多的交流。她长得高大，说话却十分温柔。

第二天的跟班学习，我才对她有了一点了解。吴芷依老师带来的第一节课是二年级《妈妈睡了》。从导课激趣到走入文本，她用温柔的声音引导学生回忆妈妈睡着时温柔的模样：睡梦中的妈妈是什么样子的？睡梦中的妈妈真美丽、睡梦中的妈妈好温柔、睡梦中的妈妈好累。仿佛带领我们回到小时候，妈妈睡在我们旁边的样子。弯弯的眉毛也在睡觉，长长的睫毛耷拉下来，双眼闭上睡觉的样子好美丽；睡梦中的妈妈在微笑好温柔啊……引导学生入情入境地朗读，让学生懂得体谅妈妈的辛苦。学生都入迷了。这画面与她的温柔、加上黑板上那几行隽秀的板书，十分和谐。她毕竟是刚刚上岗的老师，对教材的把握还不是很准确，顶多算个"搬瓦匠"，却也是个很称职的了。我要求她在上课时要注意词汇丰富、条理清晰、风趣幽默、抑扬顿挫，从学生的实际出发，考虑他们的可接受性，做到通俗易懂，要用学科语言，不能用方言土语，要简练，忌废话，同时还需借助表情、手势等体态语言来表达。她一边听着一边做着笔记，那样子又活脱脱的一个小学生模样，可爱极了。我一再督促她多学一些理论知识，会让自己的教学工作收到事半功倍的效果。一年来她的进步也是显而易见的。

上学期，吴芷依和李勋被学校选派参加"班会课比武"，一听到他们要参赛的消息，我立马请假自驾车到坳上、塘溪两所学校组织集体备课，利用周末时间给她修改课例，还把我们学校几位优秀的教师一起拉进来磨课。虽然吴芷依没能取得很好的名次，但姑娘却说，她第一次克服了在公众场合胆怯的心理，觉得自己有了飞跃的提升。

本学期，我带领几位小姑娘做单元作业设计，要求几个人合作完成。我认为只有合作，才会有更多的机会交流，从选课到定课都讨论了好几遍。最后定稿的作品很令人满意。

"教学相长"不就是相互学习吗？学习就是一个不断前进的过程，而教育的成效也并不是立竿见影的，作为教育者不能太过急躁。要沉下心来，勤于思考，不耻下问，不断地丰富自身的教育教学理念，多角度启发思维辅助教学。于我，是如此；于她，亦是如此，相信在不久的将来，她会比现在做得更好！

【你眼中的我】

寸草春晖，不忘师恩
——记我的师父周艳华老师

2020年12月，苏仙区2020级新进教师专业成长培养计划跟进培训让我有幸认识了我的师父周艳华老师。记得初次见面是在坳上学校，当时学校正在进行常规检查，我突然接到黄校长的电话，他严肃地说："有个老师要听你的课！你马上准备一下！"我还没来得及回复电话就挂断了，我整个人像热锅上的蚂蚁急得团团转，我心里有一百个念头：怎么办？怎么办？这下完了！我上课还是"小白"呢！我急得都快哭出来了。来到课堂上，这是初次和周老师见面，她素面朝天，衣着朴素，打招呼时，笑容和蔼可亲，在我心里埋下了种子。原来并没有那么可怕，看到她亲切的笑容，原来，我们初次见面也没有那么糟糕！

有人说：师父教徒弟留一手，老师教学生知无不言，言无不尽！所以，我很真诚地尊称她"老师"！

在我们从稚嫩走向成熟时，是周老师用知识的火炬为我们开道。还记得2021年的微课比赛，那时候的我如一张白纸，啥也不懂的我，如一只无头苍蝇没有方向，是周老师，不分昼夜地帮我改教案，帮我修改视频，那段时间，周老师就像一束光照亮了我前行的道路。当我无助时，她会告诉我怎么做：熟悉熟悉教材内容，选取精彩片段，然后做好PPT，选取学生的音频材料……在她的帮助下，我才能顺利地完成好微课。

今年，我参加"2022苏仙区新进教师（2020级）跟进培训班主任专业大赛"，周老师自己学校的事、班上的事堆积成山，但她仍不辞辛劳驱车下乡，来到我的学校，从选课、备课、磨课全程陪同我，不厌其烦地关注我的每个细节，看着我紧张难过的样子，她笑着安慰我："比赛的结果不是目的，享受这个过程才是最幸福的。"当我捧着"获奖证书"时，激动地拨出第一个电话便是周老师的，告诉她，我已经在这个过程中成长了。

周老师除了是我的导师，她更像我的朋友、我的家人。在我最低落的时候，她的安慰在我心里生根发芽。记得有一次，我写的文章不被理解时，我当时觉得整个世界都是黑暗的，在跟周老师通电话时，我的眼泪就不争气地往外流，讲话结结巴巴，她不停地安慰我，听我述说着……所有人都不认同我时，她站在我的身后，默默支持我、鼓励我，还连夜帮我把稿子改出来。她像个知心姐姐关心我、温暖我，那一刻，我感到无比幸福！

我感谢周老师对我的殷殷教诲，一路上，有您的教导，才不会迷失方向；一路上，有您的关注，我才更加自信勇敢——老师，谢谢您！

【学生档案】
姓名：李勋
年龄：22
学历：本科
毕业学校：湘南幼儿师范高等专科学校/湖南师范大学（自考）
专业：小学教育
工作单位：苏仙区坳上学校

【你眼中的我】

琢之磨之，玉汝于成

新教师刚走上讲台时，大多会有一种忐忑不安的心情。此时，作为指导老师，一句轻声的安慰，一个鼓励的眼神，一次肯定的讲评，都会让带着压力的青年教师充满自信地走上那陌生而又企盼的讲台，并且在三尺讲台前，表现得越来越自如，越来越洒脱，越来越精彩，需要"琢之磨之"方得"玉汝于成"。

接到区教师发展中心的电话，安排我与几个乡镇学校的新进教师结对，李勋就是其中一位。我又刚好被抽取下乡检查教学常规。到李勋的学校时，我特意向带队组长申请听李勋的课。校长告诉我，由于学校中学部缺少老师，她被抽去教历史学科。我虽没教过历史课，但凭着多年的课堂教学经验，决定挑战一回。

农村学校的中学生好读书的不多，许多孩子没养成好的学习习惯，上课的时候什么样的情况都会发生。我想：一个刚毕业的小姑娘，比教室里的学生大三四岁，如果她不够"凶猛"，学生吵闹时如何能"唬"得住？我突然有些期待答案。当校长带我们走进她的课堂时，一位清新脱俗的女孩走上了讲台。她大概一米六几的身高，身着一身职业西装，扎着一个高马尾，显得十分精神。见她站在讲台上，学生都做好了上课准备。教学流程十分清晰，学生在老师的指导下自学、讨论交流，举手回答……一切都井然有序、循序渐进。我之前的顾虑完全是多余的。因为这节课只是临时通知的，足以说明李勋课前准备充分已养成了习惯。美国教育家威廉·詹姆士说:"伟人之所以伟大,得益于习惯的鼎力相助。"一位教师养成了教学的好习惯,一定能成为一位好老师!

令我担心的是,李勋学的是小学教育,教历史会不会有些吃力?校长向我介绍,学校专门给她配了一个师父,她学习很认真,悟得也快。我这个预备的师父,总得送份见面礼吧?于是我联系苏仙中学的刘冬阳主任安排李勋去跟班学习,而此时的她并不知道,我已被安排为她的"师父"。

在我们后来的几次接触中,我发现李勋综合素质比较高,总是写读书心得,每写完一篇就发给我看,希望我多指点。她执教的《辛亥革命》在"一师一优课"、微课比赛中获区级三等奖。

2021年4月20日上午,我自驾车到离城二十多里的坳上学校,还邀请了十三完小的李婧老师、宋晓敏老师,陪我一同看望坳上学校的李勋,并对她进行教学指导。她执教八年级历史第九课《对外开放》。教学中,李勋突出地体现了以教师为主导、学生为主体的这一教学理念,通过各种媒介,全方位地展示我国对外开放的基本情况。学生们在老师的引导下,积极思考本课的重难点,通过自主学习解决了学习过程中的大部分问题。

课后,我们一起交流讨论,针对课堂给提出了一些小建议,例如:在分析意义的时候,可以将意义列成几小点,便于记忆;考虑学生讨论的效果,可以多走动多指导,对全班同学的关注度有待提高等。最后,我提出,教学设计重新调整,要利用身边的事例,切实地让学生感受到改革开放带来的巨大变化,让学生学历史、知历史、展未来,要让学生在谈感受的过程当中,树立为家乡的发展出力、为国家的发展出力的思想。她认真地听着、记着,时不时提出一些问题,一起商量、讨论。我们像朋友一样交谈着……

坳上学校的校长每次见到我都会夸李勋一番,有爱心、好学习,敢挑重担。

我想,一个老师的成长离不开自修、引领、思考、总结,李勋老师如果一如既往地保持这种认真的状态,一定会是教育路上的"一枝新秀"。

【你眼中的我】

教育路上遇见美好

教育是一场温暖的修行，相聚学习，拨云见日，茅塞顿开。2020年12月12日，因师徒结对活动，我有幸成为周艳华老师的徒弟。从此开启了我与师父的师徒之旅。

第一次见面最吸引我的就是师父那笑意盈盈的眼睛，时时闪着睿智的光亮。其实，我最怕与前辈相处，很容易因为过于尊敬而显得拘谨，但经过一番深入的交谈，我感受到了师父的和蔼可亲和认真负责。

为了更好地提升自我，我们徒弟四人在师父的指导下制订了个人的三年成长规划，其中最辛苦的计划可能就是师父需要每个学期至少去听一次徒弟的课。我们四人在不同的学校，并且分散在东、南、北三个不同的片区，尽管距离遥远，但师父都会驱车几十里到我们的学校，检查我们的教学情况，从如何写教学常规到课堂教学，都十分细致认真。有时学校举行"教学比武"，我们便邀请师父听课，她总是毫不犹豫地答应，并且还笑呵呵地说："你们能主动邀请我来听课，我是最高兴的了，说明你们信任我、认可我。再者，我们都要互相学习，这样，我才不会老啊！"

如果我们遇到什么难题，准会把她当"百宝箱"。或许，在她的眼中，我们不仅仅是她有可贵"师生情谊"的徒弟，更像是忘年交的朋友。所以，对一届又一届的徒弟，她都勤勤恳恳教授，严格要求，把她所学能帮得到我们的知识，都毫无保留地教给我们。于是我们之间从最初接触时的小心翼翼，到慢慢相处下来的自然融洽。

去年11月底，师父上了一堂别具一格的语文课，按照"听读—朗读—抄读—仿写"四个步骤将《好的故事》这堂课的知识点巧妙地串联起来，正结合了当时"双减政策"的背景进行了语文课堂教学的思考，在评课环节中聆听完师父的教学设计理念更是让我感到焕然一新。师父从容的教态、丰富的语言、精准的知识点，每一样都深深吸引着我，让我暗下决心一定要慢慢向师父看齐。于是每当我上公开课时，都认真听取师父的评课，师父的评课非常全面。从教态、板书、语音语调语速、多媒体的使用以及孩子们的参与度等等各个方面，我听完师父的建议总是能很快地找到自己下一阶段的努力目标。功夫不负有心人，经过一段时间的语调语速训练，这学期的公开课，我的语音面貌终于有了较为显著的进步，得到了师父的表扬，这种被肯定的内心的小雀跃已太久没有体验过，似乎上一次被肯定已经是学生时代的事了。

一朝沐杏雨，一生念师恩。承蒙师父厚爱，带我成长，助我进步，在温暖花开的日子里，愿我们不负春光，探寻教育路上最美的风景。

【学生档案】
姓名：曹思颖
年龄：22
学历：大专
毕业学校：湘南幼儿师范高等专科学校
专业：小学教育
工作单位：苏仙区栖凤渡学校

【我心中的你】

教育路上的邂逅

曹思颖，苏仙区 2020 年新进教师跟进培训与我师徒结对之一，与李勋一样，我与曹思颖最初相遇在 2020 年下期区教学常规检查时。她长得娇小可爱，总是微微笑。到了岗脚学校，我们首先点了曹思颖的课（曹思颖之前并不知道我将与她结对），她执教的是四年级《四季之美》。她能从文本特点、学习重点、训练基点出发，而且课件做得十分美观。随着教育资源的均衡发展，城市学校与农村学校的教学设备的差距已经拉近了，关键是如何使用。曹思颖在这节课上能够将信息技术设备运用自如，学生的学习兴趣高涨，可她讲课的语速慢节奏，语调没有激情。一篇很美的文章，有了精心设计，但没有情感的激发，学生很难真正走进文本。我告诉她，抓住本单元的主题，如何在课堂上落实语文要素，还有很多问题需要解决。在跟岗学习的交流中，我了解了她的成长愿望很强烈，于是要求她练习朗读，每周录一段音频发给我，然后在群里交流讨论。

一年里，我要求她利用假期研读《语文课程标准》，把握单元目标、语文要素，针对农村学生认知特点设计教学过程；把每一次跟岗学习活动所学的教学理念咀嚼、消化、内化为自己的教学思想，指导自己的教学实践；加强专业知识的学习积累和教学技能的锻炼，强化自我修炼，提升自身素养；坚持阅读，每学期完成一部教育专著的阅读，并撰写阅读笔记或读书心得；日常生活中也要善于记录教育故事，养成写随笔的好习惯。同时要不断搜集教育信息，学习教育理论，增长专业知识。课后经常撰写教学反思，对该堂课的得失有所记载。

9月份，岗脚学校举行教学比武，小姑娘主动邀请我去听课，我发现她又有了很大的改变。她讲课的语速慢节奏、语调没有激情的缺陷已经改变了，现在不但能把握课文的重难点，还能设计出一堂非常漂亮的课。

看到她的成长，我不禁在心中感慨："孺子可教，教育有望。"

【你眼中的我】

我的师父周艳华老师

雏凤初啼清丽声，只因老凤作长风。初涉教学生涯，领导为新教师们精心选择师父，为我们的成长指引方向。就这样，我有幸遇见了我的师父周艳华老师，开启了我们的"师徒岁月"。一直以来，师父都对我的教育教学给予了莫大的帮助和全力的支持，一堂堂的听课，毫无保留地向我传授着她自己丰富的教学专业储备和教学经验。

在我的眼里，周老师能力强、业务精。只要听周老师上课，我都会像小学生那样搬着小板凳"乖乖"坐到教室的最后，感受周老师整个教学过程。其中教学分析、知识的重难点突破、教师指导语、课堂容量以及节奏的轻重缓急等等都是我关注的地方，听课不仅是听知识，更是结构内化，听完后，她会及时询问我的听课体会，以便帮助我调整教学思路。

在我的眼里，周老师标准高，要求严。师父每次听完我的课，结束后只要看见她皱眉，我就知道肯定有很多地方处理得不到位，看见她笑我就知道，这个地方还不错，我的心情随着她脸上的微表情而波澜起伏。课后，她细致地指导我需要改进的地方，耐心指导我的教学设计与课件，一次次帮助我打磨课程。

我们所上的课程、要交的作业、参加的比赛，周老师都会认真查阅并指导。一次寒假，我正面临微课资源比赛，做完后夜已深，我将自己做好的微课视频发送给周老师，以为她会隔天再查看。但不一会儿,周老师立马打电话给我,指出我语言太平淡,并在电话中教我要如何说、怎么说才更生动。所有的一举一动,看似简单,却都体现着周老师的用心和精心。现在,我上课都会十分注意自己的语气语调,慢慢改善了很多很多。

路漫漫其修远兮,吾将上下而求索,跟着周老师一起探讨、研究、学习语文的岁月丰富了我的学识,也充盈了我初登讲台的时光,日后会继续带着自己对三尺讲台的赤诚初心和热爱,继续走下去,感谢我的师父周老师!

【学生档案】
姓名:何京津
年龄:21岁
学历:本科
毕业学校:长沙师范学院/湖南师范大学(自考)
专业:学前教育
工作单位:苏仙区塘溪学校

【我心中的你】

"是金子,到哪里都会发光!"

"师父,我被评为了镇里的优秀教师!"电话里,何京津语气十分激动。小姑娘与我分享她收获的喜悦,我也十分激动地向她道贺。她坚守在望仙镇的高坪村小,每个班不超过10个学生,今天能获此奖,是领导对她工作的高度肯定。

"可是,我被调到中心幼儿园了。"激动的后面,还有沮丧,"在师父的指导下,我对语文教学刚刚找到感觉,有点儿不爽。"

我大致了解了情况之后鼓励她："教育都是相通的，领导委以重任，说明你很优秀。记住：是金子，到哪里都会发光。"

与何京津初次相遇，是在苏仙区 2020 年新进教师跟进培训师徒结对活动时，那天我们只是互相介绍，没有更多的交流。

何京津幼儿师范毕业，语感非常好，是小朋友喜欢的类型，每次范读的时候都会让学生听得津津有味。跟岗那天她带来的《gkh》教学，展现了青年教师的活力。通过歌曲《一休哥》导入主题，一下子就把学生都带入了她的课堂。在她的课堂里充分利用了学生为主体，不断引导学生编口诀、玩游戏、唱歌，活跃了课堂氛围，学生们都很喜欢她的课堂。

但在之前利用"一休哥"导入的课中，没有联系到实际的课文图片，整堂课与书本教材的图片挂不上关系。所以平时在设计教案的时候，一切要从教材出发，同时上课的思路不清晰，主要是自身没有去精心准备与备课，所以不管是面对什么课程，都把每节课当作赛课去做，同时上课形式太多，很容易使学生搞混淆，另外她在讲解字母的书写时出现了说错的现象，教学中一些细节不够注意，不够严谨。要让她成长，就得把课堂中的不足及时指出来，我便要求她发挥语感优势，克服课堂中出现的缺点，只有这样，才会精益求精，上出一堂好课。

以后，小姑娘经常发一些她上课的视频给我看，请我评课，我也很乐意帮助她。她的进步非常快。

可是她的粉笔字、钢笔字真是不敢恭维。记得第一次，我给她的粉笔字评价是"大朴若拙，内外兼修"，小姑娘很快明白我的意思，每个月都会发一些练写的作业。从她的作业可以看出她的勤奋与毅力。2021 年 6 月 15 日，我去高坪听她的课时，看到了黑板上一行娟秀的字。她自己也调侃说，在师父的调教下，我想不变美都没办法。

【你眼中的我】

眼中有光，心中有爱
——记我的师父周艳华

许久之前我就想提笔写写我的师父，但一直找不到合适的词语去形容。师父身上的优点不胜枚举，千言万语，落在笔下只汇作八个字：眼中有光，心中有爱。

千束微光起，恰似启明星。师父眼中的光，是启明星般的指引，引着学生走向知识的殿堂，引着我走向成长的航班。犹记得一个午后，我看见师父疾步走到学生桌前，轻轻探下身去，不时拿着笔在他们书上描画，她眼底印着学生求学的模样，她眼中装的全是学生，那一刻专注的光让整个教室沉闷的空气都变得明亮轻快起来，相熟之后，我发现这样的场景并不少见。师父常为了孩子的事情甚至忘记了早午餐。

之于学生，师父是教书路上的匠人，心无旁骛，一心专研教育教学，将自己眼中的光化作指引学生前进的光。我也是师父的学生，在师父的教导下逐渐找到教育的方法。是师父眼中的光，让我在手足无措中找到了方向；是师父眼中的光，让我在迷茫彷徨中定准了目标；是师父眼中的光，让我在教育之路上找到了真谛。作为青年教师，十足有幸能够遇上这么一位倾囊相授的师父！

师父眼里的光让人难忘，师父心中的爱就更让人感动和钦佩了。有幸看过吴正宪老师的一本书。在书里，吴正宪老师深有感触地写道:"当你走进孩子的心灵,把自己的生命和孩子的生命融在一起的时候,你就会站在孩子的角度去换位思考,就会用童心去感受孩子们的喜怒哀乐……我们给予孩子的不仅是一个智慧的头脑,更应为孩子塑造一个美丽的心灵。"感受孩子的喜怒哀乐,换位思考问题,这难道不就是爱的体现吗?而我的师父,每天都在播撒这样的爱。她的爱,是在学生调皮时如同母亲般的嘱咐与叮咛;她的爱,是酷暑严寒始终心系学生冷暖的无私与无悔;她的爱,是学生无助时家人般的长谈与安慰。从师父的言行中,我感受到了一位教师对学子们无比赤忱的真心,也感受到了师父对教育事业的坚守和热爱。

莫言先生说:"人最大的运气不是捡到钱,而是某天你遇到了一个人,他打破了你原来的思维。提高了你的认知,既而提升你的境界,带你走向更高的境界,这就是你人生的贵人。"春去夏来,秋过冬至,师父在教坛洒下希望,播种热爱,不仅是学生的引路人,更是我人生路上的贵人,如同莫言先生说得那般。

绵长记忆中一个个无比绚烂的瞬间,似乎每一刻都闪现着师父眼里的光,都承载着师父心中的爱。一生追随一事,一事忠诚一生,我没法描述其间所有事情带给我的感动,但师父确实把对教育事业的热忱展现在每一个小细节中。

【学生档案】

姓名:李紫薇

年龄:25岁

学历:本科

毕业学校:长沙师范学院(在读硕士研究生)

专业:英语

工作单位:郴州市第十三完全小学

【我心中的你】

阳光总在风雨后

师徒关系不是崇拜上师，而是提供一个机会，使我们得以从自己对实相的迷妄感知中解脱。李紫薇以全区第一的成绩考入我校，是我们学校唯一的一位英语老师。她学的是英语专业，如果按照学科师徒结对，她只能是孤家寡人，学校考虑到她刚参加工作不久，教育教学中还需要成长，于是安排我和李婧一起带她。李紫薇像个天真无邪、不谙世事的小孩子，整天笑呵呵的，好像这世上没有任何烦恼困扰她。

我们本着"共同学习，一起进步"的理念，不断加强师德修养，根据教育规律，拓展学科知识，强化专业技能和提高教育教学水平。在日常的教育教学中，我们通过一起学习、互相听课、评课等形式的活动，共同探讨、研究教学中遇到的问题，寻找解决问题的方法，不断改进与完善自身的课堂教学方式，从而不断提高自身的业务素养。

李紫薇老师是一个执行力超强的孩子。去年她准备去参加"一师优课"大赛，经过几天的打磨，试课的时候，发现还有很多问题，而录制的地点早已联系好了，不好更改。我和李婧都十分着急，一个上午都在跟她磨课，仅仅一个小时的空闲，她居然全部记住了，课堂上激情洋溢，把学生都带动起来了，而且表现得非常好，一节课40分钟刚刚好。

她要去党支部对接单位送课，前一天下午，试教还是堪忧，经过了两小时的研讨、磨课，我们发现她还是没进入状态，我们都泄气了，她却不紧不慢地说："我回家冷静一下，再捋捋。"谁料想她的精彩表现令对方老师激动地说："李老师太厉害了，我们以前从不爱听课的学生都被带动起来了。"后来李紫薇告诉我，晚上弄到 12 点整才睡。

李紫薇老师还是一个上进的徒弟，工作热情，平时的上课、批改作业和辅导都非常认真，教学的过程都是经过深思熟虑的，对教材的研究和使用都有她自己的想法，教学的基本功相对扎实，能力较强。

李紫薇老师是个勤奋学习的徒弟。她不满于现有的知识水平，利用休息时间学习，报考硕士研究生，一举夺魁，旁边的小姑娘都说她"好卷！"她却咯咯地笑，轻松地说："不卷不卷，我是打发时间而已。"

我想：凭着她的聪明、她的努力、她的韧劲，一定能冲破前行路上的风雨，成为一个优秀的老师。

【你眼中的我】

我眼中的师父

初见师父周艳华老师时,她迈着优雅的步伐向我走来,给人一种正气之感,让人敬畏。但随着相处的加深,师父的热情、真诚与严谨令我敬佩。她的"传、帮、带"让我在工作中更加了有信心。师父在我眼中就是那一朵最美的花。

同事中的解语花

师父犹如姐姐般无微不至地关爱着我们,在我们状态不佳、心情不好或遇到问题时,她总能第一时间给我们帮助。有个同事在为孩子不知道到哪里读书烦恼时,她偶然得知后,尽自己所能帮助同事解决了燃眉之急。有年轻同事在管理班级出现问题时向她请教,她也把自己管理班级的心得传授给她。只要师父会的,她都会一一传授给大家,知无不言,言无不尽,她用自己的一颗真诚之心与大家交往,尽自己所能帮助每一个人。对于我这个徒弟,师父更是第一时间给我正能量的鼓励。师父常对我说:"你要相信自己,你能行的""你看你自己这个教学思路就很好"。师父应该是知道我非常不自信,她总能在我不完美的教学思路里找到完美的点来鼓励我。还记得有次我参加区里的"教学比武",那节课我磨了很久,总是差点儿意思,我感觉我都要放弃了。是师父反复听我上课,认真、细心地帮助我修改教案,不仅在教案上进行指导,更是在具体课中与我反复研讨每一个环节,甚至每一句话,让我在课堂中精彩展现,得到大家的一致好评。课后师父就说:"你看你,多厉害!"本来自卑的我,在师父的一次次鼓励中,变得自信、从容了。师父这朵解语花,知我懂我。

学生旁的太阳花

师父总是给人满满的正能量,她在学生中那就是温暖人心的太阳。在孩子的心头洒下阳光,让他们"亲其师,信其道"。对待学生就像对待自己的孩子一样,不仅在学习上教授他们许多知识,在生活上也给予很多贴心的帮助。她班上有个贫困生,父亲病重,母亲忙于生计,无暇照顾孩子,这个孩子每天中午就在学校附近溜达。她担心孩子的安全,中午早早打开教室的门,让他进教室看书,或者休息。每学期还会给学生送去温暖,希望学生能在关爱中成长。不论是现在在教的学生,还是已经毕业的学生,都非常喜欢师父。现在的学生就说师父是他们的太阳,照耀着他们,让他们茁壮成长;已经毕业的学生,回到母校也说师父是他们的太阳,温暖着他们,让他们在成长的岁月里,心头一直暖暖的。

师父对学生的这一份爱,如太阳般温暖了他们,也温暖了我,成为我为之努力的标杆。

工作里的铿锵玫瑰

师父在学校里是语文老师,是班主任,是教研主任。每一个身份她都认真对待,并且做到极致。

看看师父的课堂,她每次上课前都会做充足的准备,让课中的知识环环相扣,有深度、有层次。师父又有很强的课堂把控能力,可以快速扭转压抑的课堂氛围,激发学生的学习热情和听课状态。

在新冠肺炎疫情期间，为了学校能顺利开展网课，师父作为教研主任，勇挑重担，连夜制定了网课的课程安排，并组织老师们制定网课的学习计划，帮助老师答疑网课进行中遇到的困难。她自己也在不断摸索该用什么方法才能借助网络这个平台更好地展开教学，之后就利用"美篇"记录我们网课中的点滴，以及班级的趣事，用教育资源平台等软件线上教学与批改作业。因此，她被评为苏仙区"停课不停学"工作先进个人。

师父的教研态度是严谨的。为了提高我们的教育教学水平，调动我们教研教改的积极性，她每月都定期开展各学科的集体备课，认真研讨集体备课，把握住每一个教学环节，细化到每一处知识点，再根据我们的讨论结果，由主备人上一节课，尽量让每一位老师都在教研中绽放自己的光彩。师父对教研工作也是充满激情的。我们学校小，内部的交流总是有限的，为了能让我们走出去，作为教研主任的她，想尽一切办法让我们去学习，寻找优质资源让我们去观摩。一听说湘南附小有公开课，师父总是排除万难，让我们轮流去观摩学习。她总是那个听得最认真的人，课后会跟我讨论，说："刚才那个老师的词语导入方法就很好，你可以运用到你的课中去。"她记录着每一个值得学习的闪光点。

工作已经很繁忙了，她还组织大家参加课题研究工作，并且也取得了不菲的成绩。

这就是我的师父，一个普通的老师，身上却有着不普通的经历。

【学生档案】

姓名：陈婷

年龄：36岁

学历：本科
毕业学校：湘南学院
专业：中文系
工作单位：郴州市第十三完全小学

【我心中的你】

相扶相携，如切如蹉

青年教师有充沛的精力，有好学的热情，有丰富的知识，有创新的能力，学校为了充分发挥他们的优势，铺设了一个师徒结对的平台。本次结对不再由学校强拉硬拽，而是师徒双向选择，师父选徒弟，徒弟也选师父，我与陈婷老师十分默契，结为了师徒。

陈婷老师性情温和，内秀，常是一副"与世无争"的表情。她本学期由农村考试进城的。一接到分配通知，她就加了我的QQ，传了两篇论文给我。我打开一看，发现该老师文笔不错，对教育教学有想法。其实，我早就与她谋过面，那是在一级教师实地考察时，我刚好听过她执教的课《李时珍》，给我留下了深刻的印象：虽然年纪轻轻，但她对教材的把握、对文本的解读、内容设计、对课堂的把控以及对学生的引导刚刚好，举手投足间俨然一个久经沙场的老将，沉稳而大方，聪颖而睿智。在向教师提问的环节，我抛给她一个关于课文内容综合实践活动的问题，她大概是没有接触到这方面的知识，或是从来没有跳出语文教语文，开始是紧张地摇头，后来又快速思索，回答靠了个边。因为有纪律，我们之后也没交流，估计她担心了好一阵，生怕自己的职称会评不上。(她后来说，在评职称的时候，有个老师向她提的那个问题让她对语文教学有了很大的触动，原来，语文还可以这样教。我最近才告诉她，那个向她提问、令她忐忑的人就是我。)

每个老师都有自己的特长、优势，也各有需要提高的地方，与陈老师结对后，我认真分析陈老师的优缺点，对于她好的地方，提出来一起学习，对于不足的地方，帮助其改正，使其在原有的基础上能够得到一定的发展、进步。她很认真，"快速成长"的愿望很强烈。每次遇到不解的问题或模棱两可的问题都会跑来问我，主动邀请我去听她的课，给她提建议。在听课的过程中，我发现她在讲课时语调有点儿平淡，很少有抑扬顿挫的语调。

区里教学常规检查，学校决定让陈婷展示一节课，试教的时候，课堂的设计、教材的处理等都不是问题，而如何指导学生读出感情来，把她难住了。学生在唱读，声音拖拉，字词吐不清，她不知如何是好，我反复给她讲要如何如何，可是效果不佳。一天早读的时候，我从她教室前面经过，听到学生读课文拖拉的习惯还是没什么改变，我直接走进教室，拿起书，让学生跟我读，我以为她会很介意，没想到她也跟着学生一起读，练习几遍之后，她尴尬地笑着说："师父，我刚才在跟着读的时候突然明白'读中感悟'了。"那节展示课得到了好评。

后来陈婷老师也去城乡学校支部对接单位送了一节课，朱成礼书记听完课后，给予了高度评价："语文课就要像这样上，学生才会有学习兴趣。"

苏仙区第二次青年教师教学片段竞赛，陈婷接受了语文学科的任务，她对自己似乎没什么信心，我一直鼓励她，并拉着李婧一起帮她打破语调的困难，终于"功夫不负有心人"，她获得了一等奖。有位专家说："好课就是磨出来的。"陈婷老师就是这样在多次的历练中一步步成长的。

  作为师父，我深切地体会到，师徒结对不仅为青年教师的成长提供了良好的条件和机会，同时也为指导教师的进步增添了动力。师徒结对也让我意识到自身的诸多不足，"学然后知不足，教然后知困"，其实在师父这"名"与"实"之间还是存在较大差距的，但既然接受重任，就只能努力缩小差距了，我向她走近，她向我靠拢，相扶相携，如切如磋，共续教育路上的师徒缘。

【你眼中的我】

因为您，我变得更加优秀！
——记我的师父周艳华老师

"我原想只取一瓢饮，您却给了我整条河流，让我如何报答您呢，周老师！"

我和我师父周艳华老师相识于2011年，当时我到郴州市第十三完小（原苏仙区白鹿洞学校）实习，至今已有11个年头的感情了，单纯的师徒关系已无法准确表达我俩的感情，亦师亦友、闺蜜姐妹的情感都掺杂其中，但在我内心最深处最重要的一个角色就是我生命中的贵人、人生导师、精神支柱，只要有她在我的生活里，我就有勇气面对工作、生活当中的一切困难，感觉所有事情都会变得妥妥的稳稳的。

周老师在我心中就是一本"百科全书"，里面有取之不尽、用之不竭的各种知识营养。人们常说，读书破万卷，但周老师这本书却越读越新，总能从中获得新知识、新启发，这是一种幸福。

引领教育教学之道

在从一名实习学生成长为一名教师的道路上，能与周老师相识，并成为她的徒弟，我倍感荣幸，同时也颇感压力之大。她以严谨认真的一贯作风，帮助我开启了教育教学的大门，引领我走上了语文的教学之路。

2011年9月,当我第一次心怀忐忑地走入课堂给五年级学生上课时,有些找不到方法,语句啰唆不精炼,问题提得含糊其辞,知识点也不明确,虽然课堂氛围很好,但学习目标没有达到,有些失落。看到情绪低迷的我,周老师微笑着安慰、开导我,从我的导语纠正起。"上课前语言要干净利落,花了五分钟时间还在说着与课文无关的话。'第一次见到我,有什么印象啊?'你也来介绍一下自己吧?说这些,是有助于学生对课文的理解,还是发展了学生的言语能力?"一时语塞的我,不知如何回答,只是觉得这样并未影响课堂教学,还有助于与学生消除陌生感,未尝不可呀?

周老师似乎看出了我的疑惑,以自己的课堂作例子,让我明白,与课文无关的话只能让人有拖沓冗长、画蛇添足之感。省略课前不必要的谈话,会让课堂环节紧凑。长此以往,多加训练,课堂语言会变得更加简洁。

接着,她又耐心地给我指出每一个教学环节的不足,并从文本与学情的角度,与我分享了自己的教学处理。一个多小时的交流,好似给我头脑注入新鲜的思想血液,让我明白了教材的解读要接近学生的最佳发展区,课堂要关注学生的学习,因为学生才是学习的主体、课堂的中心。

用心陪伴成长之爱

2017年,对于我来说,是人生转折的重要时刻。参加桂阳县教育局教师招聘考试中,我过了笔试,接下来就要进入面试授课环节。我急了,因为之前教的都是小学生,而考上的是初中阶段的学校,面试的课文也是初中课文。我没有初中教学经验,对于初中课堂教学的模式完全是一脸蒙圈。我马上找到周老师,向她请教，周老师二话不说，立即就联系了初中阶段的名师为我传授上课方法及文章解析思路，帮我借初中三年的语文教材教参，还不辞辛劳地陪我一次次进行演练磨课，直到她满意为止。

功夫不负有心人，终于在周老师的耐心、精心打磨下，我面试的成绩超出了自己的预想，我喜极而泣，第一时间告诉了周老师，她很开心，为我高兴，但更语重心长地勉励我要继续保持学习的状态，谦虚前行，才能走得更远！

引导教学研究之心

周老师不仅是一位在讲台上带着学生畅游知识海洋的领航员，也是她们学校在教研领域中孜孜不倦、充满活力的课题研究引领者。周老师永远对学校各种课题充满了浓厚兴趣和无穷精力，她曾经常对我说，"学校德育方面有很多可以用来做课题的，你要抓紧时间做些课题出来才行，这样才有利于你的成长！"恰逢此时，我管理的学校事情非常多，自己不仅要做好九年级的语文教学任务，还要抓学校的各种活动组织及迎接上级检查等工作，再加上自身想更进一步拿到更高文凭，忙于看书、学英语背单词等，天天跟陀螺般转来转去，神经的弦绷得很紧，压得自己几乎喘不过气来。我当时想都没想，就立即打起退堂鼓，觉得自己不是机器人，精力有限，实在没多余空闲去做课题研究。

周老师直接就在电话里批评了我："这些都是借口，你思想里有偷懒的意识，我们不仅要在教学能力上高于别人，解决困难的能力也要超于常人。研究课题虽然有这有那的障碍和困难，但它能很好地促进学校发展，我们就要克服这些困难，超越这些障碍，去实现它。记住，成功是无捷径的。你要相信，研究课题的经历会让你的教学之路更加丰满，也是记录你成长的最好证明。"

虽然现在课题研究依然没有做起来，但我已经在谋划了，等待时机成熟就可以按照周老师的引导去实践。周老师说过，课题研究不是闭门造车，需要创新思想的碰撞，她时常鼓励我要懂得表达自己，主动和别人交流切磋，多维度地思考问题，找准切入点再行动。

经师易遇，人师难求。周老师就是在我停滞不前时的指明灯，点醒我要不忘初心、持之以恒；周老师就是我教学成长路上的指南针，以自己过硬的教研能力带领我在知识的海滩上拾贝。同时，她也用自身行动告诉我应该如何做好学问，除了学习能力之外，更重要的是保持自己的初心。周老师以身作则，不仅是我教学上、生活中的导师，更是我的人生导师！厚谊常存魂梦里，深恩永志我心中。因为你，我变得更优秀！

【学生档案】

姓名：肖细莲

年龄：37岁

学历：本科

毕业学校：华南师范大学

专业：汉语言文学

工作单位：桂阳县浩塘中学副校长

【我心中的你】

教育路上的师徒缘

我与肖细莲相遇在 11 年前的秋天。一个上午的课间，主管教学的副校长陈龙芳将肖细莲带到我跟前，说是来实习的大学生。听说要带实习生，我的心里有些忐忑，说实话，我从来没带过实习生，站在我面前的是地地道道的大学科班生，我生怕自己"关公面前耍大刀"。但陈校长却说："没事，互相学习！"肖细莲也笑眯眯地说："那您就是我师父了，我就跟您好好学习学习了。"

凭借我自己当实习生的经验，我想应该是这样带：我先让她坐在教室里听课—提出质疑—依葫芦画瓢，备课说课—课堂实战—指导老师点评。我就这样按照我所认为的步骤带着她走进了我的班级。

在一个月的接触中，我看到了她身上满满的正能量。我俩经常交流教育中的问题、生活中的问题等等，成了亦师亦友的好闺蜜。

她很有活力。一走进教室，气氛就火起来了。她就像个大姐姐一样与学生聊得热火朝天，课间的教室里充满了欢声笑语。那些平时总围着我转的小家伙都转移了目标，我跟肖细莲开了个玩笑："看来，我要把山西的大醋缸踢翻了。"她咯咯地笑开了，"您是地球，我们是月亮，月亮绕着地球跑。山西太远了！哈哈哈……"学生听了也跟着哄笑。

她有理想。自从确定我俩的师徒关系，上班时间，我俩基本上是形影不离。有时候我在整理手头上的资料，她也在旁边帮忙。有一天，我在整理课题资料，她惊讶地说："周老师，您还做课题啊！很了不起啊！"我告诉她，做课题也没什么，无非是把自己的教学经验做一个提炼而已。听了我的话，她若有所思："我想当好一位老师，上好课，向周老师您一样。"我笑她没出息，应该向于永正、魏书生、窦桂梅等这些有名的教育专家那样，做一个有理想的好老师。她说："能做到您这一层，已经很好了。不过，我一定会努力的。"

她很爱教育。她从大学毕业后不久,就结婚了。婆家是做生意的,劝她不要从教了,她也试着放弃,可那段时间,她说得最多的就是:"我还是喜欢当老师的感觉,我觉得我应该属于讲台。"在她的一再坚持下,终于重返了讲台。她担任学校团支部书记,把一个不起眼的农村学校工作做得有声有色。她在学校里出类拔萃,从一个班主任、语文老师到团支部书记,已经做到副校长了。

她很爱思考。她经常在周末的时候来找我,与我交流讨论:如何解决教学上的问题,如何提高学生的学习兴趣,怎样关注留守儿童,等等。

她很爱学习。在承担繁重工作的同时,一直坚持学习。哪里有学习的机会,她都会想方设法去争取,而且学得很认真。我在她的朋友圈读过她的文学评论,很有见地。由于她一如既往地坚持,个人专业素养很快提升了。她不但自己读书,还每天陪学生晚读,鼓励学生多读书,告诉学生"书中自有黄金屋"。在她的陪伴下,学生开始爱读书了。

这就是我心中的肖细莲老师,一个性情洒脱、性格活泼、对工作热情、积极向上、有理想、爱思考的年轻老师。

第二章 教学随笔

教坛沃土种华章，
智慧枝头朵朵芳。
家酿三盅追李杜，
亦痴亦醉逗江郎。

教育不可赶时髦

摘要：当今社会教育界在接受新的教育理论和教育观念时"跟风"现象非常严重，他们不考虑自身的条件和实情，盲目照搬，导致"邯郸学步"的情况时有发生。本文批驳了这一现象，提出了从自身实际出发合理利用别人成果的观点。

关键词：教育变革；自身实际；取舍

20世纪90年代，党的十四大明确提出"必须把教育摆在优先发展的战略地位，努力提高全民族的思想道德和科学文化水平，这是实现我国现代化的根本大计"。自此，我国的教育改革步伐就没有停止过。党的十七大教育界代表热议教育发展、教育改革与教育创新，一时"改革创新"一词成为中国教育发展最为活跃、最具生命力的音符。2010年1月11日至2月6日，在不到1个月的时间里，国务院总理温家宝在中南海连续主持召开了5次座谈会，主题都是正在制定的《国家中长期教育改革和发展规划纲要》。其规格之高、频度之密，引人注目；尤其是温总理提出的"教育改革要让人民看到希望"，更让那些深感教育现状"摸不着北"的人们，看到了希望。

诚然，我国课程改革与教育观念的调整，使学生的主体地位得到进一步凸显。提倡因材施教、注重启发引导、强化创新精神和实践能力培养已经成为多数教育工作者的共识。由于我国是一个人力资源大国,创新型、实用型、复合型人才严重短缺,因此,人才培养模式、课程体系和教育理念亟待创新。"教育需要一场真正的变革",但如果不从自身实际出发,照搬别人成功经验的赶时髦的做法是不可取的。

前些日子,笔者到一所乡村私立幼儿园去调研,目睹他们正在大兴土木,询问原委,告之曰:"某某幼儿园实行区域教学效果很好,学生学有所得,学习兴致很高,家长非常满意,慕名而来的小朋友特多,我们也要按这种模式去搞。""你们现有的师资能胜任吗?你们有相应的活动场所吗?你们的管理水平跟得上吗?""先搞起来再说吧,这是时尚,能为我们获取更多的生源。"原来如此!无独有偶,我们常常可以在报纸上看到类似的事件,他们主张教学改革,他们力求创新,学习这所名校,模仿那所名校,其出发点和初衷应该无可厚非,只是没有具体问题具体分析,没有从自己的实际出发,违背了客观规律,其失败当然就难以避免。

魏书生的教育民主、科学管理方式,唐盛昌的乐育精英思想,康岫岩的整体高素养教育观都是有条件的,离开了赖以生存的环境(教育的土壤、学生的素质)也就成了空中楼阁;李吉林的情境教育,顾泠沅的行动教育,李烈的双主体育人、以爱育爱教育理论都是经过反复实践得来的,离开了理论与实践的结合也就成了饭后谈资;杜郎口中学自主创新的"三三六"模式,洋思中学的"先学后教,当堂训练"做法,窦桂梅的"三超越"式教学方法都是经过不断自我完善而来的,离开了多年的磨砺历程也就成了无米之炊。记得有一位教师到外地学习归来,把几堂名师的课堂实录(魏书生的《死海不死》,郑逸农的《登岳阳楼》)反复模仿,最后让人感觉似乎达到了如出一辙的境界。可是当他按此给学生示范时,他才惊奇地发现自己是在"邯郸学步",不仅没真正领会名师的课堂艺术，就连自己的上课风格也荡然无存了，落得个啼笑皆非，悲哉！何以事与愿违呢？究其原因：一是他还没有很好地从根本上感悟名师的课堂艺术，停留在表面的认知，未体会到实质所在，属于知其然而不知其所以然的状况，怎能模仿到位呢？二是学生适合一种方式需要一个过程，思维定式难以在短时间改变，突然换一种模式便无所适从了。所以，我们的教育工作者要清楚地认识到：赶时髦的盲从是不可取的。别人的东西，别人成功的经验只能作参考，不能照搬，务必采取"拿来主义"态度，先占有，再切合自身需求挑选，"取其精华"为我所用。

当今世界，各种教学理念、各种教学方法层出不穷，琳琅满目。而且，它们都是有理论基础的，是经过实践检验的，为教育界所认可的。但是，任何一种理论，不管怎样正确，只有当它和具体实际相符合的情况下，才能起到指导实践的作用；不顾具体实际，盲目照搬理论，难免要把事情弄砸，难免出现"邯郸学步"的局面。我国地域辽阔，各地教育的发展极不平衡，就是同一地区来说不同的学校教育的实际情况也有差异。我们不顾自身实情照搬过来灵验吗？我们不分青红皂白全盘接受能解决问题吗？我们为了赶时髦今天学张三，明天学李四，行吗？那么，我们应该如何面对这些全新的东西呢？笔者认为，我们要从自身实际出发，有的放矢，合理选用。

1. 根据师生实际加以引进。教育的目的是培养学生，培养他们成为对社会有用的人才。所以，我们引进别人的理论首先必须考虑学生的需求，根据学生的年龄特征、心理特征、个性特征以及他们掌握知识的程度和具备能力的大小来决定。李吉林的情感教学对小学教学很有用处，但在高中、大学就不那么管用；自主探究教学模式对小学生来说也肯定不怎么灵验。这就说明我们在引进新的教学法时要立足自己的学生，立足自己的实际，有选择，有辨别。同时，我们还要考虑教师的能力和素质，按照各位教师的课堂艺术特点去灵活选择。

2. 根据学校实情加以取舍。我国各地文化差异是客观存在的，教育不仅受历时性的影响，也是具有地域色彩的，不同地方、不同学校的情况是不尽相同的。这就决定了复制别人的教学模式，克隆别人的教学方法都无异于削足适履。有些农村学校现代化教学手段依然是空白，基本上还是一本书、一支粉笔打天下的状况，他们怎能与时俱进赶上教育改革的步伐？有些学校虽然拥有良好的教学设备，但这些都是摆设，是为了应付检查而添置的。他们的教育教学还是在传统的桎梏里徘徊，要在短时间内改变滞后现象谈何容易。鉴于学校实情，我们要采取循序渐进的方式，逐步推进教育教学改革的进程。不能只顾眼前而忽视教学规律。

3. 根据实践检验加以改进。实践是检验真理的唯一标准，任何理论没有经过实践的检验都是毫无意义的。人家的理论、经验，符不符合本地的实情，也需要让实践去说话。我们必须遵循从实践中来到实践中去的原则，坚持认识论"实践—理论—再实践……"的规律。只有经过自己的实践检验是可行的，才能采纳，才能推行，才能付诸实施，并且要在施行过程中不断改进，不断创新，使之成为具有自己特色的，适合本校实际的教育教学法宝。

幼小教学衔接的思考

为做好幼小衔接教育工作，各级幼儿园做了大量的努力，然而，小朋友从幼儿园进入小学后，在知识与能力、意识与思维等习惯方面出现的一些问题，令人烦忧，有些问题在一年级学习生活中，教师要花费一个学期的时间去矫正。我们学校是典型的城中村学校，生源都是进城务工或经商人员的子女，这些问题尤为突出。

首先是知识方面表现为先学与没学。拼音识字主要适用于学龄前儿童到初中阶段，孩子现在学会了拼音，也就掌握以后的文字认识方法。在一年级教学过程中，发现学生表达能力很强，只要老师一开口，他们都会说得头头是道，然后告诉老师，"我们已经学过了！" 90%的孩子闭着眼睛都能背诵汉语拼音，说明孩子记忆能力强，但如果出示卡片单个认读，却不认得了。

有的孩子学了珠心算，二十以内的加减法（有的甚至是一百以内的加减法）心算得飞快，滚瓜烂熟，反应快的孩子可以内化，但有些一知半解的孩子在纸上列式计算时令人哭笑不得，而且这样的错误反复犯。

至于听课能力和自我管理能力，许多孩子因受"已学过了"的影响，阅读能力仅限于可视动画，很少有与书本接触的经验。

汉字的认识知觉比较笼统，表现在看图或识字时往往只注意大的轮廓，容易忽略细枝末节。由于这个年龄的孩子知觉还有一定程度的混淆性、笼统性和无意性，70%的学生是在"画"字，比如，写"口"就画一个圈儿，颠倒偏旁，颠倒笔画顺序，没有汉字书写规则可言。有的孩子就连"横竖"的概念都没有，读着横，画着竖。

其次是思维停留在记忆上。通过幼儿园的幼小衔接教育，学生对小学学习的环境有了初步的认识，但思维停留在记忆上，形象思维为主的学习方法不能转化为形象和抽象思维相结合的方式。比如，学生知道 1+1=2，如果问一个苹果加一个苹果是几个？就有 60% 的学生反应不过来。大部分学生不善于使自己的思维活动服从于一定的目的任务，在思考问题时容易受干扰，一直离不开原有的目的任务。

第三家长表现茫然。大部分家长认为孩子在幼儿园学到了很多东西，会算数、会写字、会背诗等，觉得自己的孩子很聪明，很少有家长关注孩子是如何学到这些知识的，其中的学习过程是否符合幼儿发展规律、是否符合幼儿生长发育特点，有些家长全然不知。

针对上面的问题，笔者对周边学校一年级老师和学校附近的几个幼儿园（其中一个公立幼儿园）教师和相关的家长分别做了一个调查，数据见下表。

1. 老师

幼儿意识和思维的衔接	幼儿知识和能力的衔接	幼儿知识和思维的衔接	幼儿能力和思维的衔接	意识、知识、能力、思维的衔接
18.3%	35.1%	13.7%	15.4%	17.5%

2. 家长

幼儿意识和思维的衔接	幼儿知识和能力的衔接	幼儿知识和思维的衔接	幼儿能力和思维的衔接	意识、知识、能力、思维的衔接
6.42%	53.14%	17.31%	15.63	7.5%

从上面两个表格可以看出，不管是老师还是家长，对幼小衔接到底是什么的问题并不十分清楚。

有前面提出的问题及调查情况，笔者结合自身的教学经验与实践，对幼小衔接分公立与私立幼儿园提出自己的看法。

公立幼儿园应有多方面衔接的举措，比如在"意识"衔接方面，与市内小学联系，带孩子们参观小学校容校貌，感受小学的学习活动，亲自体验小学与幼儿园的不同，让孩子们对小学环境有了初步认识，激起他们对小学生活的美好向往与期待，为他们顺利进入小学学习奠定基础；在"知识"衔接方面，注重汉语拼音、汉字书写、算术知识的衔接；在"能力"衔接方面，训练幼儿听课能力、表达能力、阅读能力和自我管理能力等；在"思维"方面，注重了数学思维、观察思维的培养。

私立幼儿园规模小，收费便宜。一般的进城务工的家长都会选择。而这些幼儿园，往往会因为师资配备不规范，课程大多体现在知识的容量上，有的幼儿园甚至拿着一年级的教材上课，并且在给孩子上课时，就是播放碟片让孩子们观看，接受力快的孩子就跟着学会了，注意力不集中的孩子什么也没学会。对于学生的"能力、思维和意识"的训练几乎忽略不计。侄儿在一家私立幼儿园读学前班，语文老师每天要求孩子回家后把当天学的字每个写100个，书包里的算术作业一面一面的，看到了老师批改的

"√""×",我问侄儿为什么会有"×","×"是什么意思?侄儿说:"不知道。"我问侄儿老师有没有让他改正,他回答:"没有。"久而久之,小孩子对是非对错的观点都被忽略了,对作业的对错也就出现了无所谓的态度。这样的事例有很多,也听到过一些家长的怨言:"我的孩子上了幼儿园习惯都坏了。"

其实,不管公办的还是民办的幼儿园,对幼小衔接的孩子就要做好两件事:一是学习习惯。养成认真倾听他人的建议、学会理解他人、学会阅读背诵、学习与人交流,初步养成做事有责任感、不拖拉的习惯。二是能力。语言与专注力、区分游戏与学习、课堂行为与课堂内容的学习、时间观念、作业行为与任务意识、自理能力、与人沟通的能力。

笔者认为,幼小衔接本身就是幼儿教育与小学教育的衔接,在对幼儿进行各方面教育衔接时,必须注意以下几点:合理选用教材;有专业的老师的引领;课程安排要有科学性,在授课的过程中结合幼儿的身心发育特点循序渐进地进行训练;注意反馈。

职能部门要加强监管,对幼儿园的办学资质、师资水平、教学环境等要有明确的规定。

语文课，我们忽略了什么？

最近笔者听了一些语文课，对语文课堂中出现的一些现象有些疑惑：语文课，我们忽略了什么？

案例一："亡羊补牢"＝"知错就改"？

一位教师执教《成语故事〈亡羊补牢〉》一课，有两个细节引起了笔者的注意，一是在释题时，教师板书：亡，逃跑；二是在总结课文时，这位教师在黑板上板书：知错就改，为时不晚。这样的板书在很多大型公开课也出现过，始终没有听到有什么异议。

这个成语出自《战国策·楚策》："见兔而顾犬，未为晚也；亡羊补牢，未为迟也。"故事家喻户晓，通俗易懂，讲的是羊因为羊圈破了个窟窿而被狼叼走了，后来牧人听取邻居的劝告将羊圈的窟窿修补好。比喻出了问题以后想办法补救，可以防止继续受损失。再看看这位教师的板书，笔者有些疑惑。

先谈第一个细节：亡，逃跑。羊是自己"逃跑"了，牧人才"补牢"吗？顺着这个意思，学生不难理解，故事中的牧人"补牢"是因为羊逃跑了。文本中的故事虽是改编而成，但把"狼"这个角色安排进来，文本中"亡羊"的缘故很浅显明了，狼从窟窿叼走了羊，牧人才因此"补牢"，并不是羊自己逃跑了。要不，"狼"这个角色在文本中起到什么作用呢？笔者认为，"亡"应理解为"丢失"。

再看看第二个细节：知错就改，为时不晚。"亡羊补牢"就是"知错就改"吗？亡羊而补牢，牧人知错就改，牧人错了吗？我看未必。牧人愿意让狼叼走羊吗？狼来叼羊是跟羊串通好的吗？首先，我们要弄清楚"亡羊补牢"是客观存在的事实，它是一个载体。其次"亡羊"是牧人无法预料的事，也不是牧人希望发生的事。这就好比伦敦奥运会开始了，天突然下雨了，你能说工作人员错了吗？所以，我认为单理解为"知错就改"有些片面，应该是发现了问题，及时纠正，为时不晚。

透过案例一可以反映出教师在备课时，教师本人忽略了对文本进行深入解读，导致对文本中的思想意图、角色定位不准确，只是很肤浅地认为，以前大家都是这么教的，名师教案也是这样写的，肯定没错。最后，我们的学生思维都被老师牵着走，以至于课堂上，学生抓住"知错就改"滔滔不绝地谈体会，完全忽略了问题的根源所在。

案例二："神情萎靡"="神情委靡"？

一位六年级教师在执教义务教育湘教版六年级语文下册《军犬黑子》第一课时，在黑板上板书生字新词，其中一个词就是"神情萎靡"，有学生马上指出教师把"萎"写错了，开始教师还在极力反驳，后来学生有板有眼地指着教科书让老师看，老师脸唰的红了，不假思索地把"萎"改写成了"委"，然后很"机智"地说声："对不起，老师看错了。"学生很得意地说："老师，没关系，我们还不是老犯错误。"老师很惬意地笑了。

文本错了？老师错了？我们先不急着下定论。现在汉语语法中出现了"异形词"，这两个词是可以通用的。但我们知道，汉语言中一个固定的词组是不能更改的，"神情萎靡"怎么就写成了"神情委靡"？查阅《古汉语词典》，"委"通"萎"，是通假字；而在《现代汉语词典》中，"委"意为无精打采，不振作;"萎"意为(植物)干枯、衰竭。且在《现代汉语词典》中"委靡"与"萎靡"的意思都是精神不振,意志消沉的意思。因此这两个词组都客观存在,"神情萎靡"用来描写植物,"神情委靡"用来描写动物或人。文本中之所以写成"神情委靡"就可以理解了。我想,这位教师在更正的同时肯定也有些云里雾里,明明自己没写错,却又偏偏错了呢?但课堂上,老师除了更正之外,再也没有其他的任何举措(后来,我到教室里询问了学生)。

从案例二可以看出,课堂上出现了一个很好的"教学生成",它呼唤教师的教学机智,可惜被教师忽略了。教师未能根据学生意外的情况,迅速而正确地作出判断,随机应变地及时采取有效的教育措施解决问题。

课堂上教师完全可以把问题抛给学生,因势利导,引导学生去查阅资料,互相讨论,得出结论。这样一个过程,学生不但获得了正确的信息,还经历了一次学语文用语文的实践过程,既培养了学生对知识探究、求真的精神,又为学生写作提供了素材,何乐而不为呢?这样做,不仅是教师良好的综合素质和修养的外在表现,也是教师娴熟运用综合教育手段的能力的表现。

语文课,我们忽略的东西太多。自从进入课程改革以来,五花八门的教育理念、教育模式令我们眼花缭乱;形形色色的课改理论、模式大量地充斥着我们的头脑:生命教育、绿色教育、高效课堂、自主课堂、探究课堂……我们几乎成了"墙头草",被"狂风"吹得不知所措。为了完成课堂教学,教师一节课讲到底,学生只管带耳朵,忽略了学生是学习的主体;为了在形式上体现学生的自主性,教师在课堂上胡乱放手让学生漫无目的地自学,忽略了自己在课堂中的主导作用;为了营造课堂朗读气氛,忽略了各学段朗读训练的目的、语文基本技能的训练，导致学生在表面看来是有效的课堂却所学知识甚少；为了拓展训练，偏离语文性地"荒了自家地，去种别人田"，忽略了对课文本意的尊重，忽略了在课文所体现的基本价值取向上引导学生学习语文；为了突出人文性，过分注重文本中的情感熏陶，忽略了语文工具性的特点。

教学设计与课堂实录不可混为一谈

一个教师要上一节课，首先是要撰写教学设计。在信息技术已走进课堂的今天，资源共享已不是什么新鲜事，许多教师都不再撰写教学设计了，所需的资料可以毫不费劲地从资源共享里面获得，一切教学常规工作都采用了电子稿，美其名曰"电子备课"。时间长了，"惰性"使教师们没有了独立思考，没有了"横看成岭侧成峰"的教学个性，也就有了备课中的恐惧与依赖性。绝大多数的备课都是"人云亦云"，教师们对什么是教学设计，什么是教学实录的概念也逐渐模棱两可，甚至模糊不清了。前些时候，笔者被邀请参加区课改团的巡课活动，发现大部分教师把教案写成了课堂实录。

我们先看看一位老师的一年级下册《国旗》教学设计其中一个片段如下：

一、激趣，引入课题

师：同学们，你们喜欢国旗吗？

生：喜欢。

师：你知道我国国旗吗？（出示课件）

生：知道。

师：我国的国旗是什么样子的？

生：红色的，上面有五颗星星，四颗小的围着一颗大的。大的代表……

二、讲读课文，理解感悟

师：有哪位小朋友知道国旗升起在哪里？

生：我知道国旗升起在金色的朝霞里。

生：我知道国旗升起在雄壮的歌声里。

生：我知道国旗升起在我们的目光里。

生：我知道国旗升起在……

课堂是动态的，什么都有可能发生，假如学生回答跟教师想的不一样该怎么办？

这节课，当教师提出问题时，学生有的说国旗升起在校园的操场上，有的说国旗升起在电视里，有的说国旗升起游乐场……唯独没有说"国旗升起在朝辉里、雄壮的歌声里、我们的目光里"的。教师原本是想让学生钻进自己事先设的"套"中，可学生回答的内容五花八门。教师一下子慌了神，费了好大的劲儿才把课堂秩序调整回来，就这样，一节课的教学时间耗掉了，教学任务也没完成。

如何区分教学设计与教学实录呢？

教学设计是我要怎么上这节课的预设，是课堂教学的前期工作。设计从总体上可分为课前部分、课堂部分、课后部分三个部分。课前部分设计包括教材分析（分析《新课程标准》标对所教学段要求、教材内容在本册教材中的的作用与地位，教材内容本身）、学情分析（学生已有的认知水平和能力状况、存在的学习问题、学习需要和学习行为）、教学目标的确定、教学重难点的定位、教学策略的选择；课堂部分设计主要是教学过程，即这一节课教师有目的地、有计划地引导学生主动地进行的认知活动，整个过程需要师生互动，共同完成；课后部分设计是教学后记或反思，有的还会附上设计说明。

课堂实录是把教师在课堂上怎么说的，学生怎么回答的整个过程一五一十地记录下来,并加上教学后记或听课评价,是课堂教学的后期工作。师生对话式的比较常见,简洁明了,教学过程一目了然。也可以采用生动形象、可读性强的描述式的形式记录。实录的内容就是一节课的教学过程,或是一节课的一个片段。

在教学实录的后面加上教学后记或听课笔记,有助于教师之间的理解与把握,也有助于体现授课者的教学追求。

多给学生一点"自主权"

最近,笔者在《教师博览》杂志上看到一则"笑话",题目叫《动机》,内容是这样的:老师讲完《孔融让梨》的故事,然后要求学生写出孔融让梨的动机。答案主要有 3 种:1. 为了成名;2. 牙疼;3. 梨烂了。学生写出如此答案,确实令人发笑,想必这就是编者把它纳入"笑话"栏目的缘由吧。

这则"笑话"从表面上看,学生写出的 3 种答案似乎不合常理。因为,这个故事目的是教育小朋友从小要学会谦让,心中要有他人。闹出这样的"笑话",或许老师没讲清楚,或许学生故意"捣蛋"。

然而,笔者对这则笑话却有不同的见解。从现代教育观念的角度来看,笔者认为这是学生在充分利用自己的学习"自主"权,这几种答案是学生在学习中"自主"理解的结果。或许这位老师是故设悬念,启发学生的思维,才会有这几种与常理不一致,与"众人"理解不一致,与编者意愿不一致的结果,这正体现了"学生是语文学习的主体"的理念。

学生与"孔融"是不同时代的人,这种思维与观点或许是受生活环境所致。他们回答的都是一些社会现实中存在的,说明学生是在联系实际,实话实说。

出现这种情况,这位老师应该机智地给予学生一个正面的、恰如其分的评价,把学生导向"积极"的一面,以便激发学生不断地启发他们的创新思维，而不能仅以笑话处之。

在平常的教学中，我们教师已习惯于按常规来理解教材、使用教材，按大纲标准来鉴定学生写得好与差，达到"千人一面，万人一语"，便是成功完成教学任务。然而，在整个学习过程中，学生没有或很少享受到自主思维、自我发展的乐趣。瑞士民主主义教育家裴斯泰洛齐说："教学的主要任务不是积累知识，而是发展思维。"可喜的是，修订版"大纲"中已提出："学生是语文学习的主人，在教学过程中，要加强学生自主的语文实践能力，引导他们在实践中主动地获取知识，形成能力，避免烦琐的分析和琐碎机械的练习。"新《语文课程标准》也提出："语文教学反对讲深、讲透，反对老师是标准的化身，反对教师给标准答案，反对课堂上一起哭一起笑，并提出拓宽语文学习和运用的领域。"

新时代在呼唤学生"自主"发展，新世纪的教育呼唤教师多给学生"自主"的空间，让他们去"自主"地发现问题和解决问题。

走出"合作学习"的误区

合作学习是目前世界上许多国家都普遍采用的一种富有创意和实效的教学理论与策略体系。由于它是改善课堂内的社会心理气氛、大面积提高学生的学业成绩、最重要和最成功的教学改革,美国当代著名教育评论家埃利斯和福茨在其新著的《教育改革研究》一书中断言:"合作学习如果不是当代最大的教育改革的话,那么它至少也是其中的最大之一。"

《语文课程标准》针对九年义务教育阶段提出:语文教学要倡导自主学习、合作学习、探究学习。但对小学生而言主要是培养学生自主意识、合作精神、探究精神,初步掌握一些自主学习的方法,在自主的前提下可尝试进行一些合作学习。

当前,不论什么形式的公开课,分组合作学习几乎成了这些课堂一道亮丽的风景线。然而许多人对这种学习方式产生了误解,下面笔者谈谈自己的所见所闻。

误区一 到底什么是合作学习?不同的国家和地区的实践有一定的差异,概念也就有所差异。如美国的合作学习研究专家翰逊·戴维兄弟认为:合作学习就一起工作来完成共同的目标,美国另一位合作学习专家尼尔·戴维森提出了合作学习的七个要点:(1)小组合作完成、讨论、解决难题;(2)小组成员面对面地交流;(3)小组中合作互动的气氛;(4)个人责任感;(5)混合编组;(6)直接教授合作技巧;(7)有组织的相互依赖。基于此，笔者认为合作学习的基本含义是以学习小组为基本组织形式，系统利用教学动态因素之间的互动来促进学习，以团体成绩为评价标准，共同达成教学目标的活动。

误区二 合作学习是一种形式。有的分组合作学习由于要讨论的问题不一定是全班学生急于要解答的问题，也许对优等生不成为什么疑问，后进生又不知疑在何处，勉强让学生分组讨论，只是让优等生创造了再次展示才能的机会，一两个学生主讲，其他学生旁听，形式上全班学生都动起来了，其实只有几个学生动起来了。笔者也上过几堂类似的公开课，虽然得到过同事们的好评，但在反馈中发现，课堂上只有那几个发言的学生在思考，其他的都似乎课堂与己无关，思想不集中，思维一点儿也没跟上问题。这就自然是没有达到教学目标，没有收到合作学习的效应。一次在区级举行的科技活动的比武课上，听一位老师讲《船》，老师在前面有条理地讲述了船的种类、构造后，又领学生玩儿了制船、划船的游戏，学生在活动中互帮互助，合作学习的效应得到了充分的体现。最后，这位老师出示课件"航空母舰"的疑问抛向学生，要求学生在小组内讨论，学生的思路突然分岔，来不及调整思路，组织语言，课堂上异常安静，冷了场，不光是学生傻了眼，就连在场听课的老师顿时傻了眼，既而学生在小组间来去匆匆，什么结论也没有。所以对小学生的合作学习，主要是全班学生的生生互动、师生互动，合作学习要适时适度、讲求实效。

误区三 合作学习就是小组学习。从形式上看小组学习和合作学习都是几个学生围坐在一起，学习、讨论问题，但两者有着本质的差别。

1. 合作学习坚持组内合作，组间竞争的规则。
2. 合作学习小组内，每个组员都有明确的职责，以四人一组为例，他们分工有：主持人、记录员、报告员和检查员。每一组员在合作学习小组组内活动时承担不同的职责，如：主持人要负责掌握小组讨论的全局，分配发言机会，协调小组学习的进程；记录员负责记录小组成员学习情况，确保每一位成员完成学习任务。

3. 合作学习要求教授正确的交往技巧。合作学习小组内每个人在行使自己的职责时产生交际活动，这就把交往活动纳入教学认识活动，使学生个体探索和群体交流相结合，培养学生一定的合作技巧，从而使学生在比较他人意见和建议的过程中，破除自我中心心态，确立客观的权威，养成不固执己见和集思广益的民主态度，拥有健康的人际交往认知。

误区四 合作学习等同于现行的教学策略。合作学习主要教学策略有学生小组成就区分法、小组加速学习法、协同合作法、合作统整阅读协作法、共同学习，是借助学生之间的积极相互作用来提高教学效率的。而现行的各种教学策略大多基于教师与学生之间的相互作用。因而，二者最大的区别是基于不同的机制。

误区五 合作学习只适用于活动课。我们不难发现，在一些大型的活动课，合作学习的形式比较多。因为没有充分的合作学习教学准备，合作学习小组没有形成集体，学生没有经过合作技巧的训练，也就很难见成效，这也是目前合作学习借班上演示课，教学效果不尽人意的主要因素。有资料表明，在国外各个层次教育都盛行合作学习，因而合作学习适用于各科教学。

浅谈"读中感悟"

【摘要】"读中感悟"是新教育思想的洗涤，是新课程理念的要求，是学生在语文阅读学习中所具备的感受、理解、积累和运用的能力。

【关键词】语文阅读；感悟

"读中感悟"是学生在语文阅读学习中所具备的感受、理解、积累和运用的能力。时下，上至专家，下至一般教师设计的教案，都会有"读中感悟"这一点，真可谓"英雄所见略同"。"读中感悟"是新教育思想的洗涤，是新课程理念的要求。然而，笔者参加的一些大小型语文教学公开课的集体备课、听课、评课活动中，发现许多教师在实际操作过程中，似乎像"隔着窗户吹喇叭"，主要体现在以下几个方面：

一、穿新鞋走老路

尽管教师在设计教学过程中，引用了一些新语言，但在教学过程中还是穿新鞋走老路，重理性轻感性，重内容轻理解、轻情感熏陶，重"标准化"的答案，轻学生个人的感受与体验；重内容的分析，轻语感的培养和文章精髓的把握；重理解内容，轻借鉴写法，致使读与写脱节，学生的语言、习作能力也受到了限制。

毛泽东同志在《实践论》中有一个十分经典的提法："感知

的东西不一定能理解它,只有理解的东西才能更好地感知它。"新的课程改革就要求加强学生个性化阅读,使学生在阅读中积累语言、开拓思维,展开丰富的情感活动,获得个人的感受;引导学生学习多角度、有创意的阅读,培养学生创造性地阅读和理解的能力。通过引导学生理解文章的主旨、品味文章的语言描摹文章的表达,培养学生的语言感受能力;注重听说、读写相结合。只有这样,才可以让学生在读中悟景、悟情、悟理。

二、流于形式

新《课程标准》要求加强学生朗读能力的训练,从读准字音到读得通顺、流利,再到读者有感悟、读有所悟。而在这一方面,大多数教师只重读准、读通、读流利,忽略了"读"的感受;或者一节课学生都在大声地读:有分个人读,有分小组读,有分男女生读,有集体读等,但学生没有带着任何目标去读(找出不认识的字,不理解的词、句,提出不懂的问题,读后有什么不同的想法等),部分学生在读时,另一部分学生则玩儿自己的,对他人读得如何却漠不关心,这样虽然在形式上突破了,而并没有达到"读"的真正效果,学生读完后还是在原地踏步。我们在教学中,应该教学生在不同的目标要求下用不同的方法去读。朗读时不但要读准字音,而且要把课文读得通顺、流利,不添字减字,读出文章中标点符号表达出来的语气。默读时要学会一边读一边想,在逐渐提高读的速度的同时,逐渐学会在什么地方想,想什么,怎样想,把读和思,把阅读和获得个人感受、提出疑问结合起来。

三、缺乏人文关怀

一些教师在教学中关注了人文精神的开掘,尽量在教学中运用激励的方法,但在当学生读书的语气、思维没达到预定目标,或自己提出的问题不能够被大部分学生理解时,便会生气,甚至冒出一些伤害学生自尊心的话，令课堂气氛变得紧张而消沉，"恐惧"让学生无法思考，即使再去反复读思，也悟不出什么来。有的教师在整个阅读过程中都是居高临下，学生的一切活动都在教师的驾驭中机械地完成，学生根本用不着在读中去悟。也有的教师为了按时完成本节课的教学任务，就有些大包大揽的思想，恨不得快快讲完，学生读书的时间不充足，思考的机会也少了，"读中感悟"倒是属于教师的了。我们知道，语文课程的基本特别是工具性和人文性的统一，语文课程中的人文性，语文课程中的情感态度和价值观的目标，必须通过语言的学习来实现。新课程改革要求学生在阅读时能够做到"读中感悟"，教师只有在课堂中注重人文关怀，摆正主体与客体的关系，当好"引路人"，学生才能在阅读中有所疑，从疑而悟，才能积累语言、积淀语感、积攒文化，终身受益。

唱响诗歌的旋律

——《送给盲婆婆的蝈蝈》重点教学

《送给盲婆婆的蝈蝈》是苏版二年级上册的一首儿童叙事诗。它通过记叙"我"将心爱的蝈蝈送给盲婆婆的事,表现了当代少年关心他人的好思想。其中,理解课文,激发学生关心帮助他人,体验爱的价值,是本课的教学重点。教学中我借助儿童诗的特点,踏着诗歌的节奏,唱响诗歌的旋律,让学生领悟其中的含义。

一、在词语的节奏里感受快乐

师:盲婆婆的生存状况如何?

生:很孤单。

师:同时又是位怎样的盲婆婆?

生:幸福的盲婆婆,因为有人关心她。

师:老师也送一些词语给这位盲婆婆:乐呵呵、笑呵呵、喜滋滋、美滋滋、喜洋洋、甜滋滋。

师:看看这些词语有什么特点?

生:都是表现心里很高兴。

生:都是三个字词语,并且后面两个字都是一样的。

师:看到这些表示欢乐的词语,诗里的词宝宝也忍不住跑出来了。认识的请大声读。

出示:唱歌　欢乐　咯咯

蝈蝈　婆婆　清波

师：先开火车读，然后南边的一组领着读，北边的跟着读。

师：聪明的同学们你发现了什么？

生：第一行的词语后面的一个字拼音里都有一个"e"。

师：看看这些词在诗句的哪个位置？

生：末尾。

师：这叫——

生：押韵。

师：再看看下面一行词语，最后一个字都是什么韵母？

生：uo。

师：也都在诗句的——

生：结尾。

师：这也叫——

生：押韵。

师：聪明的同学们，再看看这些词你还有什么发现？

生：这些词都表示心里很高兴。

师：我们一起来读诗，感受诗的欢乐与美好。

【设计意图】

　　教师教学时，先引导学生感受叠词表达的快乐，接着，引导学生发现韵脚的表达效果。通过朗读读出诗歌的节奏，感受诗歌的欢乐。以声音带动对诗的意义的感悟，以声音传递出诗的欢乐的情感。

二、在游戏的世界里感受情感的旋律

（生读第二自然段）

师："在我上学的时候，就让它替我给你唱秋歌。"猜一猜，不上学的时候，他会给盲婆婆做些什么？

生：给盲婆唱歌。

师：仅仅是给盲婆婆唱歌吗？

生：还给盲婆婆捶背。

生：给盲婆婆做家务。

生：给盲婆婆做早饭。

生：给盲婆婆洗脚。

师：这真是一个怎么样的孩子？

生：懂事的孩子。

生：善良的孩子。

师：多有意思的句子啊，一个字一个词语让我们猜出这么多内容。

【设计意图】

诗歌因为语句凝练因而有许多空白，抓住这些空白，教师通过"猜一猜"这种学生喜欢的游戏，把诗歌里情感的元素进行放大，学生的形式化游戏和精神游戏得到满足，唱响情感的旋律，是诗歌教学的必经途径。

三、在想象的世界里放飞心灵之歌

师：诗歌有旋律，仔细读一读，哪儿高、哪儿低，哪儿快、哪儿慢？

师：田野，田野怎样？

生：田野很大很大。

生：读得长一些，高一些。

师：童年的欢乐，多么高兴。

　　啊，要读得——

生：欢快些。

师：童年的欢乐太多了，盲婆婆完全沉浸到里面了，请再一起读。

师：你们看，诗歌的旋律还可以变化呢！神奇的歌声一定会把盲婆婆带向更多的地方，让我们也把祝福送给盲婆婆，学着诗句说一说。

生：歌声会把您带到森林，让您看到美丽的蝴蝶。

生：歌声会把您带到草原看到奔驰的骏马。

生：歌声会把您带到校园看到小朋友可爱的笑脸。

生：歌声会把您带到我们学校，看到我们的老师。

生：歌声会把您带上天山，让您看到盛开的雪莲。

……

课堂上始终洋溢着快乐的旋律，教师引领学生通过对"田野""童年"等词语的联想，读出诗的节奏。接着，教师又带领学生进行想象，丰富诗歌的内容，踏着诗歌的节奏，借着想象的翅膀，学生的心灵在诗的世界里飞扬。

重拾那份失落的"爱好"

——参加 2016 年首届"湖湘教师写作夏令营"活动有感

炎炎七月,清凉沁心;"大家"的娓娓道来,如涓涓溪流,流淌在心田。

我自认为也是个爱好写作的家伙,不喜欢打牌,不喜欢上网聊天,不喜欢在大街上闲逛。我没事就喜欢写写,也幻想这些作品能变成铅字。几次努力无望,灰心了,没有找原因,却给自己找了很多不写的理由。

不久前,我很慎重地跟一个朋友说,等下学期女儿上大学了,也想坐下来写些东西。女儿上学去了,我也开始上班了,每天走在上班路上,都会闪些念头,会有些不错的语言构思,那一刻,我感觉到自己有点儿才思泉涌,不禁有些佩服自己:"太有才了。"走进单位大门,忙碌而烦琐的班务工作开始了:教室卫生值日生到了吗?地扫得咋样?有没有学生请假?会不会有学生跑来告状说:"老师,×××同学又怎么怎么了。"学生作业完成得如何?……处理完之后,就一直做着教学常规工作,大半天了,才想起早上的那些念头此刻已不翼而飞了。下班了,挤上公共汽车,好不容易坐下来,那些念头又像放电影一样在脑海中转。车辆摇摇晃晃,把我摇进了梦乡……到站点了,我居然猛地醒来了,急匆匆赶回家,做饭、炒菜、收拾,往沙发上一坐,无奈"周公"又找上门来,聊聊……直到现在,终究没把那些东西记下来。

  好几次，我都与一些知名作家不期而遇，崇拜他们的作为，佩服他们的文采，惊叹他们的坚持，渴望他们的高度。但我一直徘徊、茫然、不解：都说"近朱者赤""人以群分"，我怎么就没被感染呢？

  感谢几位主讲嘉宾，话语朴素，平易近人，用真诚、真心将自己的知识经验倾囊相授，三天的夏令营时间虽短，实有"听君一席话，胜读十年书"之感。尤其要感谢湖南教育集团策划和组织这次活动，为我们一线老师提供了一个交流的平台，没有你们的付出，就没有我们这次"幸福的相遇"。

  心中萌生了许多念头：重拾那份失落的"爱好"，记录我的所思、所想、所感。

塑造"五型"班主任

一是"母爱型"。"老师像妈妈"这句话充分体现了母爱在孩子生命中的重要性。作为一名教师,热爱学生是自己的天职。在教育教学工作中,教师对学生要具备母爱性的心灵,才会像爱自己的孩子一样忍耐与宽容学生,才会全身心地去爱学生。例如在生活上关心爱护、体贴和照顾学生,经常问问学生吃得怎样,睡得怎样,玩得怎样,学得怎样;帮孩子梳梳头,钉钉扣子,擦擦鼻涕,等等,鼓励孩子好好学习,分辨是非……不管优生还是差生,让学生感到在校和在家一样"母爱如影随形"。教师只有爱学生,把与学生的交往当作乐趣,才能取得学生的信任。

二是"益友型"。幼稚单纯,天真无邪,纯洁真诚,是少年儿童的天性和童心。对于教育工作者来说,爱护童心,就是设身处地地理解学生,即是消弭代沟。代沟是不同年龄层次的人在心理上的障碍和隔阂。身为班主任,就要知道学生想什么,干什么,要取得他们的信任,消除隔阂。放下架子,"蹲下来与孩子对话",这是著名的教育家于永正老师的一贯做法。因为"蹲下来与孩子对话",孩子们才会把你当知己。在学习之余,教师常与学生交流生活中的喜怒哀乐,分享生活中的快乐与忧愁,为他们排忧解难。让学生把教师当作自己学习、生活中的好朋友,在教师面前无话不说,无事不谈。

三是"活泼型"。在教育教学工作中,教师要保持良好的精神风貌,以饱满的热情面对学生。教师在学生面前是长者,是朋友,还要保持一颗童心。课堂内教师用充满童稚的语言感染学生;课堂外,教师可以带着童心与孩子们一起跑步、跳皮筋、做游戏……建立一种亲密的师生关系,用童真的行为影响学生。

　　四是"幽默型"。语言是我们人类所特有的用来表达感情、交流思想的工具。新形势下的教师要讲究语言的艺术性,教师在评价学生时,善于使用幽默、诙谐的语言,会提高教育的效果。"人非圣贤,孰能无过",作为正在成长中的学生也不例外,教师要正视孩子的行为,避免讽刺、挖苦,以免给孩子的心理留下阴影。例如,班上某个孩子不讲卫生,如果教师直截了当地批评他,会让学生很不舒服,假如教师面带笑容地说:"哎呀,咱们班怎么来了一只猫呢?"这样既会让这位学生乐于接受,又会逗乐其他人。无形中让这位学生感觉不好意思,以后自觉改正。

　　五是"学习型"。常言道:人活到老,学到老。"要给学生一杯水,教师就要有一桶水"的做法已不能适应新的教育理念,作为新型教师,要给学生一杯水,教师就必须不断地学习,授给学生"取水"的方法,让学生有"取之不尽,用之不竭"的水。也只有这样,教师才能创造性地使用教材和教法,让学生不断地对学习有新鲜感,有强烈的求知欲。

浅谈"绿化式"批评

新的教育理念要求"教育要为孩子的终身发展服务",让学生在平等、和谐的氛围中学习与成长。然而,在实际的教学工作中,学生犯错是在所难免的。当学生犯了错误时,有些老师因不能控制自己的情绪,会用漫骂、体罚等一些粗暴的方式批评学生,导致有的学生不但不知悔改,反而对老师产生厌恶情绪,更为严重的是学生因自尊心受伤而破罐破摔。

人们常常把教师喻为"园丁"。其实教育学生就如园丁把环境变美而经过绿化和保护那样,学生的心灵也可通过"绿化"来变美,笔者把它称作"绿化式",即批评中要照顾到他们的尊严和人格,以文明而智慧的方式"绿化"他们的思想,让学生改邪归正。那么,对犯错的学生如何进行"绿化式"批评呢?

一、调节好批评中的"适宜的温度"

在学生的错误中如有必要实施批评教育的,教师在使用批评时要晓之以理,动之以情,语言要充满真诚和真情,体现对学生的关心和爱护,让学生感到自己的话"温度"适宜,愿意接受。如某男生总爱欺负女生,并出言不逊。于是,比较"感情化"的班主任用"将心比心"的方法找他谈心。由于老师当时的话既不火爆也不冰冷,犹如春雨"润物细无声",把握好了批评中适宜的温度,让这位学生感到了从未有过的温暖,学生便决定改掉恶习,不再让老师操心。

二、把握好批评中的"韧度"

"不痛不痒""火急火爆"这是老师批评学生的语言中易走的极端。长此以往,学生的思想容易疲软。如能将二者进行综合一下,尽力做到柔中有严,严中有爱,就可以达到既能让犯错的学生受到谴责,又能避免让他产生逆反心理的效果,这就是批评中的"韧度"。有一个学生上课经常迟到,理由不是今天头痛,就是明天发烧。班主任多次好言相劝,他当挠痒;严厉处罚,他就犯倔,惹得老师非常不满。没想到他最终被新接任的班主任"开化"了。在他又一次迟到时,这位新任的班主任抚摸着他的肩膀说:"反正已经迟到了,同学们也会原谅你影响课堂秩序,还在乎这几分钟吗?瞧你跑得上气不接下气的,若摔伤了身体或跑岔了气,耽误的就不是几分钟了,以后你能准时到最好,不能准时就算了,保护身体最要紧。"话语虽平,分量却不轻,柔中有严,严中有爱,这样刚柔并济,使批评有了"韧度"。如此一来,学生还倔得起来吗?

三、注意批评中的"风度"

无论学生怎样违反校纪校规,也不管出发点有多不好,作为老师都要守好情感的"闸门",把握好言语的分寸,做到言行文明,不能对学生进行打骂或"语罚"。为人师表,就要展示老师的形象和风度,粗俗、野蛮只能体现老师的无能和无知,且极易伤学生的自尊,达不到目的。一次数学课上,有两个女生看《故事会》,老师非常生气,把这两个学生告到了班主任处。班主任强压住心中的怒气,很平静地说:"你们真聪明,深知'最危险的地方是最安全的地方'啊,可是,你们错过了学习机会,想想今后走上社会时,可就不能靠天天看《故事会》小说之类的过日子了。那时,若你们在工作时干别的,恐怕就没有人纵容你们,而是会'放你们的学'了!"两个女生脸红了,自觉地承认了错误。倘若老师暴跳如雷，恶言中伤，那学生该多伤自尊，老师也显得没涵养！这正是克制激情，注意言行，注意批评中的"风度"的好处。

四、擅用批评中的"灵度"

批评学生，难免会出现信息不准确、方式不恰当，考虑欠周到，导致批评错了的情况。这很容易出现不是委屈了学生就是让犯错的学生"逍遥法外"的情况，这样教育学生容易产生负面影响。为避免或减少这些情况，老师在批评学生时就要随机应变，巧妙应对，使批评有"灵度"，不至于冤枉学生或老师自己下不了台。有位六年级的班主任就曾经经历过类似的事情。有位爱打架的学生出了名，班主任多次苦口婆心地教导，这位学生也决定痛改前非。然而，他的决定不过两天，就又鼻青脸肿地被同学们挽回教室，跟班主任碰了个正着。"这才好了几天？"班主任有些灰心地说。哪知有一位同学说这是他在上学路上斗一个欺负女生的社会小混混儿伤的。老师有些尴尬，但随后又说"不过，你的毛病变得可爱、可敬了。但愿你今后都会像今天这样见义勇为。那时，我们班就出了一名小英雄了"。一句话，将自己的失误轻描淡写地遮掩过了。

如何批评学生才能取得好的教育效果，在一定程度上是广泛而深邃的、综合的，它需要我们广大教师进一步去开拓，去加深研究和探索。绿化环境需要园丁精心培育、付出辛劳，绿化学生的心田也是如此，它需要教师有一颗关心学生、热爱教育事业的火热的心，并用这颗心虔诚地去"绿化"校园的每个角落。

"我们都不想成为'凡是'"

52班是我从一年级一直带上来的,我非常喜欢这一帮活泼可爱的学生,他们在各位科任老师那里都有较好的口碑:学习态度端正,课堂气氛活跃,自我意识、自我主张、自我控制能力强……因学生在各方面都有良好表现,52班被领导和老师们视为"重点班"。曾经有位老师在办公室很激动地说:"在52班上课真是一种享受。"

可最近两周,综合科老师经常到我这里告状:"你们班现在纪律太差,上课铃响了,教室里还闹哄哄的,甚至上课没办法安静。""我现在一点儿都不想上你们的课。"……我上课时怎么没这种现象呢?开始我对这些老师的反映有点儿不以为然,因为这几位老师本来就不太负责任,我心里老觉得他们是想借此打击我。一个老师连课堂纪律都不能驾驭,还配当老师吗?

下午第一节课,英语老师走到我办公室门口气愤地嚷道:"周老师,你们班的课我没法上了。"我赶紧放下手中的活儿,随她一起来到了教室一探究竟。

教室里像炸了锅:嬉戏打闹的、随意走动的……见我到来,一个个像老鼠见了猫一样,教室立刻恢复了平静。那一刻,我很激动,恨不得从中揪出一两个"杀鸡儆猴",但我还是理智地保持冷静。说实话,老师没能驾驭课堂,也不全是学生的错,而那一刻,我真的没辙,在讲台上一声不吭地站了两分钟,才冷冷地、轻描淡写地问了一句:"想干什么呢?"只见学生一个个低着头不出声,迅速从书包里拿出英语书,摆在桌上。为了不耽误英语课,我让英语老师先上课。我知道自己不是没有责任,最近老是出公差,对于班级管理有些疏忽。

下午放学,我像往常一样,没讲什么。因为我还在气头上,如果这时讲英语课的事,我怕自己控制不住,会说出什么伤害他们的话。放学时,学生都很得意,以为我不再追究他们了。

第二天上午第一节课,我随着铃声走进教室,没想到昨天下午那一幕又上映了:教室里闹哄哄的,铃声似乎没起到它的作用。

我走上讲台,学生才开始陆陆续续准备上课的书本。我还是一声不吭地在教室里走了一圈儿,然后严肃地说:"近来老师经常出公差,对你们关注不够,这是老师的责任,我以为,你们能做到自律,但我太自信了。上课前,我想送给你们几句话,还希望你们能回答我一个问题。"全班学生这才安静下来,只是一个个低着头,不敢正视我。

"凡是上课不听讲的,成绩就不好;凡是上课爱讲小话的,成绩一般不好;凡是上课前没看到老师就吵吵闹闹的成绩就不好;凡是……"于是,我对着全班学生一口气不知说了多少个"凡是","对照'凡是',看看自己属于哪一类,你觉得老师会喜欢哪一类?"

全班学生都低着头,不出声。没想到还真奏效,课堂上,提问时,发现举起的小手多了,答问的声音洪亮了,写练习的速度快了……

下课时,我对着大家开了个玩笑:"今天的课好像有点儿不一般。"

"我们都不想成为'凡是'的一类。"几十张嘴不约而同地答道,脸上还带着诡秘的笑容。

我偷笑着向办公室走去。

表扬卡

自从踏上讲台，我就一直担任着班主任的职位，因为我的工作态度和工作热情，受到了许多领导、同事、家长的好评，自认为管理班级是"有两把刷子"的，经常被同事拉着"传经授道"。

然而，随着工作环境和教育对象的改变，我的那些注重对学生进行精神鼓励的方法似乎不太管用了，或者说，太老套了。在这个高科技信息飞速发展的时代，学生受家庭和社会大环境的影响都与时俱进了，以前我会的学生们都会，可学生们会的我就不一定会了，因此我带的班级纪律、学习等方面并没有我想象中的那么好，为了挽回这种局面，我不得不翻阅许多理论书籍，但那些只能是纸上谈兵，在实际的工作中真派不上用场。后来，在家长的建议下采取对表现突出的学生进行物质奖励，开始还管用，时间长了，学生也觉得不稀罕了。我自己都感到有些"黔驴技穷"了，甚至有了卸下"班主任"这个头衔的念头。

寒假期间，一个偶然的机会，我陪朋友去一家打印社输一份材料，在废纸堆里，一张印着"表扬信"的纸张跃入眼帘，我好奇地将它拿起仔细阅读，那是一位老师写给一个学生的表扬信。

"同学：因你……"

"唉！这样做说不定……"一种职业的本能在我的脑海里顿时闪动着，"如果在班级管理中采用发'表扬卡'的形式，班上的情况也许会有些好转吧？"

回到家里，我开始琢磨如何设计"表扬卡"。经过几番考虑，我决定用红色的卡纸这样设计"表扬卡"

表 扬 卡

同学：

　　因＿＿＿＿＿＿＿＿＿＿＿＿＿，特此表扬，以资鼓励。

苏仙区白鹿洞小学 52 班
年　月　日

学生的表现无论是在家还是在校，如有凭有据，就能拿到"表扬卡"，期末作为评"三好学生"或"优秀学生"的依据。用什么方法把"表扬卡"发到学生手中，但又必须让学生觉得要拿到"表扬卡"不是那么容易呢？开学时，我把"表扬卡"的设想在班上宣布了一下，并让学生以小组为单位制定"班级公约"，选取最佳方案，最后定下来，我用班会的时间宣布了方案的内容，并在"校讯通"发布消息，以征得家长的配合。

本学期第三周，班里正式启用了班级"表扬卡"。此后，我发现，早上到校后，教室里没有聊天的了；上课铃响时课前准备早做好了；上课举手答问的多了；作业没有缺交的了；以前觉得只要学习好就能评"三好学生"的一些优生也有了危机感；教室卫生明显干净多了……

这几天晚上不断地有家长打来电话：

"老师，我孩子说他今天举手回答问题，获得'表扬卡'了。"

"老师，我孩子一回家就在写作业，没要我操心了。"

"老师，我儿子近来早上一起来就晨读。"

"老师，我孩子最近的个人卫生好多了。"

……

"当小女孩醒来，发现……"

今天语文课刚讲完《护士妈妈》最后一个部分，牛榆雯一边高高举着小手，一边说："老师，我有个问题。"

"哦，说说看。"

"当小女孩醒来发现陪她的不是妈妈，她会怎么办呢？"她一副非常认真的样子。

"这个问题问得好，我们都想知道，后面会发生什么事。或许……或许……谁愿意来说说。"我的话音刚落，教室里便炸开了锅，看着孩子们兴奋的样子，我索性不出声，让他们痛痛快快地说个够。我趁机在小组间走走，想听听孩子们说的是什么，可是太闹，一句也听不清。大约 4 分钟后，我叫孩子们停下来，他们却有些意犹未尽。

"别着急，我知道你们有很多种说法，这样吧，请拿出日记本，把自己刚才说的话……"

"写——下——来！"没等我说完，这些家伙便不约而同地接了我的话，似乎早就"预谋"好了。

"那好，给大家 20 分钟的时间。"我把没讲完的内容停下来，干脆来个趁热打铁——续写练笔。

教室里立刻安静下来，只听得"沙沙沙"的笔尖触纸的声音，每个孩子都认真地写着。

10 分钟过去了，已有孩子把手举起来。

15 分钟过去了。小手陆续都举起来了，我扫视了一番，平日里大字不识几个的曾宇、胡岑和有听力障碍的李河君都举手了。看着 70 只小手，一个也不少，我心中一阵窃喜。

接下来便是汇报。我足足用了一节课的时间，让每个孩子都说了一遍。他们个个振振有词，还十分动情。听完孩子的汇报后，我的眼前变得模糊了：这分明是孩子们在吐露自己的心声。下课后，我静静地坐在办公桌前，在脑海里把课堂上的情形梳理了一下，大致可分为五种。

第一种：写小女孩醒来后，发现身边的"妈妈"是护士，哭着要妈妈，爸爸费尽心思终于找到了妈妈，看到生病的孩子，不忍心扔下孩子不管，与爸爸商量复婚。最后一家过着幸福的生活。其中段博财、王景民、王芊芊的最为感人。

第二种：写小女孩醒来后，发现身边的"妈妈"是护士，爸爸告诉她原因后，小女孩又一次陷入昏迷状态，无奈的爸爸只好通过各种渠道寻到"妈妈"，就在大家束手无策之时，"妈妈"出现在病房里，在"妈妈"的呼唤声中，小女孩又一次从昏迷中走出来。

第三种：写小女孩醒来后，发现身边的"妈妈"是护士，爸爸立即讲明真相，告诉小女孩要学会感恩，并告诉她，妈妈出国了，这会儿回不来，小女孩很懂事，不住地跟护士说"谢谢"。

第四种：写小女孩醒来后，发现身边的"妈妈"是护士，问爸爸，妈妈为什么不来看自己？爸爸告诉小女孩，妈妈跟爸爸离婚了，有了自己的生活，不好去打扰她。再说，小女孩已经在慢慢长大，总是要离开父母的，不要总是让父母陪着，要学会自强自立。后来，小女孩听了爸爸的话，有了出息。

第五种：写小女孩醒来后，发现身边的"妈妈"是护士，嘴里喃喃着：妈妈能回来多好！

其中段博财、王景民、王芊芊属第一种,他们生活在单亲家庭,迫切想得到父母的关爱。写第二种的比较普遍,那些孩子基本上是每天跟父母生活在一起。写第三种的有赵碧霞、李文杰、张璟筠,赵碧霞的父母离异了,父亲去了缅甸打工,一年回来两次,她长年跟着爷爷奶奶过,但孩子很懂事,从没抱怨,对爷爷奶奶非常孝顺,可她非常想像其他孩子一样有父母的呵护。李文杰的母亲和张璟筠的父亲常年在广州打工,孩子想能跟父母一起开心地过日子。写第四种的只有廖俊。这个孩子的想法很健康,说明平时家长总是在教育自己的孩子要如何如何做,才会让他有如此的想法。而写第五种的是胡岑,这孩子从小就没了父亲,没了母亲,跟着爷爷奶奶长大。今天他在本子上只写了简短的一句:"妈妈能回来多好!我也想有个妈妈。"

"母亲的心是儿女的天堂。"没有了天堂,孩子们还会有什么呢?我不知道他们的父母如果此刻听到这些,会是什么感受?不知道他们的父母有没有跟孩子交流过类似的问题,也不知道他们的父母有没有真正地关心过孩子,更不能想象单亲家庭的孩子,心理承受能力有多大?

我知道,我们做教师的不但要教书,还要育人,眼下孩子的心理问题令人烦忧。我想,一个班有这样的问题,那么,一个学校、一个县区、一个市……还有多少孩子有这样或那样的问题呢?不解决孩子们的心理问题,"少年强则国强"又将从何谈起呢?

感谢提问的孩子,让我听到了大家的心声;感谢所有的孩子,把我当作最信任的人,让我与你们走得更近……

第三章 课题研究

勤琢心灵石,
方圆任汝驰。
抱真须用意,
收获正逢时。

城中村小学学生学习现状的调查分析

城中村是一个特殊的区域,城中村居民是一个特殊的群体,城中村学校的学生是一群特殊的教育对象。随着我国城市化进程不断推进,我们必须关注城中村学校学生家庭文化背景、学生学习态度和学习成绩。我校地处中心城区,行政隶属镇村管理,属于典型的城中村小学,生源主要是来自城中村的农民和外来人员的子女。外来人口大部分是脱离了农业生产、携家带口进城务工、经商的农民,他们居住在房租较低廉的城中村。这样的家庭环境、家长的文化程度以及他们对子女的关注度给孩子的学习态度、学习成绩会带来哪些影响?据此,我们开展了"学生学习现状的调查分析"。

为了掌握第一手资料,我们对我校1—6年级学生的学习现状作了一个调查分析,从每班抽取学习态度、学习成绩最优秀和最差的学生各5名,组成优生组和差生组各50名,对他们家长的文化程度、家长对孩子的关注度和对孩子的期望值进行分析,得到表一、表二、表三的数据。

表一　家长文化程度情况以及对孩子采用的教育方式

教育方式＼家长文化程度（百分数）	小学及以下	初中	高中或职高	中专以上
打骂训等过激的行为	70.5%	44.3%	12.5%	6.1%
口头说理	15.2%	18.4%	32.2%	35.6%
以身作则	9.8%	29.4%	31.2%	32.8%
生活事例教育	2.7%	7.7%	24.1%	26.5%

表二　家长对孩子的关注度

家长关注的内容＼了解程度（百分数）	不了解	不太了解	一般了解	比较了解	非常了解
孩子生活方面的兴趣爱好	13.8%	21.3%	20.2%	34.1%	10.6%
孩子的语文、数学的学习成绩	25.8%	27.1%	17.9%	18.1%	11.1%
孩子的家庭作业情况	8.4%	11.6%	15.2%	34.5%	30.2%
孩子在校课余活动（学习以外的活动）的情况	5.0%	14.9%	24.3%	37.2%	18.6%

表三　不同家庭环境家长对孩子的期望值

百分比　　居住环境　　家长的期望值	跟父母住	跟爷爷奶奶、外公外婆住	寄养在亲戚家	住学生服务社
孩子只要健康就好，学习无关紧要	8.01%	8.64%	8.8%	8.5%
只为完成义务教育	9.36%	10.96%	11.6%	9.4%
会识字、会计算即可	5.45%	10.4%	8.7%	7.9%
知识改变命运	34.09%	27.5%	25.9%	31.7%
学会做人	33.09%	30.3%	31.2%	32.4%
心智健全	10.00%	12.2%	13.8%	10.1%

表一显示，采用简单的打骂训斥等过激的行为对孩子进行教育的家长比例较大，父母受教育程度越低，采用打骂训斥的行为越多。其实，父母亲的行为对子女潜移默化的影响往往胜过任何的口头说教，很多家长并没有意识到这一点，自己言行不一致，使得自己失信于子女，自然也难以在家庭教育中树立威信。能够以身作则和用生活事例教育孩子的家长大多是受过高中教育或者中专教育的家长。家长受教育程度高与采用较好的教育方法两者之间成正比例。

表二显示，由于居住在城中村的孩子的父母大多都没有固定的收入（从事个体经营和打工一族的父母总数占到了55.3%，父母无职业的也占到了40.4%），打工一族无暇顾及孩子的教育，还有的长年在外打工，孩子寄养在亲戚家中或由爷爷奶奶、外公外婆带养。因此，在对孩子的教育方面，他们不可能投入过多的

时间、精力和财力，从表二的数据可以看出，家长对孩子的关注相对受到影响。

表三显示，城中村部分家长对子女的期望值不高，使得他们的子女中不少人缺乏明确的人生目标。最直接表现就是学习动力不足。一位六年级的班主任老师谈到，他问一个经常逃学的学生："你现在不好好读书，家里又没田可种了，你将来吃什么？"学生脱口而出："那有什么关系，反正我家里有房子出租。"学生的表现，反映了家长不正确的期望值，不利于学生健康成长。只有少数家长会对孩子进行人格和心理教育。

另一方面，从下表数据看出，37.5%的家长认为孩子应该"品学兼优"，认为"健康第一"的家长占28.9%，说明多数家长已经认识到德育是家庭教育的首要任务。而25.4%的家长认为孩子应当"成绩第一"，存在"重智轻德"的教育观念，这部分家长专注于子女升学而忽视子女的品德发展，已经构成素质教育的最大障碍。同时，从表中可以看出，有8.2%的家长不重视对孩子自理能力的培养，这说明家长虽然自己很辛苦，但还是把培养孩子的目标放在学习方面，忽视了孩子的自理能力培养。

选项	学习好、听话、懂事	身体好，不惹是生非	爱劳动、自理能力强	品学兼优
所占%	25.4%	28.9%	8.2%	37.5%

建议

怎样才能改变学生的学习现状？我觉得可从家长自身和学校两方面配合进行尝试解决。

一、家长方面

1. 身为在城务工人员的家长，要努力克服自身困难，以高度的责任感和使命感担负起教育孩子的重任。

2. 身为城中村居民的这部分家长,要不断增强公民素养意识,树立生存危机感,改变新的"读书无用论"的思想,积极配合学校,做好育人工作。

3. 家长要克服困难,加强自身修养,采取一切补救措施,不断提高自身素质,掌握科学的教育理论和方法,用自己的言谈举止感染和教育孩子。

二、学校方面

学校应做好对家长家庭教育的相应的帮助和指导。首先学校要把家庭教育指导工作列入正常的教育议程,加强对家长的家教指导,如:传授家庭教育的方法,规范家庭教育的内容,明确家庭教育的目标等,提高家长的家教能力,促进学校教育的全面提高。学校可以通过采取家长开放日活动、分年级或班级分层指导、班主任个别传授、聘请专家理论指导、特邀家长现身说法或经验交流、网络交流等多种形式进行指导活动,切实有效地提高家长的家教能力。其次,学校应加强师资队伍建设,提高指导教师的理论水平和业务能力,特别是班主任的说教能力。

城中村小学生家庭文化背景现状调查与分析

　　城中村是指在城市化建设进程中，已经实现非农转化的农村社区的组织，及其社会关系网络在城市经济社会关系中延续下来，从而形成一种"地处中心城区，行政隶属乡镇管理"的都市生态格局。城中村既没有城市的井然有序、文化厚重、经济繁荣的底蕴，也没有传统农村自闭纯朴、憨厚正直、相邻互助的民风。

　　我校属于典型的城中村学校，生源主要是来自城中村的居民和外来人员的子女。外来人口大部分是脱离了农业生产、携家带口进城务工、经商的农民。他们居住在房租较低廉的城中村。在教学中，我们发现大部分学生的学习习惯、生活习惯差，情感不丰富、处事态度冷漠、价值观取向多元。

　　为了获取一手材料，我们对我校1—6年级学生的家庭成员文化背景作了一个调查分析。从全校抽取了300名家长，对他们家庭成员受教育的程度、从事的职业、工作环境与性质、业余时间活动、对孩子的关注度和孩子的节假日活动等进行问卷调查，并对调查的结果进行统计和分析，得到以下表格的数据。

一、对家长的问卷调查

表一　家庭主要成员

主要成员	父母	父母、兄妹	父母、爷奶	父母、外公、外婆	母亲、外公、外婆
百分比	10%	10%	22%	14.33%	4%
主要成员	父亲爷奶	母亲	父亲	爷奶、姑叔	
百分比	11.67%	9.33%	5.67%	2%	

表二　家庭主要成员受教育的程度

称呼		文化程度				
		小学	初中	高中	大专	其他
主要成员	父亲	6%	60.67%	29.67%	3.33%	0
	母亲	8.67%	59.33%	29.67%	2.33%	0
	爷爷、奶奶辈	35.33%	44.67%	10%	0	6.67% 不识字

表三　家庭成员从事的职业

从事职业 家庭成员	行政、事业单位公职	酒店娱乐行业	的士	基建	个体经商	种植养殖	土地出租	房屋出租	其他（办企业、开矿、家政等）
父亲	3.33%	14.33%	18.67%	10.67%	21.66%	6.66%	4%	10%	10.67%（其中无业6人占2%）

续表

从事职业 家庭成员	行政、事业单位公职	酒店娱乐行业	的士	基建	个体经商	种植养殖	土地出租	房屋出租	其他（办企业、开矿、家政等）
母亲	2%	25%	3.33%	0	15%	33.33%	4%	10%	37.33%（开麻将馆30人占10%，全职82人，占27.33%）

表一显示，三代同堂的比较多，其中单亲家庭的比率比较大。这些生活在单亲、不和家庭环境中的孩子普遍存在心理障碍，而生活在温馨美满的家庭中的孩子则相对心理比较稳定。

表二显示，学生父母辈的文化程度大都在初中及以上，其中"80后"居多。在家访时与家长的交谈中，了解到这些家长都很有思想，比较自我。

表三显示，很多家长进城务工后，一方面在不断丢失原有的农村朴实的特点，另一方面又不具备城里人生活水平的优势，大部分终日忙于工作，几乎无暇顾及孩子，照管孩子的重担就不可避免地落在了爷爷奶奶、外公外婆的肩上。而爷爷奶奶辈文化程度低下，许多教育案例都证明，这样的隔代教育不但严重阻碍了孩子的自我成长，导致孩子出现任性、依赖性强和生活自理能力低下等诸多问题，而且会因为孩子的教育问题引发家庭矛盾，导

致亲子隔阂，还因为文化程度不高，思想相对比较陈旧，可能在无意识间传递给孩子一些跟不上时代潮流的封建糟粕，约束孩子的思维，妨碍孩子个性发展。

另一方面，表三还显示家长以自由职业居多，其中300名家长中就有112名母亲开麻将馆，超出了三分之一，孩子除在学校的时间，就是在麻将馆生活。一次，有个学生因没完成作业被叫到办公室，当老师问他为什么没完成作业时，那孩子向老师哭诉："我不会做，爸爸妈妈要陪客户打麻将，没时间教我。"一个学生在写作文《我的愿望》中写道："我的愿望就是希望警察每天晚上到我家去抓人，这样，我就不用困扰在麻将声中，家里安静了，我就可以好好地学习了……"后来学校对家里开麻将馆的孩子都进行了一次集体谈话，孩子们都说："家里太吵，没法学习。"在这种喧嚣的环境中，成人都无法静下心做事，更何况这些未成年的孩子了。

另外，有的父母在一些服务行业打工的，都是早出晚归，一天难得与孩子聊上几句话。这些孩子在心理上渐渐出现"裂痕"，或孤僻，或古怪，或滋事挑衅，等等。他们内心渴望与父母交流，渴望得到父母完整的爱，渴望被他人关注。

二、对学生的调查

表四　家庭主要成员的业余时间活动

主要成员＼业余活动	做家务	打牌、打麻将	陪孩子玩	辅导孩子写作业	陪孩子逛书店	在家看书
父亲	3.33%	48.33%	10%	18.33%	8.67%	11.33%
母亲	53.33%	16.67%	6.67%	9.33%	8.33%	5.67%

表五　学生节假日如何度过（学生填写）

方式	父母陪同	回老家跟爷奶过	上辅导班	住在辅导站	帮父母做家务	帮带弟弟妹妹	自由行动
百分比	11.67%	20%	18%	7.33%	14.33%	8.33%	20.33%

表六　你的父母什么时候才会关注你

何种时候	每天都会关注	考试出成绩时	老师打电话时	有同学反映时	受委屈时	挨了批评时	与同伴发生摩擦时
百分比	15%	46%	10%	8.33%	9.33%	6.67%	4.67%

表七　家长对孩子采用的教育方式

家长教育方式 \ 文化程度	小学及其以下	初中	高中或职高	大专以上
打骂训斥等过激的行为	75.33%	15%	7.33%	2.33%
口头说理	12%	21.3%	29.33%	37.33%
以身作则	6.67%	27.67%	31.67%	34%
生活事例教育	6%	25%	33.33%	35.67%

家长业余活动直接反映出对孩子的关注度，真正陪孩子的不多，特别是做父亲的认为教育孩子一是学校的事，二是做母亲的事。即使有空闲时间，大部分父亲都是在牌桌上度过。我目睹了几位打牌的家长，当孩子放学去找他们时，赢了钱的就随手拿10或20元，打发孩子走开，至于孩子干什么，他不会管，于是孩子

拿着钱去花，轻者买东西吃、买玩具，严重的上网吧；手气不好的见孩子来找，便会破口大骂，孩子只好哭丧着脸走开。时间长了，孩子开始出现叛逆行为。其实，父母亲的行为对子女潜移默化的影响往往胜过任何的口头说教，很多家长并没有意识到这一点，自己言行不一致，使得自己失信于子女，自然难以在家庭教育中树立威信。

至于在家引导孩子看书的家长，他们选择的书目多数以杂志为主，跟孩子一起读书，读同一本书的比率很小。虽然比率小，但这部分家长一般是自身素养比较高，对孩子的期望也高，一般都会向孩子灌输"知识改变命运"的思想，因此有空就会带孩子逛书店、陪看书，为孩子答疑解惑。一旦孩子出现问题时，他们会采取赏识教育、到学校了解孩子的状况等一些积极的方式，帮助孩子分析原因，引导孩子正确对待。

当然，大部分家长只注重考试成绩，却忽视了孩子学习的过程，对孩子的学习状况、爱好并不太了解。他们认为，孩子的学习成绩取决于学校和老师。有的家长一个学期不会跟老师沟通一次，留给老师的电话是空号，老师去家访找不到人影。但如果他的孩子被人欺负了、受委屈了，他会到学校找老师大吵大闹。一旦发现孩子成绩不好，这些家长不会从"事"上找原因，要么采取简单粗暴的打骂训斥等过激行为或对孩子冷嘲热讽的教育方式，甚至责怪老师没教好。所有的家长都"望女成凤、望子成龙"，但每个孩子的内因和外因都不一样，成绩有好坏、起落，如果家长提出好高骛远的要求，往往会形成孩子的不良心理。

节假日期间，大部分家长会把孩子送回老家，让孩子跟爷爷奶奶过或让孩子在家自由活动。这一段时间，孩子基本上不会拿书，对老师布置的假期实践作业，家长会不屑一顾，自觉性强的孩子会认真完成，自觉性不强的会抛到九霄云外，单亲家庭的孩子多半选择住在辅导站。对孩子期望高的家长，他们会放下手中的活儿陪孩子出去转，让孩子增长见识，有的家长会送孩子上辅导班，希望孩子能通过假期的学习更上一层楼。

三、对调查的思考

怎样才能改变这种教育现状？我觉得可从学校尝试解决。

首先，学校要把家庭教育指导工作列入学校正常的教育工作议程，成立"家长学校"和"家长义工队"，宣传家庭文化氛围对孩子一生的影响重要性，传授家庭教育的方法，加强对家长的家教指导，增进孩子与家长的沟通。让家长和我们一起关注孩子的健康顺利成长，这对提高家庭教育对孩子的正面影响，注重从小培养孩子，正确引导、鼓励，培养孩子做人、做事、成才、成长，引导孩子顺利、健康成长。

其次，借助社区及社会团体力量，创造一切的机会，组织家长洗脑，从思想上切实感受家庭文化氛围、生活环境对孩子的影响，明白"种瓜得瓜，种豆得豆"的道理。

其三，学校还要加强对班主任的培训，加强班主任与家长的沟通和监督，有效促进教育的家校联合。可以设计一些家校互动的实践活动，让家长从意识到认识、从认识到行动，真正融入孩子的教育活动中来，促使家长做"学习型家长"，让家长用自己的言行举止感染和教育孩子。

城中村小学生传统文化修养培育的途径

城中村小学生传统文化修养培育是指城中村义务教育阶段小学1—6年级学生对传统文化及修养的把握和感知，通过学科渗透、校本教程、综合性实践活动等形式，以及三位一体的培育方法，让城中村的学生从实际行动上改变自己，注重并规范自己的言行举止，严于律己，宽以待人，懂得礼仪，学会正确的待人处世的方法，并具有一定的高雅的爱好；逐步养成良好的生活、学习习惯，改变生活中的陋习，促使他们在走进现代化城市的同时，融合城市气息，成为新一代带有传统文化基因的、携有本土文化的、有大都市文化气息的、具有较高文化素养的城市新型居民。

我校在研究过程中选择了三大载体：校园环境、课堂教学、教育实践活动。

一、校园环境外显传统文化

学校努力构建以传统文化为底色的学校文化，让学生时时处处接受传统文化的熏陶和洗礼。

学校首先对校容校貌进行大变身，营造环境文化氛围，在围墙上做文章。利用空白墙建立一道"中国传统文化长廊"，涉及文学艺术、传统美德、传统节日、历史名人、科技发明、地方文化、名胜古迹、教育智慧等多个方面的内容。

其次，教学楼的外墙是以"仁、义、礼、智、信"为主题的经典语录，每一层根据学生的年龄特点和认知规律确定一个主题：一楼"礼"（低年级），二楼"信"（中年级），三楼"智"（高年级），四楼"仁、义"；在上下楼的侧墙挂上《弟子规》《三字经》《论语》；教师的内墙挂上"名言警句"等。以此对学生潜移默化地进行"传统文化修养"的熏陶，先"亮"学生之眼，再"上"学生之口，进而逐渐"洗"其脑，"入"其心，最后言行对照，付诸行动。

二、课堂教学传授经典文化

一是利用每周的朝会组织全体师生进行经典诵读（《弟子规》《三字经》《朱子家训》等）。主要是由少先队大队干部轮流在朝会上教读，值周领导进行解说，并对照师生在上一周的表现进行小结。

二是利用课堂教学这个主阵地，在课程安排表上，每周安排一节经典诵读课，学习我国传统文化的精髓。课前"习惯养成教育"以传统文化内容为主，并组织以"传统文化在各科课堂教学中的渗透"为主题的"教学比武"，促进师生共同提高。

三是每周开设一节"校本教材"课，低年级诵读和践行《小学生必读必行三字经》，在反复诵读中逐步养成良好的行为习惯，通过一个学期的学习和实践，低年级的学生养成了有礼貌、有秩序、懂得谦让、与同伴和睦相处、热爱学习等好习惯，得到了家长的认可和大力支持。

中高年级诵读和践行《和孩子一起成长》，利用中外名人故事、名家名篇对学生进行熏陶，从而逐步规范自己的行为习惯，并要求中高年级的传统文化课每次都有家长到课堂，让家长明白传统文化内容进课堂的重要性。

四是利用大课间的时间，学会几套与传统文化有关的手语操，如《弟子规》《三字经》《感恩的心》和《中华武术操》。

三、教育实践活动渗透传统文化内容

1. 联动家长与学生、学校。父母是孩子最好的榜样，要让生活在城中村的孩子接受传统文化的熏陶，首先家长把"样"做好。我校结合郴州市开展的"三创"活动，组织了一次大型的"文明礼仪伴我行——小手拉大手"教师、学生、家长签名活动；聘请市图书馆徐文华老师担任学校传统文化修养宣传校外辅导员，在学校进行一次"感恩"教育活动，学校全体教师、家长、学生一起参加，鼓励家长积极参加到活动中来。这样，可以拉近家长与老师之间的距离，化解一些不必要的矛盾，无形之中给孩子做了榜样。同时也可以促进家长对"家庭教育"的重视，提高教育的幸福指数。

2. 携手"百善堂"。我们经常与郴州"百善学堂"进行经验交流，每期都请百善堂的专家、老师到学校进行传统文化修养家校互动的宣传，并向教师、学生及学生家长做大量的宣传工作，让他们的思想、行为尽快融入"传统文化"教育之中。让家长们在活动中受到启发：教育孩子不单单就是老师的事。

3. 打造班级特色。由班主任根据本班的班纪班风，从《弟子规》《三字经》等经典中选取一些内容，作为本班放学、路队、课堂组织教学的口号，手抄报、黑板报的主题既要与传统文化有关，又要体现班级的特色，有意无意地让学生时时提醒自己，规范自己的行为习惯。

4. 读写并行。定期开展教师、学生及学生家长经典诗文诵读、赏析活动，组织家长、教师、学生参加一些与"传统文化"有关的公益活动，并要求教师、学生及学生家长一起进行写读后感比赛。

5. 联手社区。与社区经常组织学生到"特殊学校"去感受残疾孩子身残志不残的坚强意志，到"福利院"去感受生活在父母身边的幸福，到"敬老院"去奉献自己的孝心，到公共场所去验证自己的言行。

城中村学校转型后教师核心素养提升的途径

随着城乡一体化的进程日益提升,许多城中村的小学校逐渐整合改造、转型,成为市区直属学校。而以往作为乡办或村办小学的城中村学校,教学管理边缘化:教育资源的配备很不齐全,对学校教学管理、教师的专业素养也没有很多过硬的要求,导致了教师对教育前沿的信息不灵、学习交流少、学校文化氛围滞后等多方面的劣势,影响和制约着教师专业素养的提升,导致大部分教师根植"做一天和尚撞一天钟"的思想。转型后,虽然学校办学条件逐步得到改善,但部分教师对突然"连升两级"的学校管理体制还不能适应,其教学观念、教学手段等依然是"穿新鞋走老路",思想还停留在原来的层面上。要改变这一现状,学校必须采取一些有效手段,多措并举促进教师的核心素养提升。

一、学习反思更新观念。城中村学校转型后要减少与原城区学校的差距,发展是必然的,全面提升教师核心素养势在必行。通过筛选一些适合城中村学校转型后教师核心素养提升的内容,先给教师"洗脑"。

1. "请进来"。聘请省市有关领导和专家进行理论指导,组织研究人员学习当前课题的研究现状以及与课题类似的相关理论,把学习的心得和反思反馈到课题组,做到群策群力,为课题研究献计献策。

2. "走出去"。鼓励教师参加各级教育部门组织的各种活动,每次活动完，让教师撰写心得体会，或"复制"现场，让老师们一边学习一边对照自己的德能勤绩进行反思，每个人认识到自己的优点和不足，以便"对症下药"。同时，把这项工作作为教学常规考核评优的依据，这样教师会逐渐感悟到学有所获，教有所思，思有所创。

二、**校本研训铺平台**。校本研训，基于学校，在学校中，它将教学研究和培训的重心下移到学校，以课程实施过程中教师所面临的各种具体问题为对象，以教师为研究主体，理论和专业人员共同参与。研训的形式主要有专业引领、同伴互助和自我反思，也就是通过理论学习、专家辅导、合作研讨、集体备课、教学反思等手段使研训工作落到实处。它的初级目标是促进教师的专业化成长，提升教育教学水平。

校本研训在学分管理中全年占有 24 分，把这 24 分全部分布在学校各种活动的参与登记中，并通过严格的管理制度促进教师全程参与，形成一种习惯。有了习惯，其实就有了进步。

学校可把每周例会开始前的半个小时用作校本研训活动时间，由教研室统筹安排定时间、定主讲人，也可采取分学科组的形式进行，让老师们利用这个平台分享教学得与失，针对问题讨论解决办法，学校给主讲的老师发"聘书"。在"聘书"的驱动下，可以点燃一些教师心中尚存的一丝激情，把握住这个机会，享受"台上发言"。其他老师在这些教师的带动下，也会产生意愿，学校便顺势推波助澜，开展评比活动。教师们在激励机制中逐步改变了观念，从"不愿"到"我想"再到"你追我赶"。

这样理论指导下的实践性研究，既注重解决实际问题，又注重经验的总结、理论的提升、规律的探索和教师的专业发展，是保证课题研究向纵深发展的新的推进策略。

三、**成长规划明方向**。由于原来的学校在管理上比较松懈，教师们习惯了安逸度日，对自己的专业成长没有太多的期望，每天除了上课、改作业，就找娱乐活动；还有一小部分教师有成长愿望，但朝哪个方向成长，完全不知。开展课题研究，就可以课题研究为契机，每位教师建立一个成长档案袋，做好一个有梯度规划的三年成长档案，根据成长档案步步为营。

首先，要求课题组严格按照区局常规要求做好教学常规工作。把未转型时教师们认为教学常规没有什么资料可整，一本常规本写得稀稀拉拉、听课本随意写、学习笔记本想写几个字就写几个字，写个计划就是剪切、复制、粘贴，从来不会去管内容是什么等消极行为彻底根除。

其次，做好"五个一"，即上好一堂公开课、写好一篇高质量的教学论文或教学反思、做好一个高质量的教学设计、提出一个教学问题、分享一次教学成果。日常上课做到有课必备，有课必上，有疑必究。

老师们有了自己的成长方向，朝着自己的规划步步向前迈进，在循序渐进地完善常规资料中工作。

四、师徒结对共发展。教师的成长是一个连续性和阶段性相结合的过程，教师培养提高工作既是对教师成长的鞭策，也是对学校培养新教师工作的督促。师徒结对工作让年纪大的老师和青年教师在教育教学中进行互补，师父给徒弟上示范课，徒弟在学校上展示课，并设立年终评选"名师育高徒"，有效促进了教师的积极性。同时，也激发了一些未参与课题研究的老师的积极性，在师徒研课、磨课等的过程中，教师的课堂教学素养逐步有了提升。对主动申请上示范课、支部对接送课，新进教师展示课的老师颁发"优秀示范课""优秀指导老师"的证书。同一系列的活动，不但可以优化教师师资队伍，提高青年教师师德师风、师能师技等教书育人本领，还能充分发挥骨干教师的传、帮、带作用，促进青年数学教师快速、健康成长。积极的教育教学氛围，也有效地促进了学校教育教学质量的提升。

五、城乡联教找差距。为了让教师的素养进一步得到提升，不能坐井观天。与老城区学校的差距到底有多远？与乡镇学校相比又前进了几步？

一方面可与市内教学强校手拉手，学习他们的先进理念，组织教师到强校参加研课、磨课、赛课等教研活动，让教师们在耳濡目染中去感受教学研讨的氛围，并举行各种形式的"教学比武"，邀请强校一些知名教师到学校了解课堂并指导点评。通过这样的活动，让教师找到自己在专业素养方面的差距，激发教师学习的欲望。

另一方面为了有效促进城乡校际交流，建立互帮互助的教研模式，增强一线教师的教学教研意识。利用学校党支部对接的乡村学校，开展"青年教师教学沙龙"活动，不但能加强交流，实现互动双赢，还可以通过两校的相互协作、深度合作实现两校教育事业的共同提高，促进教育均衡，有效地引导教师"摒陋习、学先进、争模范"的热情。

六、教学比武展自信。因专业素养止步不前，"教学比武"犹如谈虎色变，很难适应新时代教育环境。开展主题式教学竞赛，如信息技术融合课堂"教学比武""读书交流活动"比武、教学片段说课等竞赛，通过开展有目的的竞赛活动，能增加老师们的自信。学校设置文化长廊，把各种教育教学活动做成文化墙，让教师的美好形象展现出来。"不愿参加赛课、不敢参加赛课"的局面打破了，出现老师们争着要参加赛课，说明教师的课堂素养在逐步提升。

七、支部谈话树师德。长时间以来，城中村的大部分教师为人民服务的宗旨观念有所淡薄，思想观念和思维方式缺乏与时俱进锐意进取的精神，对政治学习和业务学习持无所谓的态度，自律意识淡化。开展课题研究，可根据课题分工，由学校党支部书记和德育校长定期找老师谈心，及时掌握教师的思想动向，了解教师的心声，为教师排忧解难，定期组织工会活动彰显教师团结协作精神。正所谓"国将兴，必贵师而重傅；贵师而重傅，则法度存"。

八、经验总结促提升。撰写论文是老师们最怕最不愿的事。有的老师在教书生涯中根本没写过论文。学校采取"就地取材""抛砖引玉"的方式，让学校里有经验的老师向老师们讲授怎样写论文，另一方面鼓励老师将自己日常做法、教学中的困惑写成文字，激活学校教育教学研究的热情，教师不但提高了课堂教学能力，还学会了总结教育教学中的得失，把可贵的得失变成了经验推广。每学期的期末，将全校教师的教学反思、教学日记、教学论文、教学交流等稿件整理成册，印发到每个老师的手中。同时，将在上一级教育主管部门获奖的证书搬上荣誉墙，让教师的自尊与自信心得到了慰藉，苏赫姆林斯基说："自尊感是一个人的荣誉感、名誉感、健康的自爱心的最强大的源泉之一。"这样的奖励，让教师们感受到：鲜花和掌声的背后，都凝聚着辛勤的汗水。

教师执教和引导能力观察调查与分析

2013年11月至12月,我校课题组对课题组的老师进行了两次教师引导能力观察调查,对六节课都进行了课堂实录,并分别采录了"交流前"和"交流后"的相关数据(见表一和表二)。

表一 教师执教和引导能力观察调查表(交流前)

授课教师姓名	讲解 次数	讲解 有效率	发问 次数	发问 有效率	评价 次数	评价 有效率	示范 次数	示范 有效率	处理生成 次数	处理生成 有效率
A	10	30%	15	30%	5	40%	2	50%	1	0
B	9	55%	8	50%	8	62.50%	4	75%	2	50%
C	13	46%	8	37.50%	4	50%	1	0	0	0
D	12	42%	9	22.20%	2	50%	1	0	0	0
E	10	40%	8	37.50%	3	33.30%	1	0	1	0
F	14	25%	6	33.30%	2	50%	0	0	0	0

表二　教师执教和引导能力观察调查表（交流后）

授课教师姓名	讲解次数	有效率	发问次数	有效率	评价次数	有效率	示范次数	有效率	处理生成次数	有效率
A	6	60%	8	50%	8	87.50%	4	75%	1	100%
B	4	80%	5	60%	10	90%	4	100%	2	100%
C	8	60%	6	60%	8	75%	3	67%	1	100%
D	8	50%	7	50%	6	83.30%	3	67%	2	50%
E	8	60%	6	60%	8	75%	2	50%	2	100%
F	10	60%	6	50%	6	67%	2	50%	1	50%

调查表的数据可以清楚地展现被调查的六名教师在交流前后的变化。下面，我就"教师在课堂中的评价"进行分析。交流前，除了 B 老师的评价语有效率稍微高一点，其他教师的评价语极少，特别是 D 老师和 F 老师，一节课中只有 2 次，而且十分勉强（我想：如果我们不在旁边听课，或许一句都没有）。而且，其他几个老师虽然多一点，可有效率不高（见表一），主要体现在：一是教师往往是口头评价为主，缺少体态语的有机结合，导致课堂及时评价比较呆板，缺乏灵气，感觉授课教师没有全身心地投入；二是很多教师把课堂及时评价理解为仅仅是教师对学生的单向活动，学生之间、组群之间的多向立体互动评价明显不足。从表二的数据看出，交流后教师在评价方面明显有了进步，课堂投入率也在增加。

根据这一情况，课题组组织教师进行了学习，观看了我区段学毅老师的课堂评价实录，让老师们看完后谈感受，在回放各位老师的课堂实录时，思考讨论自己该在什么环节去突破，如何评价才能起到真正的作用。

课堂评价是小学语文课堂教学的重要组成部分，在人文性和工具性的和谐统一、彰显新课程"以人为本"的理念中发挥着不可替代的特殊作用。新课改理念关于评价有这一说法："设计评价工具，选择评价方法。"因此，课堂的有效评价就显得尤为关键。有效的课堂评价会使学生在心理上获得自信和成功的体验，在一定程度上可以强化学生的学习动机，内化学生人格，从而使学生积极主动地投入到学习状态中。我认为，在课堂评价时应遵循以下几个原则：

1. 针对性原则 在课堂中，我们发现老师在朗读指导环节都会讲同样的几句话"你读得真好！""你读得真棒！"但我们始终没听到学生读的"好"在哪里，"棒"在哪里，这样的评价没什么价值，如果教师能从标点的停顿、语速的快慢、语气的把握、情感的体现、语音的标准、汉字的准确、流利的程度等几方面给予肯定或指导，学生才能明白朗读时应该注意什么，才会促进学生的朗读水平的提高。

2. 真实性原则 在课堂教学中，有的教师由于没有认真倾听学生的答案，或一味地赏识性教育，或盲目地对学生进行赞赏，让人一听就知道老师言不由衷，从而降低了可信度。这样，表扬便失去了应有的价值。如果当学生的理解出现偏差，老师可以用婉转的方式提醒学生重新思考问题，并且适当给予指导，能使学生的理解能力、语言表达能力真正提高。

3. 引导性原则 《语文新课程标准》指出：重视语文的熏陶感染作用，注意教学内容的价值取向。在课堂教学中，往往会出现学生看待问题的价值观偏离或不正确的时候，教师的评价要有引导性，如一位老师教《狐假虎威》，教师提问："读了故事，你有什么感受？"一学生说："狐狸太狡猾了！"老师很赞赏，另一学生说："我认为这是一只聪明的狐狸，因为它能从虎口逃生。"老师也随即肯定："有道理，狐狸的确很聪明。"这位教师很尊重学生对文本的独特体验，却忽视了语文教育的基本特点，不能为强调个性化体验，而迷失了文本给予我们的价值取向。

4. 多样性原则 我认为，郭思乐教授提出的"生本理念"给了我们很好的启示，其实，新课程的理念也是要求教师在课堂评价的方式上打破教师一统天下、主宰课堂的做法，提倡开展学生自评、生生互评、师生互评相结合的多向性评价。

表三 阅读教学重点设计统计表

年级	调查（节）	侧重设计全班学生的读写背练活动		侧重设计教师讲问活动、极少设计全班学生活动		全班学生朗读时间		全班学生默读时间		全班学生动笔时间		学生小组合作时间	
		节	百分比	节	百分比	节	百分比	节	百分比	节	百分比	节	百分比
四	9	2	22.22%	7	77.80%	4	44.44%	3	33.33%	2	22.22%	2	22.22%
五	9	3	33.33%	6	66.70%	5	55.60%	3	33.33%	1	11.11%	3	33.33%
六	9	2	22.22%	7	77.80%	4	44.44%	1	11.11%	2	22.22%	2	22.22%
合计	27	7	25.93%	20	74.07	13	48.14	7	25.93%	5	18.51%	7	25.93%

我校共有10个语文教师，共有9个教师参加此活动，采取了同课异构的方法，四、五、六年级各写了一个，从整个调查过程中发现，教师们对"新课标"不太熟悉，各学龄段的要求有些混淆，学段意识不明确，导致把握不准课文教学重点，在课堂中不分轻重，所有的内容一板打，学生学习也找不到重点。

表四　阅读教学过程设计统计表

年级	调查数（节）	侧重设计全班学生的读写背练活动		侧重设计教师讲问活动、极少设计全班学生活动		全班学生朗读时间		全班学生默读时间		全班学生动笔时间		学生小组合作时间	
		节	百分比	节	百分比	节	百分比	节	百分比	节	百分比	节	百分比
四	9	2	21.23%	7	78.25%	4	40.54%	3	34.05%	2	22.33%	2	23.32%
五	9	3	20.146%	6	67.30%	5	53.60%	3	32.25%	1	12.25%	3	31.94%
六	9	2	22.36%	7	77.46%	4	45.03%	1	13.18%	2	21.39%	2	23.17%

我校共有10个语文教师，共有9个教师参加此活动，采取了同课异构的方法，四、五、六年级各抽取了一个班。

从表四可以体现，教师在阅读教学过程中，为了完成课堂教学，教师一节课讲到底，学生只管带耳朵，忽略了学生学习时的主体性；为了在形式上体现学生的自主性，教师在课堂上胡乱放手让学生漫无目的地自学，忽略了自己在课堂中的主导作用；为了营造课堂气氛，忽略了各学段阅读训练的目的、语文基本技能的训练，导致学生在表面看来是有效的课堂却所学知识甚少；为了拓展训练，偏离语文性地"荒了自家地，去种别人田"，忽略了对课文本意的尊重，忽略了在课文所体现的基本价值取向上引导学生学习语文；为了突出人文性，过分注重文本中的情感熏陶，忽略了语文工具性的特点。

为学生的"语用"架桥搭台

语文教学提倡回归"本然",通俗地说就是言语应用,那么,语文教学的根本任务必须定位在"语用"上。对于小学生来说,语文学科要掌握的文字符号较多,很多学生学习语文感到乏味,如果单一地死记硬背,就会加剧学生对语文学习的厌恶感,导致语用能力差,学习跟不上。

"兴趣是最好的老师",要激发学生学习语文的兴趣,就要为学生的"语用"架桥搭台。在教学中,我从"立足课堂、学科间相互渗透、小组合作、活动实践"几方面做了一些尝试。

首先,立足课堂。立足课堂是培养学生"语用"能力的有效途径。在小学语文教学过程中,教师除了要做好课前备课以外,还要深入挖掘语文教学的激发点与关键点,选准"语用"内容。通过触类旁通地练习仿写,模仿文章的表达方式;通过联系生活实际独具匠心再创造性地对原文进行改写、续写、扩写;通过举一反三的迁移式教学,进行"小练笔"等形式,并在课堂上积极为学生营造轻松、愉快的教学氛围,让学生敢说、敢写、敢用,实现学生语文素养的全面提升。

其次,学科间相互渗透。把语文与其他课程结合起来,让语文知识得到及时的运用,例如:让学生回家汇报自己的成绩、学习的乐趣,在各种节日布置学生访问、查找节日的来历,就当前出现的环保问题去查找原因、提出小建议,写数学日记,写实验报告,等等。

第三,**小组合作**。在教学中,为了让学生大胆地说,我充分发挥"学习小组"的作用,利用"兵带兵、兵教兵、兵学兵"的形式,采用争先评优的激励机制,调动学生的学习兴趣,在小组合作中实现"语用"的目的。一个学期之后,在课外搜集资料在口语交际课上展示,每一小组都配合得十分默契,并通过"我是一颗星"的专栏及时给予奖励。我经常组织学生参加各级的才艺大赛、习作大赛等,大大提高了学生学习语文的积极性,"语用"能力也逐步提高。

第四,**活动实践**。在实践活动中,不断提高学生用语文的能力。

1. 在各种语文实践活动中,学生获得了亲自参与实践活动的积极体验和丰富的经验,逐步形成了对自然的关爱和对社会、对自我的责任感,形成了在自己周遭生活中主动地发现问题,并独立或合作解决问题的态度和能力,养成了合作、分享、负责任、积极进取等良好的个性品质。例如:在"我能帮他(她)做点什么"的小调查活动中,"邓婷组"是这样做的:

调查对象	存在问题	我能帮他(她)做点
肖 慧	下肢瘫痪,行动不便,要爸爸妈妈背着上学,下课独自一人坐在座位上,看着大家玩。	下课后,带着我们的小组成员跟她一块玩。
马泽云	我们的小组长,又是我的同桌,每次收好作业就记不得交给老师,有时还把同学们的作业带回家,大家称他"马大哈"。	放学时提醒他把作业交给老师,改正粗心的毛病。

续表

调查对象	存在问题	我能帮他（她）做点
杨松山	字写得很马虎，因为眼睛是散光，想臭美，不肯配矫正眼镜。	收集点资料给他看，尽快戴上矫正镜。
陈雅莉	回族人，刚从甘肃转来，不太会说汉语。	我要和她做朋友。

2. 在各种语文综合性实践活动中，学生学会了从社会生活中筛选自己所需的内容，自由欣赏；学会了主动探究语言的特点以及抓住特点运用语言，学会了整合，并初步学会了将语文与生活联系起来。

例如：学了有关"春天"的内容，让学生搜集一些描写春天的诗词、好言佳句等。学生不但搜集了大量的资料，还把这些诗词用在说话、习作上。在李沛华同学的《找春天》一文中就看到了诗人贺知章的《咏柳》，在黄雅情同学的《小草》一文中，就看到了诗人白居易的"离离原上草……"等等。

3. 学生在合作学习的实践活动中，自主、协作意识不断增强，创新思维的能力也在不断提高，并在活动实践中找到了展示自我的舞台，尝试了在活动中"唱主角"的乐趣，有了表达的欲望，"语用"能力明显提高。

例如学生在搜集"环境保护小调查"活动中，几个人一组，在大街上询问、做笔记，在报刊上查找等，几个组员一个也不闲着，搜集好后，又不断地去整理……不仅找出了一些污染环境的缘由，还提出了一些可行的建议。

又如，在"再现'雷锋'"的活动中，学生有几个组合的，有单独行动的，在询问、做笔记、在报刊上查找等的同时，许多学生学会了《学习雷锋好榜样》这首歌，在整理资料后列举了许多"时代雷锋""身边的雷锋"。有的学生用手抄报来展示,有的用日记的形式来表达。从此,班上的做好事行为增多,"以自我为中心"的坏毛病得到了很大的改善。

因为学生的"语用"架桥搭台,在语文课上,学生能用普通话进行交流,还经常可以听到学生丰富的语汇。绝大部分学生在交流时大方、口齿伶俐、滔滔不绝,有时说话时会不由自主地用上一些优美的词句。

通过为学生的"语用"架桥搭台,不仅让学生从日常的学习生活中、生活环境中搜集了大量的语言信息,而且让学生在不经意中积累了语言,积淀了语感。

第四章 教学论文

字字推敲句句妍,
篇篇入梦醉心尖。
满园花卉追春去,
引领风骚三百年。

文言文中几个常见多音字的读音辨异

摘要：文言文中多音多义字的用法比较复杂，该文以"间""语""还""兴""行""说"几个多音多义字为例，阐述了多音多义字可以根据词性的不同确定读音；也可以根据多音多义字（语素）的不同构词特点来确定读音，但更重要的也是最根本的是要根据词的意义来判断字音，即遵循"多音字从义"的原则。

关键词：多音多义字；读音；从义原则

不管现代汉语还是古代汉语都有不少的多音多义字，这为人们阅读带来了一些麻烦。所谓"多音多义字"（俗称"破音字"）是指一个字有两个或更多读音，而每一读音又有其独立的意义或惯用法的汉字。倘以"字形""字音""字义"三个概念来表述，"多音多义字"就是每字一形多音多义的汉字。在实际使用中我们可以根据词性的不同掌握多音多义字的字音，如"中"字在担当名词、副词、形容词时读"zhōng"，在充当动词时读"zhòng"；也可以根据多音多义字（语素）的不同构词特点来掌握字音，如"为"字搭配"为民""为国"时读"wèi"，而搭配"以为""为难"时读"wéi"。但更重要的也是最根本的是根据词的意义来判断字音，即遵循"多音字从义"的原则。

这里，笔者从"多音字从义"的原则角度来论述几个多音多义字的读音。

《迢迢牵牛星》结句"盈盈一水间,脉脉不得语"一句中有"间""语"两个多音多义字。其中"间"读第一声时往往作名词用,表示"中间、房间、在一定范围之内"的意思。"间"读第四声时常常作动词用,表示"隔开、间隔、使…不和"之意。"语"读第三声时有"说、话、语言、谚语或古语"几个义项,读第四声时表示"告诉"的意思。联系上文诗句"河汉清且浅,相去复几许?盈盈一水间,脉脉不得语"的意义是"那阻隔了牵牛和织女的银河既清且浅,牵牛与织女相去也并不远,虽只是一水相隔的两岸,他们只能含情相视却不得相互说话"。从文意上看,"间"是"相隔""隔开"的意思,应读第四声"jiàn"。"语"是"说话"的意思,读第三声"yǔ"。王安石的绝句《泊船瓜洲》"京口瓜洲一水间,钟山只隔数重山。春风又绿江南岸,明月何时照我还?"中的"间"也读"jiàn","还"读作"huán"。诗作的含义是"京口和瓜洲只不过一水相隔,钟山也只隔着几重青山而已。温柔的春风又吹绿了大江南岸,可是,天上的明月呀,你什么时候才能够照着我回家呢?"再说,我们可以从七绝的平仄来判断。本诗属于仄起式,首句押韵,按规定的格式是"⊙仄⊙平平仄仄,⊙平⊙仄仄平平。⊙平⊙仄平平仄,⊙仄平平仄仄平"。其中的"间"属于仄声,理当读"jiàn"。而在"黄河远上白云间,一片孤城万仞山""明月松间照,清泉石上流""粉身碎骨浑不怕,要留清白在人间""朝辞白帝彩云间,千里江陵一日还""人间三月芬芳尽,山寺桃花始盛开"中,"间"读作"jiān",作"之间"解。

上面提到了"还"的读音,其实这是个备受争议的问题。《广韵》认为"还"是山摄删韵,"户关切",又音旋。在许慎的《说文解字》中,"还"也只有一个读音:"卷二 辵部 还 复也从辵瞏声户关切"按户关切,切出来的音就是"huán"。事实上，这个字古代只有一种读音，没有"hái"的读法。《尔雅·释言》注释为"还，返也"。在古诗词中当然就没有"还是""还有"的用法。其实就是在现代，稍早一点——比如20世纪五六十年代，也只有一个读音，没有"hái"这个读音。后来才赋予"还"两个读音。当它读hái时，是副词。有几个义项：①表示现象继续存在或动作继续进行；仍旧。②表示在某种程度之上有所增加或在某个范围之外有所补充。③用在形容词前，表示程度上勉强过得去（一般是往好的方面说）。④用在上半句话里表示陪衬，下半句进而推论，多用反问的语气；作"尚且"。⑤表示对某件事物没想到如此，而居然如此。⑥表示早已如此。而读huán时，是动词。释义是：①返回原来的地方或恢复原来的状态：还家/还乡/还原。②回报别人对自己的行动：还击/还手/以牙还牙。③把物品交给原主：还书/送还/归还/偿还。

可见，古诗词中的"还"从理论上讲应该读作"huán"。如："数风流人物，还（还是）看今朝""人生如梦，一尊还（还是）酹江月""去时里正与裹头，归来头白还（回头）戍边""乍暖还（返还）寒时候，最难将息""朝辞白帝彩云间，千里江陵一日还（归来）"中的"还"。有些地方从现在的角度读"hái"理解似乎更好，但我们依然不能采取现代的读法，而武断地去弥补古代语言文字的不足，否则，这是强奸古人意愿。如"数风流人物，还（还是）看今朝""人生如梦，一尊还（还是）酹江月"中"还"的意义虽与读"hái"吻合，这样解释看起来也合理，可我们仍然不能违背古时语言的特点去随意改变。比如说，在古汉语中有许多通假字。我们在读音时不能按本字去读，而要读所通之字，如"读书百篇，其义自见"（见，读"xiàn"）"便要还家，设酒杀鸡作食"（要，读"yāo"）"不知为不知，是知也"（知，读"zhì"）"有朋自远方来，不亦说乎"（说，读"yuè")。

《诗经》常用的手法有三种：赋、比、兴。"赋"是直接铺陈、叙述；"比"是譬喻；"兴"是寄托，即先说他物以引起诗歌所要吟咏的事物。其中的"兴"有 xīng、xìng 两种读音，在此处该读 xìng 音。对于这个"兴"字，《辞海》注释："《诗》六义之一，谓触景生情，因事寄兴。"王力《古汉语字典》解释为诗歌的一种表现手法，由景衬托感情。《汉语大字典》认为它是诗歌表现手法之一，以他事引起此事叫起兴，又省称"兴"。这些辞书都一致认为是第四声，与"《广韵》[xìng ㄒㄧㄥˋ] 许应切"的看法是相同的。如此，陆游的《庵中夜兴》，高登的《病中杂兴》，辛弃疾的《卜算子·漫兴》中的"兴"都应读作"xìng"。

"歌行"，或称"七言歌行"，是唐诗的一种重要体式。"歌行体"诗中的"行"读"xíng"，第二声，有"乐曲"的意思。它兴起于初唐，兴盛于盛唐。清人钱良择《唐音审体》中说："歌行出于乐府，然描事咏物，凡七言及长短句不用古题者，通谓之歌行。"日人松浦友久《中国诗歌原理》则对歌行作了如下界定：一是采用的"……歌，……行，……吟，……行"这样的歌辞性诗题，二是大致采用作者个人的第一人称视点，三是作品主要表现意图大体上由作品本身来完成，表现手法由乐府的"多用寓意"变为"多用直叙"。据此，"歌行"中的"行"应读"xíng"不疑。

《马说》《师说》《捕蛇者说》中"说"应读作"shuō"。《古汉语词典》解释为：shuō①<动>陈说；讲说。《桃花源记》："及郡下，诣太守，~如此。"②<动>说明；解说。《离骚》："众不可户~兮，孰云察余之中情。"③<名>言论；说法；主张。《鸿门宴》："而听细~，欲诛有功之人。"④<名>文体的一种，也叫杂说。多用于说明事物，讲述道理。《黄生借书说》："为一~，使与书俱。"shuì<动>劝说；说服。《信陵君窃符救赵》："公子患之，数请魏王，及宾客辩士~王万端。"yuè<形>通"悦"，喜欢；高兴。《论语》："学而时习之，不亦~乎？"

以上汉字的读音常常困惑学生，甚至老师。但只要我们秉着"多音字从义"的原则，仔细分析就能避免错误发生。

试谈古汉语名词的活用

摘要：古汉语中名词的活用类型主要有活用作动词和活用为状语两种，把握了其活用的两种基本形式并能作出准确的判断，便可以系统地掌握古汉语中名词的活用。文章结合例析就如何判断名词的活用进行了详细的解说，为学生学习提供了依据。

关键词：名词活用；类型；判断

古汉语中，名词活用形式种类繁多，看起来比较复杂，其实不外乎两种类型：一种是活用作动词，一种是活用为状语。当名词充当句子的谓语，按照其本来意义解释遇到困难或者不顺畅时，它往往是词类活用导致的，我们就要考虑其在语言环境中的具体用法。笔者通过结合例句对名词活用的各种类型分析，从中总结梳理出一些规律性的东西，以便学生掌握。

一、名词活用为动词

名词活用为动词可以细分为名词用作一般动词、名词的使动用法和名词的意动用法三种类型。

（一）名词作一般动词

在古汉语中，有相当一部分名词可以用作动词，在句子中充任谓语成分。主要有以下几种类型：

1. "名词+宾语"式

如果一个句子中有两个名词连用，这两个名词之间既不是并列关系，又不是偏正关系，也不带有计量的意义，而且，句中也没有其他动词作谓语，那么其中的第一个名词常常作动词用。例如：

（1）范增数目项王。（司马迁《史记·鸿门宴》）

（2）舍相如广成传舍。（司马迁《史记·廉颇蔺相如列传》）

例（1）中第一个名词"目"作动词，当"看、使眼色"讲，作谓语，"项王"为其宾语。例（2）中第一个名词"舍"作动词用，读作"shè"，当"安排住宿"讲。

2."能愿动词+名词"式

能愿动词的位置一般是在动词之前的，即"能愿动词+一般动词"形式，构成能愿词组，当一个名词置于能愿动词之后，句中又没有其他动词时，这个名词往往作动词用。例如：

（3）假舟楫者，非能水也，而绝江河。（《荀子·劝学》）

（4）沛公欲王关中，使子婴为相。（司马迁《史记·项羽本纪》）

例（3）中"水"，名词，在能愿动词"能"之后用作动词，当"泅水"讲，作谓语。例（4）"王"在能愿动词"欲"之后用作动词，当"称王"讲，作谓语，读作"wàng"。

3."名词+补语（介词结构）"式

补语的位置通常是附在动词之后，起补充说明的作用。当补语附在名词之后，句中又没有其他动词时，这个名词常作动词用。例如：

（5）沛公军霸上。（司马迁《史记·鸿门宴》）

（6）秦伐韩，军于阏与。（司马迁《史记·项羽本纪》）

例（5）与例（6）中的"军"均置于补语之前活用为动词，意为"驻扎"，所不同的是例（5）补语省略了介词"于"。

4. "否定副词+名词"式

否定副词往往置于动词之前用来修饰动词。正常情况下，副词不能直接修饰名词，所以紧接在否定副词之后的名词通常用作动词。例如：

（7）小信未孚，神弗福也。（《左传·曹刿论战》）

（8）恐托付不效。（诸葛亮《出师表》）

例（7）中的"福"紧接在否定副词"弗"之后活用为动词作谓语，当"保佑"讲。例（8）中的"效"紧接在否定副词"不"之后活用为动词作谓语，当"奏效、有效"讲。

5. "所+名词"式

特殊的指示代词"所"的后面一般只接动词或动宾词组，构成名词性的所字结构，表示"……的东西""……的方式"等意义。如果"所"字之后粘附名词，那么该名词一定活用为动词。例如：

（9）昔先皇颁僧保所货西洋珠于侍臣。（崔铣《记王忠肃公翱事》）

（10）乃丹书帛曰："陈胜王"，置人所罾鱼腹中。（《史记·陈涉起义》）

例（9）中"货"粘附于"所"字之后，用作动词，意为"购买"。例（10）"罾"本是一种渔网，在这里活用为动词，"罾"就是"用网捕"之意。

6. "名词+代词"式

代词可以被动词修饰，却不受名词修饰，所以代词（通常为"之""者"）前面如果是名词，那么，这个名词往往活用为动词。例如：

（11）以故其后名之曰"褒禅"。（王安石《游褒禅山记》）

（12）后世之谬其传而莫能名者。（王安石《游褒禅山记》）

例（11）中"名"在作宾语的代词"之"之前活用为动词，当"命名"讲。例（12）中"名"在作宾语的代词"者"之前活用为动词，当"指名"讲。

7. "而+名词"式

我们知道"而"作为连词可以连接动词，却不能连接名词，当名词用"而"跟其他谓词性成分相连，一定会是活用为动词。例如：

（13）君人者，隆礼尊贤而王。（《荀子·天论》）

（14）败楚汉，楚以故不能过荥阳而西。（司马迁《史记·项羽本纪》）

例（13）中"王"用在连词"而"之后活用为动词，当"称王"讲。例（14）中"西"用在连词"而"之后活用为动词，意为"向西走"。

8. "副词（作状语）+名词"式

同4所述，副词不能直接修饰名词，所以紧接在副词之后的名词通常用作动词。例如：

（15）范增数目（用眼睛示意）项王。（司马迁《史记·鸿门宴》）

9. 叙述句谓语部分找不到动词或其他词作谓语中心词，而名词又处于谓语中心词的位置，此名词一般活用为动词。例如：

（16）如平地三月花（开花）者，深山中则四月花。（沈括《梦溪笔谈·采草药》）

10. 在复句中名词如果充当一个叙述性独立分词，那么，该名词活用为动词。例如：

（17）权（权衡），然后知轻重。（《孟子·梁惠王上》）

（二）名词的使动用法

文言文中名词也有用作使动的，其特点是名词必带宾语，且这个名词使宾语产生某种动作或发生某种变化，使宾语所代表的人或事物成为这个名词所代表的人或事物。翻译时译为"使……怎么样"。例如：

（18）先破秦入咸阳者王之。（《史记·项羽本纪》）

（19）然得而腊之以为饵，可以已大风、挛踠、瘘、疠。（柳宗元《捕蛇者说》）

（20）吾见申叔，夫子所谓生死而肉骨也。（《左传·襄公二十二年》）

例（18）"王之"即"使之为王"，意为"使他成为大王"。例（19）中"腊（xī，小动物的整体干肉）之"的"腊"，在这里活用为使动用法，即"使之成为腊"（把蛇制成肉干）。例（20）中的"生死""肉骨"都是使动用法，意思是使死人复生，使骨头长肉。后者表示使宾语发生与该名词有关的动作行为。

(三) 名词用作意动词

名词的意动就是名词带上宾语，主观上对宾语有"感到它怎么样"或"把它看作什么"的意思。翻译时译为"认为……怎么样""以为……怎么样""把……看作……""把……当作……"。例如：

（21）忧愁风雨，树犹如此。（辛弃疾《水龙吟·登建康赏心亭》）

（22）粪土当年万户侯。（毛泽东《沁园春·长沙》）

（23）其闻道也固先乎吾，吾从而师之。（韩愈《师说》）

（24）今吾与子渔樵于江渚之上，侣鱼虾而友麋鹿。（苏轼《赤壁赋》）

（25）稍稍宾客其父。（王安石《伤仲永》）

例（21）中"忧愁"，名词的意动用法，以……为忧愁。例（22）中"粪土"为名词的意动用法，意为"把……当作粪土"。

第四章　教学论文　233

例（23）中"师"意为"把……作为老师"。例（24）中"侣""友"在这里都是名词活用作意动用法，即"以鱼虾为侣，以麋鹿为友"。例（25）中"宾客"意为"把……看作宾客"。

二、名词作状语

古汉语中，名词用作状语是比较常见的文言语法现象，如何判断一个名词是否用作状语呢？用作状语的名词，它的位置都是置于动词之前的。因此，一般来说，凡是置于动词之前的名词如果不充任句子的主语，却对这个动词起着直接修饰或限制作用时，这个名词就活用作状语了。名词作状语的用法常见有以下几种类型：

（一）表示动作、行为的特征态度。这是指拿用作状语的那个名词的动态来描绘它所修饰的那个动词所表示的状态，相当于现代汉语中的"像……一样""像……似的"。例如：

（26）又间令吴广之次所旁丛祠中，夜篝火，狐鸣呼曰："大楚兴，陈胜王。"（司马迁《史记·陈涉世家》）

（27）有狼当道，人立而啼。（马中锡《中山狼传》）

例（26）"狐鸣"作状语修饰动词"呼"，意为像狐狸一样鸣叫。例（27）"人"作状语修饰动词"立"，意为像人一样站立着。

（二）表示动作、行为（或待人、待事物）的态度。这是把动词宾语所代表的人或事物当作状语所表示的人或事物来看待，相当于现代汉语中的"当作……那样"和"像对待……那样""像对……一样"。例如：

（28）君为我呼入，吾得兄事之。（司马迁《史记·项羽本纪》）

例（28）名词"兄"修饰动词"事"，作状语，译为"像对待兄长那样"。

（三）表示动作、行为发生的处所。相当于"在……"。例如：

（29）卒廷见相如，毕礼而归之。（司马迁《史记·廉颇蔺相如列传》）

例（29）名词"廷"表示动作行为发生的处所，意为"在廷上"。

（四）表示动作、行为的工具。相当于"用……""根据……"。例如：

（30）遂率子孙荷担者三夫，扣石垦壤，箕畚运于渤海之尾。（《列子·愚公移山》）

例（30）名词"箕畚"表示动作行为"运"所凭借的工具。

（五）表示动作、行为的方式。例如：

（31）臣本布衣，躬耕于南阳。（诸葛亮《出师表》）

例（31）名词"躬"表示动作行为"耕"所使用的方法，作"耕"的状语。

（六）表示动作、行为的趋向。相当于"从……""向……"。例如：

（32）南取汉中，西举巴、蜀。（诸葛亮《出师表》）

例（32）中"南""西"均为名词作状语，意为"向南""向西"。

（七）表示动作、行为的时间。相当于"在……""于……"。例如：

（33）旦辞爷娘去，暮宿黄河边。（《木兰诗》）

例（33）中"旦""暮"都表示时间，意为"在早晨""于傍晚"。

总之，名词的活用离不开语言环境，只要我们认真分析句子结构，把握名词在句中的功能与作用，就能准确地作出判断。

参考文献：

[1] 何林英，何林娜. 浅谈古代汉语的词类活用 [J]. 现代语文（语言研究版），2011（8）.

[2] 董延丽. 试析古代汉语的词类活用 [J]. 山西师范大学报（社会科学版），2013（1）.

[3] 王琦. 浅谈古汉语中名词的活用 [J]. 岁月月刊，2011（10）.

试论我国古代的元宵诗词

摘要：我国古代的元宵诗词再现了元宵佳节的欢愉场景，表现了社会习俗，反映了社会生活，富有深厚的文化底蕴，对中国传统文化的传承起到了重要作用。

关键词：元宵诗词；民俗文化；时代特征

节俗文化是我国传统文化的重要组成部分，也是中华民族文化的重要载体。它呈现多彩的民俗风情，蕴含丰厚的文化底蕴，成为传承民族精神的纽带。其中以元宵节为题材的元宵诗词更是千百年来人们津津乐道的文化瑰宝，它所表现的诗情画意，为元宵节注入浓郁的人文韵致。相传早在汉文帝时，为庆祝周勃正月十五勘平诸吕之乱，恢复刘汉江山，文帝把当日定为元宵节，也称"元夕节"，又名"上元节""灯节"或"灯夕"。值此节日，很多文人墨客撰写诗词歌赋描绘节日盛况，再现欢愉场景，彰显民俗民风，折射时代特征，表达内心情怀。这种以元宵节为题材的节序诗与写景、咏物等主流诗歌不同，它往往直接紧密地联系现实社会生活，表现社会习俗，富有深厚的文化底蕴，创造意图更为明显，审美风貌更为独特。

现今我们能见到的最早的元宵诗歌是杨广的《元夕于通衢建灯夜升南楼》："法轮天上转，梵声天上来；灯树千光照，花焰七枝开。月影凝流水，春风含夜梅；幡动黄金地，钟发琉璃台。"

元夕之夜，整个洛阳城灯火辉煌，一派喜庆。一代帝王隋炀帝置身于通衢之上，登南楼观之，一览京都光烛天地，一览洛阳愉悦人流，饱尽元宵夜奢华景象，陶醉于治下的升平，陶醉于人民的安居，陶醉于国家的繁荣，踌躇满志地咏唱出这首诗。灯影交错，火树银花，人头攒动，热闹非凡。并用"法轮""梵声""黄金地""琉璃台"等佛学术语渲染气氛，展示了元宵景况空前，也为后来的元宵诗歌奠定了母题。

如果说隋炀帝的《元夕于通衢建灯夜升南楼》只是元宵诗的发端，那么，进入唐代元宵诗词得到发展，宋代进入了元宵诗词创作的黄金时代。据检索唐代元宵诗有66首，宋代元宵诗词超过了600首。究其原因：

一是皇家的大力参与。这是元宵诗词发展的动力。隋以后一千多年各朝各代都看重元宵佳节，唐代起元宵被定为国家的法定假日，京城设置歌舞场地，燃放烟花，皇帝携妃子宫女、王子王孙、文武百官搭起看棚，通宵达旦沉醉于热闹欢乐的气氛之中。每每喜不自禁，诗兴大作。唐玄宗《轩游宫正月十五夜》有云："行迈离秦国，巡方赴洛师。路逢三五夜，春色暗中期。关外长河转，宫中淑气迟。歌钟对明月，不减旧游时。"唐文宗李昂不仅感怀元宵欢愉，也关注民生，吟出"上元高会集群仙，心斋何事欲祈年。丹诚傥彻玉帝座，且共吾人庆大田。莫生三五叶初齐，上元羽客出桃蹊。不爱仙家登真诀，愿蒙四海福黔黎。"[1]

二是国家政策的宽松。这是元宵诗词发展的支柱。按照律例，皇城夜晚要实行宵禁，夜晚"闭门鼓"之后到五更"开门鼓"之前的时段是不允许闲人在街头游荡的。而在元宵节前后三天不实行宵禁，谓之"放夜"，可以夜里在街上尽情狂欢。[2] 古代女性一般是不能随意外出的，但元宵节不受限制，这也成了很多男女约会、相亲的好时机。"美人竞出，锦障如霞"（长孙正隐），"众里寻他千百度，蓦然回首，那人却在灯火阑珊处"（辛弃疾）的场面常常出现，因此有人把元宵节称之为"中国的情人节"。这种特殊的规定造就了元宵节的盛况，也是诗词大量涌现的原动力。

三是活动的精彩纷呈。这是元宵诗词发展的源泉。一年到头，难得元宵这样的时节。它与春节相接，白昼为市，人来人往，购物看戏，热闹非凡；夜间燃灯，品尝小吃，观赏花灯，蔚为壮观。吃元宵、猜灯谜、迎紫姑、逐地鼠、看表演、听戏曲，更有"满街珠翠游村女，沸地笙歌赛社神"（唐寅）的独特风景，映衬那精巧、多彩的灯火，更使其成为春节期间娱乐活动的高潮。后来，又增加了舞龙、舞狮、跑旱船、踩高跷、扭秧歌等"百戏"内容。传统的民俗，优美的景色，精彩的活动，能不激发诗人的创作欲望吗？

梳理古代的元宵诗，其主要内容如下：

一是弘扬了民俗文化。中国是四大文明古国之一，民族文化博大精深，民俗民风代代相传。古代的不少元宵诗词通过意象表现意境对民俗文化进行了传播。唐代诗人张说的《十五日夜御前口号踏歌词二首》："花萼楼前雨露新，长安城里太平人。龙衔火树千重焰，鸡踏莲花万岁春。""帝宫三五戏春台，行雨流风莫妒来。西域灯轮千影合，东华金阙万重开。"描写了盛大的踏歌场面、华丽精致的装饰、优美妩媚的舞姿、百变的舞蹈队形，以脚踏地为节，载歌载舞，自娱其乐，是唐代广泛流传的舞蹈。宋代范成大也有诗写道："吴台今古繁华地，偏爱元宵影灯戏。"诗中的"影灯"即是"走马灯"，它是一种民间的艺术形式。清代元宵热闹的场面除各种花灯外，还有舞火把、火球、火雨等。诗人阮元有的《羊城灯市》诗云："海鳌云凤巧玲珑，归德门明列彩屏，市火蛮宾余物力，长年羊德复仙灵。月能彻夜春光满，人似探花马未停;是说瀛洲双客到,书窗更有万灯青。"这些诗词对民俗文化进行了描绘,展示了我国传统的文化,为民族文化的传承起到了不可估量的作用。

二是展示恢宏场面。元宵佳节的气氛是浓郁的,场面是壮观的,诗人们妙笔生花再现那良辰美景。著名词作家辛弃疾的《青玉案·元夕》堪称扛鼎之作:"东风夜放花千树,更吹落,星如雨。宝马雕车香满路。凤箫声动,玉壶光转,一夜鱼龙舞。蛾儿雪柳黄金缕,笑语盈盈暗香去。众里寻他千百度,蓦然回首,那人却在,灯火阑珊处。"上阕寥寥几句把人带进"火树银花"的节日狂欢之中,感受到那种万民同乐的场景,月华辉煌,灯光晃动,焰火缭绕,车马川流,歌声回荡,舞姿轻盈,盛况空前。下阕写一个具体的带有神异色彩的人,她给人无限的快意,然可望却不可即,通过词家一波三折的感情起伏,把个人的欢乐自然地融进了节日的欢乐之中。李商隐的"月色灯山满帝都,香车宝盖隘通衢。身闲不睹中兴盛,羞逐乡人赛紫姑"描绘了帝王之都到处月光如水,花灯如山,马车香艳,大道堵塞的状况。身处闲暇无法消受元宵盛况,只得带着羞惭随着老乡去观看迎接紫姑神的庙会。清代唐顺之的《元夕影永冰灯》用"正怜火树千春妍,忽见清辉映月阑。出海鲛珠犹带水,满堂罗袖欲生寒。烛花不碍空中影,晕气疑从月里看。为语东风暂相借,来宵还得尽余欢",把元宵灯会描绘得栩栩如生,大有未尽其妙之叹。

三是抒发时代之叹。明代作家王磐的散曲《古调蟾宫元宵》写道:"听元宵,往岁喧哗,歌也千家,舞也千家。听元宵,今岁嗟呀,愁也千家,怨也千家。那里有闹红尘香车宝马?只不过送黄昏古木寒鸦。诗也消乏,酒也消乏,冷落了春风,憔悴了梅花。"前两句曲中妙用一个"听"字总领全局,把体会和感情融入一"听"之中。往年,千家歌舞升平,处处喜庆气氛;今年,千家愁怨满腹，一派凄凉之气。运用对比的手法，抒发了今夕盛衰和对民生凋敝的慨叹。接着，"红尘香车宝马""诗也消乏，酒也消乏"运用拟人化的手法，典故来源于李清照的词句："元宵佳节，融和天气，次第岂无风雨。来相召，香车宝马，谢他酒朋诗侣。"（《永遇乐》），表现了作者无可奈何花落去之感：今非昔比，无心赏玩；社会腐败，世道艰辛。化用别人的诗句，看是信手拈来，却翻出了新意，起到了化腐朽为神奇的妙用。"诗也消乏，酒也消乏，冷落了春风，憔悴了梅花"运用了移情于物的手法，以物的憔悴寂寞抒写人们无心过元宵的情绪。这样写寓情于景，情景交融，"不着一字而尽得风流"，以朴素的语言提出了一个深刻的社会问题：无国哪有家，国之不宁，人何以堪？

四是表达个人志趣。即景抒怀是古诗词常用的手法，它借所见写所感，旨在抒发自己的情怀。张可久的散曲【双调·水仙子】《元夜小集》"停杯献曲紫云娘，走笔成章白面郎。移宫换羽青楼上，招邀人醉乡，彩云深灯月交光。琉璃界笙歌闹，水晶宫罗绮香，一曲《霓裳》"便是。曲中紫云娘是一位青楼妓女，而白面郎是一位多情书生。他们在元宵月圆之夜在音乐伴奏下饮酒作乐，沉醉于温柔之乡，忘乎所以。作者用琉璃界、水晶宫、罗绮、笙歌等极富艳情的词汇铺成小山的声色之乐，最后以一曲出自唐玄宗之手的《霓裳》作为结束。散曲寄予了一生贫困潦倒，职场失意的张可久的个人志趣。他讴歌了夕阳垂钓式的隐居之乐，感叹人生无常朱颜易老因而不必为功名所拘，要借酒寻花青楼痛饮来打发日子，或者借咏史、怀古来抒发一下哀怨的心绪。[3]

五是抒写男女情怀。古时妇女平时多身居闺房，极少时间抛头露面。元宵观灯也就成了青年男女往来相会的良辰。欧阳修的《生查子·元夕》写道："去年元夜时，花市灯如昼。月到柳梢头,人约黄昏后。今年元夜时,月与灯依旧。不见去年人,泪湿春衫袖。"运用诗歌讲述了一对男女在上元灯节浪漫约会的故事。词中追忆了昔日那一段缠绵悱恻、难以忘怀的爱情,而今却再也没有了音讯,让人免不了伤心流泪,抒发了爱情得不到延续的失落感与孤独感。

不同的时代,不同的诗人,面对元宵佳节会有不同的感受,其作品自然凸显时代的烙印和个人的际遇。卢照邻借以表达激情,苏东坡借以寄托伤感,王守仁借以寄予思乡,唐伯虎感慨良辰难消,唐顺之感叹乐犹未尽,刘辰翁感思物是人非。其实,这些都是作者理想人生的阐释,更是诗词魅力之所在。

元宵节是中国最重要的民俗节日之一,是中国传统文化的重要组成部分,千百年来其丰富的文化内涵和精神意蕴,闪耀着夺目的光芒。其诗词歌赋的艺术魅力和人文精神,一直滋润并鼓舞着我们,已成为中华儿女的共同精神家园。这些都是源远流长的中华民族精神在中国历代优秀文化中的积淀与升华。其内在的基本文化精神经过批判、改造、继承、弘扬能再度成为新的文化生长点。它需要我们代代薪火相传,不断弘扬光大,而流芳百世。

参考文献:

[1] 张靖华.《全唐诗》中的元宵诗考述 [J]. 语文学刊,2010(15).

[2] 马贤. 南宋元宵诗研究 [D]. 河北师范大学,2010(7).

[3] 周诗高. 满腹相思何处说——论元代元宵散曲 [J]. 江苏广播电视大学学报,2007,18(1).

小学语文写作要遵循人本理念

【内容提要】 在新课程实施背景下的小学语文作文教学应关注学生的个体生存与成长，以人本主义理念为核心，注重写作教学的人文设计和以人为本的操作理念，将语文的写作教学真正构建成为提升学生语文素养、语文应用能力、语文知识储备的教学，实现学生的自我成长。在小学写作教学过程中，加强学生的素质教育有着很重要的现实意义和深远意义。关系着小学语文教学质量和小学整体教育质量的同步提升。

【关键词】 小学语文；作文教学；贴近生活；人本理念

写作是人们思想情感的表达。当前一些学生的作文写作太空、太泛，缺乏具体内容和真情实感。随着新课程改革的不断深入，教师对学生的要求也越来越高，在语文写作中，教师要注重引导小学生贴近生活实际，以人为本，做到求真、求实，让更多的学生回归生活，这样才能写出更加贴近现实生活和具有真情实感的文章。

一、注重贴近生活实际

写作素材来源于生活，任何作文只有结合丰富多彩的生活才能够体现其美学价值，对小学生来说，要创造条件，让小学生的作文大多都是结合生活实际进行的写作。比如，小学生的作文会出现一些关于"亲情""友情""校园""道德"等话题，其中有一些看图作文，有一些话题作文，等等，如果在写作中让其天马行空、信马由缰，整篇文章都是说一些大话和空话，不但会严重影响作文的质量，也不能够真正锻炼小学生的写作能力，同时给小学生造成不良的文风。因此，教师要注重引导小学生贴近生活，用真情打动读者，写出具有真善美的文章。例如，小学生的作文写作中会遇到关于"劳动光荣"主题的作文写作，有些是直接给出主题让小学生进行写作，有些会给出相应的图片，其中配有相关的对话内容，让小学生去识别图片的重点，去进行简单的描述和评价等。既然作文的写作来源于生活，如果说小学生从小就没有进行过有意义的劳动，或者说对于劳动没有真实的概念，教师就应该让小学生提前去进行体验，而不是直接让小学生去写作。

首先，关于"劳动"主题的作文，教师可以让小学生回家之后帮助父母做一些力所能及的事情，父母在看到孩子懂事以后就会很欣慰，而小学生也能体会到帮助父母之后的心理愉悦。

其次，就是教师可以安排学生在安全的环境下进行集体的劳动，比如，在校园组织大扫除活动或者到养老院大扫除，或者是在春天的时候让小学生亲自参与植树活动，感受集体劳动的魅力，真切感受劳动者的光荣。这样在经过小学生亲身体验或劳动之后，很多学生对于"劳动"这一题材就会有真切的感受和更加深刻的理解，这样在写作时，小学生就能够根据自己的亲身体验写出具有真情实感的文章，也能够激发小学生的写作兴趣。这样遵循人本理念，创设情境，创造体验式教学内容，让小学生从生活实际出发，由事而情，由人而情，写出具有真情实感的文章，也就水到渠成了。

因此，教师要注重克服无源之水，无本之木的弊病，为写作注入源头活水，要创造小学生写作的"对应物"，以此为抓手,在作文的训练中让小学生养成结合生活进行写作的习惯,从而使自己的写作更加接地气,更加贴近现实生活,更加有实际意义。

二、注重观察社会生活

在作文的写作中,细节最能打动人心,教师除了要让小学生在写作中贴近生活实际之外,还要注重让小学生养成观察生活、重视观察细节、捕捉细节的好习惯。社会生活中有形形色色的人和事件,对于每一个学生来说,也可能有自身独特的看法和习惯,只要抓住一件事情一个方面的细节就能写出很好的文章来。因此,作为教师,要让学生观察细节、观察社会,那么小学生才能发现社会的不同,从现实的角度出发,去发现社会的真善美。

例如,在遇到一个主题作文的时候,有些学生可能难以下手去进行写作,但是如果能够从一个细节出发,抓住一件事情的一个方面,就可以写出生动的、有特点的、具有实际意义的文章。比如,在写有关"亲情"的文章时,教师可以安排学生在周末或者假期去与自己的长辈进行体验,了解亲情背后的含义,"亲情"是一个具有比较宽泛含义的词语,要想表达亲情,传递爱的温暖的力量,就需要从内心出发,去寻找亲情所体现的细节。有时可能只是简单地帮助妈妈去做一件家务、给爸爸端一盆洗脚水、帮助爷爷奶奶去盛饭等简单的小细节,有时是在自己生病的时候父母带着我们去看医生那焦急的神情,也有可能是自己与一只小狗的感人故事。总之,在家庭生活中,可以说亲情是无处不在的,要想表达出亲情的存在,关键在于小学生要写出具体的实实在在的事情来描述自己的亲情,让亲情的表达转化成实际的行动,用细节感动自己、感动读者,这才是有意义的文章和有价值的文章。

此外，除了写自己的亲情之外，教师还可以引导小学生去观察其他家庭的亲情，表达社会上无数个家庭的亲情等，通过一件件鲜活的事件来表达自己的思想感情。因此，要想让小学生在作文中遵循人本理念，从生活实际出发，就要让小学生养成观察生活事件的习惯，从而真正从人的角度出发，从真情实感出发，写出真挚动人的文章来。

三、注重学生个体发展

每一个小学生都是独立的个体，在小学作文的写作中，每一个小学生都有自己的观点和看法，对于同一事件而言，小学生也会根据自己的判断想象出不同的场景。因此，教师要注重与学生的沟通，尊重学生的主体性，从而帮助小学生更好地完成自己的作文。例如，在全班学生中，有些小学生擅长用比喻的写作手法，不论写什么类型的文章，小学生都能够运用比喻的修辞手法进行写作，那么在这种情况下，只要学生符合写作的基本要求，其写作方式是可以进行修改的，教师如果对学生的写作方式有疑问，可以与小学生进行沟通和交流，那么双方在相互了解对方的意愿之后，就可以针对更好的写作来进行探讨和学习，从而有所改正，达到更好的写作效果。

此外，小学生对于表达方法的运用也有所侧重，有的小学生擅长抒情，有的小学生擅长叙述，有的小学生擅长描写，对于不同的写作主题来说，有的小学生在亲情方面感悟较深，但有的小学生喜欢风景的描写，教师在教学的过程中要因人而异、因材施教。因为对于每一个小学生来说，他们的想象力、生活经历和思想感悟都有所不同，教师在教学的过程中，要注重发现小学生在写作中的优点，激励小学生更好地写作，对于一些小学生来说，他们拥有丰富的想象力，尤其是在一些关于未来的作文主题中，很多时候都能想到一些新奇的事物，表达自己深刻的想法，等等,而且在很多情况下他们的想法是有一定道理的。教师在遇到这样的写作情况时,要认真思考小学生的思维特点,与小学生进行沟通和交流,了解他们的思维与想象力,从而充分发挥小学生的优势,尊重小学生的劳动成果。相互尊重是新课程对教学提出的要求,作为小学语文教师,只有在作文的写作形式上注重小学生的主体地位,才能让小学生实现自我学习的价值,从而培养更有质量的人才。

总之,写作教学是语文学科教学的重要组成部分,教师将人本理念应用在实际教学中,通过人本教学理念,使学生明白写作其实就是写生活,教师在教学中应把以人为本的教学理念与写作教学有机融合,发挥学生的学习主体地位,进一步提升学生的写作兴趣和能力。小学阶段的写作是将来进一步写作的基础,作为小学语文教师,要保证在作文教学过程中遵循人本理念,既要重视作文写作的内容,引导小学生的作文贴近生活实际,同时养成在生活中善于观察的好习惯,最后要在教学形式上尊重小学生,保证小学生的主体地位,只有这样,才能让小学生的作文更加真实、生动,表达出自己的真情实感,提升小学语文作文教学的质量。

参考文献:

[1]李晓琴.构建"以人为本"的语文教学[J].课程教材教学研究(小学研究),2005(10).

[2]程仁新.以人为本树立语文老师的科学人文观[J].文教资料,2005(2).

[3]周世益.农村小学写字作业处理现状及对策[J].新语文学习(小学教师版),2007(1).

[4]侯玉梅.基于人本理念的小学教育管理[J].新课

程·下旬，2014（9）.

［5］冉念军.基于人本管理理念的小学教育管理模式分析［J］.科学导报，2016（1）.

［6］刘晓燕.人本理念下的教育管理策略初探［J］.课程教育研究，2015（26）.

让学生养成积累语言的好习惯

【摘要】 教师在教学时重视引导学生积累语言,不但丰富了学生的语言仓库,还能训练学生敏捷的思维能力,提高学生的文化素养,陶冶审美情趣。

【关键词】 语言;习惯;积累

语言是交际的工具,而在教学中,我们经常会遇到这样一些问题:课堂上,学生回答问题时有的犹如"茶壶煮饺子",有的死搬硬套,缺乏丰富的语言信息;学生作文时有"巧妇难为无米之炊"之感,缺乏表达语言;讨论课上没有学生自主气氛,学生扶着"教师"这根拐棍松不开手,缺乏交流语言。之所以会出现这些现象,是因为学生所获得的语言信息的途径不多,大多数学生除了课堂,从其他途径获得的语言信息微乎其微。

语言是一种财富。我们在平时阅读时,重视积累好词佳句、优秀诗文,就会逐渐成为"语言富翁",说话时,好词佳句脱口而出,作文时,语言丰富而生动。为了让学生的学习能更好地服务于社会,教师应该培养学生会积累语言的能力,让学生从小养成积累语言的好习惯。如何让学生养成积累语言的好习惯呢?叶老曾经说过:"语言是学来的,不是教出来的。"基于此,笔者认为可以从以下方面着手:

一、在日常课堂中积累语言

语文是语言和文字的结合,教师在教学时要充分利用语言知识(字、词、句、段、篇),让每个学生在课堂上都有表达和自我展现的机会。如:要求学生查字典理解某个词,利用有特点的句式练习说话,背诵课文中的好词佳句或自己喜欢的句子,等等。另外,课堂中教师丰富的讲述语言和动人的态势语等,都会直接地或潜移默化地影响学生的语言发展。

二、在课外阅读中积累语言

著名的语言教育家张志公先生认为:以自己学习语言的经验看,得自课内与课外的比例是"三七"开,即大概30%得自课内,70%得自课外。新修订的《语文教学大纲》和《课程标准》都对小学各学龄段的阅读量作了明确的规定。可见,课外阅读可以丰富一个人的语言仓库。教师要善于利用校内的有效资源,如图书室、阅览室、宣传栏、电脑、电视等,组织学生有目的地进行阅读报纸、杂志、名著、唐诗宋词等,通过电脑在网上查找相关的语言信息,观看相关的录像、摘抄名人名言、伟人格言、好词佳句等,成立班级图书角,要求学生能把某些精彩部分背下来。

三、在实践活动中积累语言

1. 教师可利用语文综合性学习课设计各种情景,让学生把课内与课外积累的语言通过相互交流、小组合作学习等途径来整合语言信息,获取新的语言信息。例如:设计"互赠格言"的活动课,课前让学生搜集古今中外有关读书及励志的格言,上课时进行"讲格言故事—给格言分类—互赠格言—朗读格言"课后进行格言展览等活动。又如设计"感受唐诗"的活动课,让学生课前去阅读搜集摘抄唐诗,然后在活动课上通过"诵唐诗—画唐诗—唱唐诗—演唐诗—论唐诗"等系列活动,让学生的主动性、创造性、实践性得到淋漓尽致的表现，在教师营造的良好语言环境中，让学生理解语言、运用语言的能力得到提高，从而积累了语言。

2. 多学科联系，鼓励学生亲自参与。在语文课堂教学中，让学生亲自参与动手做一做，动手写一写，画一画，如引导学生写数学日记，让学生把解题思路、解题过程详细地记录下来；自然学科要求学生通过观察实验了解大自然的奥秘，引导学生写实验报告，记录实验准备、实验中的负责、实验结果，指导学生尝试写科研小论文等；再如，学习介绍风景名胜类的课文，让实际游览过景点的同学为大家讲解出发前是怎样确定游览的路线的、路途中需要多长时间、景点的文化知识等，这样既直接从语言文字中欣赏了风景名胜的美景，又从与同学的交流中感受了游览的乐趣，还丰富了自己的语言仓库。

3. 留心观察，做生活的有心人。生活是学生取之不尽，用之不竭的源头活水，教师要善于鼓励学生做生活中的有心人，时时处处留心观察生活，观察大自然，并引导学生通过各种媒体了解社会，为自己的语言仓库注入鲜活的时代内容。如学生从电视、报纸上知道北京、甘肃等地出现了沙尘暴天气，教师就可引导学生查阅资料，了解沙尘暴天气形成的原因及治理措施，写出调查报告，在班级举行一次报告会；了解四川地震的原因，查找地震的相关知识等，这样既训练了学生的表达能力，又增强了学生的环保意识。

总之，语言的力量是强大的。教师在教学时重视引导学生积累语言，不但丰富了学生的语言仓库，还能训练学生敏捷的思维能力，提高学生的文化素养，陶冶审美情趣。我们要注重培养学生积累语言的能力，让学生养成积累语言的好习惯。

小学作文教学中的问题与分析

【摘要】 目前小学作文教学依然存在不少问题：一是教师在作文教学中没有有效针对学生精准施教，不管是三年级、四年级，还是五年级、六年级，都是一个模式，很难看到那种用真儿语、写真生活、表真感情，体现出材料实、童味实、主题实的原味作文。其实，不同学段的作文教学的要求是有差异的，要根据学生的年龄特征和身心特征采取不同的训练方式。二是学生作文中"假、大、空"现象比较严重，大家都胡编乱造，不贴近生活，没有真情实感，文章的质量低，不利于提高学生的写作能力。三是参考、抄袭成为作文的主旋律，学生往往从作文书中稍做变换就移植而来，造成千篇一律，读来索然无味。

【关键词】 作文教学；重视；遵循；引导；体验；评价

笔者多年来一直关注小学作文教学，尝试了多种不同的方法，获得了关于小学作文教学的一些感悟。小学作文教学存在的问题固然很多，笔者认为，主要的问题表现在以下六个方面：

一、没有足够重视

许多语文教师没有重视作文教学，根本不会把心思放在作文的指导与训练上，每次的作文教学十分粗糙，至于如何遣词、如何组织语言都是含糊其辞，导致学生对作文缺乏学习和写作热情；也有不少小学语文教师因本身专业素养不高，对作文教学认识不够，把作文当作为迎合考试，为完成教学任务的一项内容，因此学生写的作文都是抄袭他人之作，考试的时候背熟就可以了。

二、没有遵循规律

不同年龄段的学生身心发展的规律不同。教学时，教师没有考虑学生写作时的心理、兴趣、表达的需要。小学生因年龄小、知识储备不够、生活积累不多、表达能力不强等特点，在写作时有畏惧心理，这是在所难免的。现在的作文教学模式五花八门，大部分教师在教学时会生搬硬套模式，全然不顾所搬用的模式是否适合本班学生的认知规律，学生是否愿意接受。另有部分教师将自己的教学经验形成了"套路"，不管是哪个学段，学生都按部就班地填空，久而久之，学生对老师的"套路"有了依赖性，却失去了思考的自主性。曾有位打印社的老板调侃："现在的小学生写作文真厉害，写出的话都是大人的语气，完全没有儿童的味道。"

三、缺乏科学引导

许多学生在写作时往往不知道自己的作文为谁而写、为什么而写，而是把作文当作是一份额外的作业，学生只是为了完成老师的任务，还有大部分学生言不由衷，作文的质量如何，不言而喻。笔者曾对小学高年级学段学生做过一些关于"小学生为什么写作文"的小调查，其中98%的学生认为是老师要求写，为完成老师布置的任务而写，8%的学生认为是为了检验自己学语言用语言的能力。这足以说明，因教师在教学中没有科学地、有效地进行引导，学生的学习写作目的不明确，当然写不出好作文。

四、缺乏生活体验

部分教师在作文教学时会把大部分精力放在写作形式上的训练，却忽略了对学生写什么的指导，忽视了引导学生去观察生活。由于学生生活单调、视野不广导致写作文缺乏素材，同时，小学生也没有积累素材的意识，在写作文时无法将自己的所见、所闻等表达出来，所以无从下笔。也有部分教师在应试教育的驱动下，作文教学还是老"套路"，不会因材施教，不善于引导学生留心观察身边的事物，不善于引导学生如何选择写作材料。如，某老师在教学生"写一种小动物"时，不布置学生课前做功夫，也没有实实在在的小动物呈现在眼前，因教师用一篇《我家的小花狗》作范文讲解写作技巧，结果班上学生90%的学生都写"狗"，写出的内容都是凭空捏造，令人哭笑不得。

五、缺乏客观评价

学生写作文头疼，教师评价学生作文同样会很头疼。很多教师在作文批改和讲评时为了"完成任务"，常常会出现随意的做法，缺乏客观性的教学评价。为避免课堂"高效率"，一般只注重表扬优秀的作文，对一些语言平淡、详略不当、语句不通等类的作文不能辩证地看待学生的进步。有的学生可能这次标点用得正确，但内容不生动；有的学生会引用好词佳句，但内容不具体等，教师如果不用心去发现学生的优缺点，就不能及时给予鼓励和证照，学生的写作兴趣、写作的自信心、写作能力就不会得到提高。

六、缺乏全新的角度

"横看成岭侧成峰，远近高低各不同"，写作也要有这种境界，不同的人站在不同角度，看文的观点也不一样。大部分教师在教学时不注重引导学生多角度观察事物、思考问题，用自己的语言真实地表达自己的所见所闻所感，在小学第一学段时就会写"我喜欢的小动物"，到了第三学段，写出来"小动物"还依旧是老样子，表达的方式没有一点儿创新。

当然，小学作文教学中的问题远不止这些，归根结底，教师在教学时还是要从学生兴趣出发，引导学生多观察、多积累，用儿童语、写真生活、表真感情，让小学生的作文充满童趣。

正确区分"比喻"和"拟人"

比喻和拟人都是加强语言形象性的修辞手法，两种修辞手法是小学阶段课本中出现最多的修辞方法，也是练习最多的修辞方法。学生在练习中容易把两者相混淆，下面笔者就产生这一问题的根源和解决办法做个浅析。

一、问题的根源

1. 小学低学段学生认知水平低，知识积累也少，容易犯错，一点儿也不奇怪。低年级学习的内容比较浅显，大部分句子比较简短，学生一般会形成这样的概念：拟人句就是把不会说话的事物当作人来写的句子，比喻句就是说一种事物像另一种事物的句子。因此练习中在拟人句的认知上不会有太多的问题，但在写比喻句时经常会出现"弟弟像爸爸一样健壮"类似的错句，这是明显的概念理解错误，教师在讲解时把这种现象讲解得越多，出现错误的频率也越高。说明学生对概念只是一种表象理解。

2. 小学高学段学生随着知识积累的不断增多，认知水平也逐步提高，句子中的语言不但丰富且较长，出现了比较复杂的比喻句，在判断时出现模棱两可的答案。

如：（朱自清《春》）"吹面不寒杨柳风"，不错，像母亲的手抚摸着你。

50%的学生会说既是比喻句又是拟人句。原因是句子中有比喻词"像"，又因"抚摸着你"赋予了人的动作，所以学生会理解为既是比喻句又是拟人句。

3. 受惯性思维的影响,认为大家都认同的就是对的,如:"老师像妈妈一样关心我们。""老师像园丁一样培育我们。"不但学生不假思索地看作是比喻句,就连绝大部分老师也认为是比喻句,很少有老师去判定它不是比喻句。

二、解决办法

首先要让学生理解这两种不同的修辞方法的概念。

1. "比喻"也就是打比方,用具体的、浅显的、熟知的一种事物来比另一种抽象的、深奥的、生疏的事物的一种修辞方法。它使人容易理解,能变抽象为具体,变深奥为浅显,还能使人产生联想和想象。是两种不同性质的事物之间有相似点,用某一种事物或情景、情节来比另一种事物或情景、情节。通常在比喻句中用"像、好像、像……一样、仿佛、犹如、似、宛如"等连接本体与喻体。当然,并不是句子中有这些连接词就一定是比喻句,下列三种情况就可说明:

(1) 表示比较。如上例:"弟弟像爸爸一样健壮"句中的弟弟是本体,爸爸是喻体,也有连接词"像",表象上它就是比喻句,再联系"一种事物"和"另一种事物"在句中的关系来看,弟弟和爸爸是同类物,没有本质上的区别。这个句子是表示两个同类物的比较,而不是比喻!如果改成"弟弟像牛一样健壮"。"弟弟"和"牛"是本质不同的事物,因而构成比喻。而我们绝大部分老师都认可的所谓比喻句"老师像妈妈一样关心我们""同桌的小芳像姐姐似的爱护我"其实都是表示两个同类物的比较,不是比喻句。

(2) 表示揣测。如"今天好像要下雨了"。在这里,比喻词"好像"只是一种猜想、推测,并没有把谁比作谁,所以不是比喻句。

（3）表示举例。如"南方的很多水果我都喜欢吃，像芒果，像荔枝，像龙眼"句中"像……像……像……"是"有"的意思，是将要表达的事物一一罗列出来。

2. 拟人是比拟的一种，它是把事物人格化、把物拟作人的修辞手法。把事物当作人，赋予人的行为，和人一样有感情、有思维、有动作、有语言。如：清晨，小鸟在枝头做操，花儿仰着头对着太阳笑呢！

其次，就是要理清"比喻""拟人"的关系。我们先来判断两个句子用了什么修辞手法。

①"吹面不寒杨柳风"，不错，像母亲的手抚摸着你。

②春风温柔地抚摸着你。

学生作业后两种答案：（1）①拟人、比喻，②拟人；（2）①比喻，②拟人。

这两句都把春风比作了人，本体都是"春风"，所以句①才会有"既是比喻句又是拟人句"的结果。但两句有着本质的区别，句①的喻体"母亲的手"在句中出现，因而全句由本体、喻体和比喻词"像"构成，是比喻句；句②中拟体"人"并没有出现，全句只有本体和描写的拟体词语"温柔地抚摸着你"构成，是拟人句。这两句的正确答案应选择（2）①比喻，②拟人。

从上面两句可以看出比喻和拟人有着明显的区别：

1. 比喻是用喻体与本体作比，或者用喻体替换本体；拟人是用所描写的拟人的词语去直接描写本体，如句②春风温柔地抚摸着你。

2. 在比喻句里，喻体必须出现，本体可以出现，也可以不出现。

3. 在比喻句中，喻体是确定的，如句①"母亲的手"；在拟人句中拟体"人"没有出现，是虚指，可根据拟人的词语去推断,所以拟体往往是不确定的。如"温柔地"不一定是母亲,也可以是别的人。又如"抚摸着你"不一定是女性,也可以是男性。

　　总之,比喻和拟人虽然是两种常见而又容易混淆的修辞手法,但我们只要引导学生掌握了区分两者的要领,答题时就会一目了然。

从《"推""敲"的故事》谈修改作文

儿时学过一篇课文叫《"推""敲"的故事》。故事讲的是唐代诗人贾岛,在写"鸟宿池边树,僧敲月下门"时,对这个"敲"字捉摸不定,不知用"推"好,还是用"敲"好。他边走边想,忘记了身边的一切,以致触犯了韩愈的随从。当他被抓到韩愈面前时,才知道自己闯了祸——挡了当官人的行道。等韩愈问明情况后,对他大加赞赏,并帮他定下了一字"敲"。如今我自己也站在讲台上,时而回想起这则故事,颇有感触:这则故事反映了一种态度,一种精神。作文课上我也向学生讲起这则故事,希望学生作文时也能像诗人贾岛那样斟酌用词。

目前,大多数学生都是写完作文后,把笔一放,数数作文的字数是否达到题目所要求,达到了就算"大功告成"了。至于句子是否通顺、用词是否准确等全然不顾,而我们的教师则习惯地把"学生修改作文"的过程全包揽了。这样就使学生的作文能力停滞在原来基础上,语言表达力度差,学生作文的主动性调动不起来。

其实,修改作文并不单纯是老师的事,而是学生作文过程中的必要步骤,也是终身受益的基本功。人教版小学语文第十一册第三组课文训练重点是"认真修改自己的作文",要求学生要有自己修改作文的能力。

中国有句古语"玉不琢不成器",我想,作文也应该如此吧。初稿完成后,要经过反复修改,才能写出一篇好文章。著名作家肖复兴先生在《那片绿绿的爬山虎》一文中就谈到了自己第一篇获奖作文便是经过叶圣陶老先生的修改才被印成铅字的。"好的文章是改出来的"。可每次作文要求学生认真修改时，学生都瞪大眼睛，或皱着眉毛，或敲着笔杆……不知如何下手。要想提高自己的作文水平，就必须在"修改"上下工夫。那么究竟怎样去修改作文呢？在几年的教学中，我摸索出了一些规律。

首先，要让学生明确修改什么。作文主要是思想内容与文字表达的综合统一，归纳起来，改作文应从两方面入手：一是从思想内容方面修改，包括作文是否符合文题要求，选材是否符合中心需要，材料组织是否合理；二是从语言表达方面修改，包括把句子改通顺，把用词改贴切，把格式改正确，纠正错别字，漏掉或错写的标点也不放过。

修改什么明确了，怎样进行修改呢？人教版小学语文第十一册第三组的《读写例话"认真修改自己的作文"》已讲得很清楚。

1. 如果是修改一句话，可按"审读→判断→修改→审查"，这一步骤进行，但宗旨是不改变句子的原意。

2. 如果是修改作文中的一段话。可按"通读原文→发现病处→找准病因→对症下药→反复检查"的步骤进行。例如，修改下面一段话：

"四岁的晶晶，矮矮的个子，脸蛋圆圆的像个大皮球，别看他年纪小，却很智慧。他穿着件漂亮的海军服和一顶小海军帽，腰上捆着一根皮带，皮带上放着一支'手枪'，真是神气极了。"

首先通读原文，要求逐字逐句地仔细阅读，然后在发现病处的下面划上记号，看看是哪方面有"病"，进行归类，然后再对症下药进行修改，注意修改时使用修改符号标记。改完后反复检查，看一看句子是否通顺，格式对不对，还有没有未改的错别字和标点符号。

（附修改后的短文如下：四岁的晶晶，矮矮的个子，脸蛋圆圆的像个大苹果。别看他年纪小，却很聪明。他穿着一件漂亮的海军服，头上戴着一顶海军帽，腰上系着一根皮带，皮带上别着一支"手枪"，真是神气极了！）

值得注意的是，修改作文中的一句话或一段话，如果是在课堂上进行，使用电教媒体的效果比不使用电教媒体的准确率要高，更能调动学生的多种感官，更容易让学生注意力集中，以至快速地发现目标，饶有兴趣地思考如何修改。这一方面比较适合素质教育，另一方面有利于素质教育在课堂中的正常实施。

3. 在修改作文时难度最大的就是修改一篇文章。其实，学生写完初稿后只要教师能及时地让学生保持良好的心态，"头疼"的病也就消除了一半。修改整篇作文，可按"通读原文查错→细读原文查中心→再读原文查材料→四读原文查结构→反复朗读查语句"几个步骤进行。

（1）通读原文，查错补缺。作文写好以后，将原文逐字逐句地阅读一至两遍，借此进行检查有无遗漏的字、词、句，如果有，立即补上。发现错别字和用错的标点应立即改正。对读不通顺的地方要加以分析，找出毛病。

（2）细读原文，查中心。我们写每一篇作文，都要表明一个中心。细读全文后，要认真想想，看看文章是否有一定的中心。如果没有或不明确，必定会影响内容的表达，须立即修改。

（3）再读原文，查材料。文章的中心是靠材料来表现的，所以，作文完成后一定要反复琢磨自己所选的材料，看它与文章的中心是否有关。如果一文需要多个材料，就要做到重点突出，详略得当。

（4）四读原文，查结构。作文的结构要严谨，要根据中心表达需要来安排段落层次。一般来说，一个自然段要表达一个完整的意思。但段与段之间联系紧密，要注意衔接和过渡的自然流畅。发现段落位置错乱，必须作适当的调整。

（5）反复朗读，查语句。小学生在写作文时常易犯语句成分残缺、搭配不当、次序颠倒、用词不准确、标点乱用等毛病。做了以上修改后，有必要反复朗读，对整篇文章的语句进行详细的修改加工，力求做到精益求精。

一篇习作经过以上五个步骤的修改，可算得上基本"成功"了。但我认为还不够，还应让它走出自我那块狭小的"天地"，敢于将自己的作文"曝光"。读给老师、同学、朋友、或父母、爷爷、奶奶听，请他们多提意见，"集思广益"会收获更大，因为事情往往是旁观者清嘛。

在作文教学中，教师还可采取学生互相修改作文的办法，将学生分成若干小组，每三人或两人一组。教师将一部分学生的作文发放到每个小组，要求按以上修改方法进行修改。通读全文后"标明错处，到篇后注明"，指出错因是什么，建议怎样改；修改后的作文与原文相比有什么出入，然后每小组派一人作代表发言，全班学生一起讨论，最后由教师指正。这样一来，不但能充分体现"小学语文新课程标准"中的"充分发挥学生自主原则"，还能提高学生的观察力、判断力、分析力，最终达到提高学生的学习语文、应用语文的能力。

当然，现在我们的小学生作文不可能像诗人贾岛一样去花费掉那么多的时间，否则，课堂上作文就写不成了。小学生的作文，不要求做严格修改，只要求"做到顺理成章，中心明确，语句通顺，材料充分，结构完整"就行了。许多古今中外的名作家的名作品尚需反复修改，何况我们的小学生呢？

抓好小学作文教学中的"仿写"工程

【摘要】仿写就是模仿某篇文章的立意（即确定中心），布局谋篇或表现手法等来写成文章。它是一种阅读与写作相结合的作文方式，也是训练小学生作文、提高习作能力的必由之路。抓好小学生作文教学中的"仿写"工程，让学生养成仿写的习惯，学生作文能力一定能大面积地逐步得到提高。

【关键词】仿写；训练；提高

崔峦教授在《领会修订后大纲的基本精神，深入进行小学语文教学改革》的报告中指出："小学作文要放缓坡度，由放到收，由喜欢写到自由地能写，比较符合小学生习作的规律，有可能大面积提高小学生的习作能力。"对作文提出了新的要求，要大面积提高小学生的作文能力，笔者认为仿写是一条行之有效的途径。

所谓仿写就是模仿某篇文章的立意（即确定中心），布局谋篇或表现手法等来写成文章。它是一种阅读与写作相结合的作文方式，也是训练小学生作文、提高习作能力的必由之路。著名作家老舍先生说："任何作家在他初学写作时，都是从模仿别人开始的。"美国总统富兰克林不但是一位出色的政治家，而且是一位杰出的文学家，据他自己说，他的写作能力便得益于仿写。可见，抓好小学生作文教学中的"仿写"工程，不容忽视。

一、怎样在教学中抓好这一工程？

首先，教师要努力挖掘教材，了解教材中哪些片段值得仿写，再有针对性指导学生仿写。一般说来，仿写主要有两种方法：一种是仿照原文的内容来写，如模仿原文中中心线索、思路、主要精神等；一种是模仿原文表现形式来写，如模仿原文的结构特点，表现手法和语言等形式来写自己的内容。

1. 仿写文章的体裁。如课文《陶和铁罐》讲的是发生在陶和铁之间有趣的故事，告诉人们"人都有长处和短处，要看到别人的长处，正视自己的短处"的道理。可根据学生不爱公物这一情况，让学生仿写《桌子和椅子的对话》。再如，安徒生的童话《卖火柴的小女孩》用奇特的想象，描绘了旧社会里穷困儿童的悲剧，就可以仿照童话来写《我和外星人》等，还可以培养学生的想象能力。

2. 仿照原文的题目和中心写。课文《我的伯父鲁迅先生》通过几件事反映了伯父"为别人想得多、为自己想得少"这一中心，就可以仿照这个题目以及中心，写《我的爸爸》《我的好朋友》等。

3. 仿照原文的结构特点写。有的文章按事情的起因、经过、结局的时间为线索，或按主观感情的发生、发展、起伏、消失来安排，如《开国大典》《飞夺泸定桥》，可指导学生写《开学典礼》《记一次有意义的活动》等；有的按空间变化来叙述或按材料性质分类，如《新型玻璃》，可让学生写《文具盒的变迁》等；有的既按时间又按空间，如《海上日出》《高大的皂荚树》等，可指导学生仿写《我家门前的枣树》等。

4. 仿照原文的表现手法，有的文章想象丰富，有的真实感人，有的语言精练，有的运用了大量的恰如其分的修辞方法等，可让学生仿写其中的某一情节。

5. 仿照原文的语言特色写自己的内容，课文《心愿》运用人物对话的手法和插叙交代有关情节的记叙顺序，就可仿照语言特点写《爷爷的心愿》等。

二、教师要鼓励学生自觉地练习仿写

要仿写，就多质疑多阅读，仿写是提高阅读和写作的方式，阅读也为仿写提供了机会。欧阳修是古代最擅于散文的"唐宋八大家"之一，他的许多优美篇章成为脍炙人口的佳作，别人向他请教作文的秘诀时，他说："多读，多写，多商量。"意思是说，只要多读多写，多与人商量修改文章，就能写出好文章了。俗话说："熟读《唐诗》三百首，不会作诗也会吟。"都说明了多读对写的帮助，因为文章的写作离不开生活、思想和技巧这些东西，怎样在生活中撷取，怎样提炼文章中心，怎样运用恰当的技巧表现出来，都可以在阅读中加深领悟和取得借鉴。仿写前学生必须读懂范文，只有在阅读中一一领悟了，才能进入仿写的阶段，仿写的文章才会符合要求。因此仿写工程必须从课内延续到课外，由布置的写到自觉地喜欢练写，以便达到提高写作能力的目的。

三、教师要积极指导学生如何仿写

仿写不同于抄袭，是取内容形式的某一方面进行仿照性的写作训练的形式。在训练学生的仿写过程中，不要盲目，不同的年级应有不同的要求，从仿写一句话、几句话开始到仿写一段话，逐步做到仿写一篇文章，循序渐进，切记"眉毛胡须一把抓"。

1. 确定好仿写点，要把该文最显著的表现力最强的地方做仿写点。

（1）仿写一句话或几句话。课堂中常用的仿照某个句子说一句话实际上也是一种口头仿写形式。这种情况在低年级可以大显身手，在高年级也有用武之地。一般练习仿写某一句式有仿写感叹句、反问句、比喻句、拟人句、夸张句，仿写几句话通常是仿写排比句用得比较多，如："芦苇和蒲草倒映在清凌凌的河水里，显得更绿了，天空倒映在清凌凌的河水里，显得更蓝了；云朵倒映在清凌凌的河水里，显得更白了。"《可爱的草塘》这一系列的排比句体现了草塘的美以及作者由衷的赞美之情，课堂上进行仿写，加深了对课文的理解。

也可抓住原文中的某一句话的关键词进行仿写。如"站在长城上踏着脚下的方砖，扶着墙上的条石，很自然地想起古代修筑长城的劳动人民来。"（《长城》第三自然段）就可抓住带点的词进行仿写练习：站在，踏着，扶着，很自然地想起。

（2）仿写一段话，有的文章某一段写得有特色，学生也喜欢读，可抓住这一有利时机进行仿写。如《桂林山水》描写漓江的水和桂林的山的两段话，把桂林山水的"美"描绘得淋漓尽致，令人读后有身临其境之感。可指导学生运用形象的比喻和巧妙的排比，仿写家乡的风景。

（3）仿写原文，前面已讲到仿写原文的表现形式。如《长城》一课的结构是"观察→联想→赞美"，可要求学生以《黑板》为题，按这一结构仿写。再如，教完《小站》，布置学生以《乡村小店》为题，仿照课文，写一篇作文。教师先引导学生回忆刚学过的《小站》的结构与写作方法拟出仿写提纲：

第一段　交代小店的地理位置、外貌（外面）

第二段　店内陈设（台、门口………）及日常杂货

第三段　对于其他服务项目，人们的不同需求在改变人们的观念

第四段　小店的周围环境（四周）

然后启发学生根据提纲仿照课文的描写情景，进行仿写。

2. 仿写要自然、贴切，要有新的创意，不要生搬硬套，要学会活用课文，这就要求学生有良好的摘录习惯，摘录具有创造性

的想象句段，有可能的情况下可在同学之间相互交流，再动手仿着写出自己的一句话或一段话，这样，既让学生的读写有机结合起来，又开拓了学生想象的视野。美国总统富兰克林就养成了这样一个好习惯，读了一篇文章，把其中的优美句或精彩部分摘录下来，然后在空闲时抽出来看一看，用自己的话把那些摘要写成文章，再拿自己的文章同范文对照，查查自己哪些地方不如原文写得好，问题在哪里，将自己写得不好的地方一一修改，直到满意为止。这一习惯的养成，使他成为一代演说天才和写作高手。

总之，抓好小学生作文教学中的"仿写"工程，让学生养成仿写的习惯，学生作文能力一定能大面积地逐步得到提高。

第五章 校本讲坛

语不惊人誓不休,
莲花座上谈春秋。
周家老窖郴江醉,
教海无涯巧作舟。

教学设计作业需要注意的几点

——2020 年苏仙区马头岭学校讲座

一般来说，教学设计与通常的教案、课堂教学实录是不一样的。教学设计标题的格式一般为：

××版××科××年级××内容的教学设计

单位　　　　姓名　　　　电话

教学设计可以包含教学内容和对象、目标和重难点、策略与手段、过程、意图或说明。

教学内容和对象

在对教材和学生作出比较科学客观分析的基础上，教师根据自己对教材内容的理解及教材编者编写意图的体会、对课程标准的把握、结合学生心理年龄的特点，来确定本课时教学的内容。

因此，教师要了解本课时内容在学生知识体系中的来龙去脉、地位和作用。如：学生学习本课时内容有哪些所需的知识储备、学习本课时内容对于今后的学习有什么作用、学生学习本课时内容在哪些关键点可能会出现什么障碍等。

教学目标和重难点

依据课程标准的要求，并结合对教材和学生的分析，确定本课时的教学目标和重难点。需要注意的是一定要简明扼要、切合实际。

教学策略与手段

基于教学内容和对象、目标和重难点的确定，简述为了实现教学目标完成教学任务，所设计的教学环节、引导学生的方法步骤、使用的媒体手段、师生课前教与学的准备（包括教具与学具）。

教学过程

描述教学过程的各环节。注重体现：目标的落实、在教师指导下重难点的突出突破、学生获取知识的思维过程。

设计意图或说明

阐述教学设计中的重要环节为什么要这么设计，这样设计的依据或意图是什么。

需要注意的是：

教学设计不是教案、更不是课堂教学实录。教学设计是一种预设而不是实录，可以有某一个环节的设计和预期，可以有对各种不同生成的不同预案，但是不应该有记录师生之间对话的详细记载。

教学设计表述的是"将来进行时"，课堂实录描述的是"过去进行时"。

教学设计之"教材分析"

——苏仙区五里牌中心学校讲座

尊敬的各位领导、老师们、同事们：

大家好！

互动：当你拿到一本教材书时，你首先会做什么？

既然是高效课堂，就得有个好的教学设计。

教学设计以现代的学习论和教学论等理论为基础，运用系统论方法分析教学问题，确定教学目标，设计解决教学问题的策略方案、试行方案、评价试行结果和修改方案的过程。通俗地说，教学设计是我要怎么上这节课的预设，是课堂教学的前期工作。设计从总体上可分为课前部分、课堂部分、课后部分三个部分。课前部分设计包括教材分析（分析新修订《课程标准》标对所教学段要求、教材内容在本册教材中的作用与地位，教材内容本身）、学情分析（学生已有的认知水平和能力状况、存在的学习问题、学习需要和学习行为）、教学目标的确定、教学重难点的定位、教学策略；课堂部分设计主要是教学过程，即这一节课教师有目的地、有计划地引导学生主动地进行的认知活动，整个过程需要师生互动，共同完成；课后部分设计是教学后记或反思，有的还会附上设计说明。

当前教学设计中存在的问题

现在课堂教学中一个比较普遍存在的问题就是：教师的课堂

教学缺乏设计，至少可以说没有用心设计。课堂教学中抓不住核心知识，没有前后一致、贯穿始终的思想主线，在学生没有基本了解有关概念和基本方法时就进行大量解题操练，导致教学缺乏必要的根基，教学活动不得要领，在无关大局的细枝末节上耗费学生的宝贵时间，从而导致课堂教学效率低下。我认为一节课要有思维的味道，既要有教师思维的味道，也要有学生思维的味道，学生思维的味道体现在学习过程中，而教师思维的味道首先体现在教材分析上。因此，做教材分析十分重要。

下面我就"教材分析"这一问题来谈谈我的理解。

一、为什么要做"教材分析"？

许多老师可能会觉得很奇怪，现在网络这么发达，教案铺天盖地，有的电子备课直接复制粘贴就行了。

很可笑的一件事：一个初中都没读完的打字社老板卖教案，我问她教案哪来的，她很理直气壮地告诉我："我下载后改的！"

如果我们的老师拿着这样的教案上课，会有什么样的后果，不想而知。

同样是一节课，为什么有的老师上课时候学生打瞌睡、钻桌子底下玩？为什么有的老师却把课上得津津有味，就好比唱："我们的生活充满阳光……"

我们平时说的"钻研教材"就是教材分析，教师作教材分析是教师科学把握教学内容、对教材编写意图的解读，以及加深教育理论的理解、实施创造性备课的重要前提，是教师进行教学研究的一种方法。

二、怎样进行教材分析？

（一）领会《课程标准》的要求

《课程标准》是教学的指导纲要，教师在设计某个教学内容之前，要重新学习课程标准中的相关部分，把握《课程标准》中的基本要点，确定表达《课程标准》要求的方式、方法及内容，分析新修订《课程标准》标对所教学段要求。不同学段会有不同的要求。

1. 例如：山东寿光市教育科学研究中心的李凤君老师提出"小学语文原点教学"。

第一学段（1—2年级）	第二学段（3—4年级）	第三学段（5—6年级）
快识字、早阅读、写好字	爱阅读、广积累、乐表达	读好书（整本书）、习方法、会写作

"原点"是基础、核心、根基、本体的意思。

关于"原点教学"，我认为不管哪门学科都是相通的：

①明确学段目标，防止"越位"或"缺位"。

②精心梳理单元目标，用好教材里的例子。

③精准落实课程目标，实现一课一得。

2. 不同学科的课程标准对课程目标的要求也不一样，《语文课程标准》课程目标一共分为三大块：知识与技能、过程与方法、情感态度价值观；《数学课程标准》的课程分为四大块：知识与技能、数学思考、问题解决、情感态度价值观……

（二）理解教材编写意图

首先弄清楚每课教材内容在整个课程标准和教材中都有它的地位和作用。

【语文课标】"语文"课程的性质和地位是这样表述的：

语文是最重要的工具，是人类文化的重要组成部分。工具性与人文性的统一，是语文课程的基本特点。语文课程应致力于学生语文素养的形成与发展，语文素养是学生学好其他课程的基础，也是学生全面发展和终身发展的基础，语文课程的多重功能和奠基作用，决定了他在九年义务教育阶段的重要地位。

【小学数学课标】"数学课程作用"培养逻辑思维能力，开发非智力因素，启蒙辩证唯物主义的观点，进行爱祖国、爱社会主义教育，培养科学文化素质。

【美术课标】课程性质与价值　美术课程具有人文性质，是学校进行美育的主要途径，是九年义务教育阶段全体学生必修的艺术课程，在实施素质教育的过程中具有不可替代的作用。

【音乐课标】课程性质：人文性、审美性、实践性……

不同的学科承担的教学任务不一样。我们不能"人云亦云"，要思考教材的背后将会传递一个什么样的思想。（数学有哪些思想，一个简单的计算题算理是什么？语文有哪些观念？法制课要渗透什么教育？体艺课要达到什么样的效果？……）都要我们去思考。

一节课要有老师思维的味道，也要有学生思维的味道。只有对教材做认真的分析，才能创造性地使用教材，让教材最大限度地发挥它的作用，彰显它的地位。

1. 例如：三年级语文寓言两则《狐狸和乌鸦》《酸葡萄》的教学方法通常是朗读，总结狐狸狡猾，乌鸦爱听好话，上当受骗……没有人考虑课文在本单元的编写意图，学习文章语言表达方法。

《地平线》"我"与老爷爷的对话，留白。

《收购废话》中"老猴"的话（有个老师说：查了网上都是这样写的）。

课文中的异形词《井底之蛙》"头昏脑胀""头昏脑涨""萎靡不振""萎糜不振"表面上意思是一样的，实际上是有区别的。

2. 例如数学《三角形的面积》创造性地处理教材。

我们平时所见本课的设计，大多数是叫学生去量去剪，或直接地把一个三角形折成长方形获得结论。而这个设计突破了常规，从学生已经很熟悉的长方形、直角三角形入手，设计了一个操作系列，由特殊逐步过渡到一般，使学生掌握将一般图形转化为已知的特殊图形加以解决的思路。课中一系列的操作活动模拟了人们探索未知世界的方法，使学生从小受到方法论思想的熏陶。这样处理教材，是一种创造性的劳动。

3. 画图在小学数学教材六年级上册中专门有个单元《数与形》，给出的例题是用图形表示1+3+5。从右图上发现，算式中的数1，3，5分别用1个，3个，5个正方形表示，这些正方形恰好构成一个边长为3的大正方形。大正方形面积是9，因而1+3+5=9。

这里画图不是为计算1+3+5的结果，这个计算太简单了，为计算而画图没有必要。数学主要是研究数、形的，教材特意安排这样的单元，是为了让小学生知道数还可以用形表示。进一步，用图解题就是一种好方法，波利亚先生都极力推崇了，我们在教学中需要重视画图解题方法，提高小学生的解题能力，为他们学习数学提供强有力的工具。

4. 音乐……（音乐欣赏；培养学生想象力……舞蹈：形散神不散；唱歌……）

5. 美术……（绘画）

（三）厘清每课教材内容与其他学段教材相关内容的区别和联系。

以前：我们总是说教学要"以纲为纲，以本为本"。

现在：站在什么高度认识教材，培养学生科学的态度？

例如鲁迅的《风筝》湘教版二年级、五年级、七年级都有，该怎样根据不同学段要求设计教学？

讨论：有人说，只有科学课才培养学生的科学态度？

《湖南教育》杂志的申剑春主任把古诗写进数学题里,用数学方法理解毛泽东的诗词。

跳出语文看语文……

跳出数学看数学……

跳出教材看教材……

(上了数学课让学生写数学日记)

(音乐课……)

(美术课……)

各学科之间是相互渗透的(为学生全面和终身发展服务)。

三、作教材分析的意义

它能体现教师对教材的驾驭能力和备课时的创新能力,只有对教材做认真的分析,才能创造性地使用教材,让教材最大限度地发挥它的作用,彰显它的地位。

评语，一个不容忽视的问题

——校本培训讲座

摘要：评语，是对学生一个学期的综合表现用简洁语言的评价。撰写时要言之有物，主次分明；因人而异，针对性强；把握分寸，重在激励；形式多样、不拘一格。好的评语，能给予学生指点，引领与激励。

关键词：评语；撰写；学生转化工作

写评语，是对学生一个学期中的综合表现用简洁语言评价。一则好的评语，能让家长和学生从中领悟到班主任的暗示，让学生明确努力的方向，从而更好地配合学校协调一致地做好学生的教育激励工作。

那么，班主任该如何写评语呢？

一、要言之有物，主次分明

评语要全面反映学生在德、智、体、美、劳各方面的发展变化情况，一则好的评语应像一幅学生的学校生活展示图。因此，班主任在写评语中，必须全面审视学生各个方面的表现，客观、公正、实事求是地再现学生的优缺点。既要看到学生的思想认识，又要考虑其行为态度；既要注意其原有的基础，又要注意其发展变化的情况；既要表明其优良的方面，又要点明其不足之处。切实做到描述恰如其人，评价恰如其分。写评语的过程中，当力避感情用事，不可隐恶扬善，掩丑溢美，也不可专攻其短，全盘否定，将学生贬损得一无是处。当然，评价时要分清主次，大可不必面面俱到。

二、因人而异，针对性强

写评语不仅仅是对学生各方面的发展变化情况作如实的评价，更重要的是它是教育学生的一个环节，它能督导学生调整自己的行为，重塑自己的形象，起到激励、教育的作用。学生的在校表现、个性特征、兴趣爱好各不相同，因此，我们在撰写评语时要因人而异，各有侧重。即使是同一优点或缺点，对于不同性格的学生也应该使用不同的语言、采取不同的形式去表述。一般来说，外向型同学的评语宜多运用具体化、形象化的语言，直击要害，切忌拐弯抹角；而内向型同学的评语则可以采用情景化，甚至借助含蓄的语言去表述。这样更利于他们接受。

三、把握分寸，重在激励

写评语的目的是让学生认识自我，让家长了解孩子的在校表现。多年来的班主任经验告诉我，时下仍有相当数量的学生和家长对学生的认识是模糊的，经别人点拨才会豁然开朗。因此，班主任在撰写评语时要根据这一心理现象，着力抓住学生的一两个闪光点加以激励，针对急需解决的问题进行疏通诱导，从而点燃他们心灵中的希望之光，扶起他们的自信之树，让评语真正成为他们前进的动力，让评语指明他们前进的方向。

四、形式多样，不拘一格

目前学生的评语绝大多数是由班主任亲自撰写，这种由班主任单一作业的模式是合乎情理、无可厚非的。但为了让评语更为客观，取得最佳的教育激励作用，我们也不妨调动学生的积极因素，采取多样化的形式，比如让学生自己参与评语的写作活动。我们可以先让学生自己为自己写评语，或者同学间相互写评语，然后班主任在学生评语的基础上完善、修改、定稿；我们也可以采取班委会集体讨论写，由班主任把关的方式。实施这种方案旨在让学生审视自己或同学的表现，从而有效地展开取长补短、相互学习的活动，开展批评和自我批评活动，深刻认识他人和自己的优点与不足，以便他们自觉主动地发扬成绩、克服缺点，达到共同进步的目的。

识字教学

——区课改下乡《金色的玉米棒》评课

2015年5月14日，苏仙区课改督查团到达廖王平中心完小，本次学校采取了送课的教师（四完小段艳霞）与本校教师（杨薇）同课异构的形式，都选取了二年级下册《金色的玉米棒》一课的识字教学。

一、两位老师的课都各具特色

1. 杨老师的课：组织教学有序，课堂上教师有不同的口令调动学生的学习积极性；对教材把握没有偏差，重点突出，围绕重点开展活动，注重了生字的音、形、义的训练，内容完整；教法适用，合理运用了仅有的资源突破难字的学习。

2. 段老师的课教程清晰，教态亲切，教法细致，结构完整。

二、听了两节课后，我想从课程标准的把握，识字教学的规律，教师的教学几个方面谈谈我个人的意见

1. 不管是什么课型，我们都要以课程标准为依据，抓住本学段的要求进行课堂教学构思。确定好本节课的重难点。杨薇老师在编写教学设计时，教学难点定位不准确，这就导致了老师在课堂上教学把握不住轻重，所有的生字都是一样地教。有的生字如"玉""行"，学生完全可自己搞定，"袋""粒"和"粮"稍作讲解，教师应把更多的时间指导学生写"像""必"。

2. 低年级识字教学要遵循一定的规律。

低年级学生识字量还不多,在教学过程中,首先遵循循序渐进的规律。由浅入深、由难到易,由形象到抽象,即感知—理解—记忆—书写—运用。段艳霞老师在教学时就把握了这一点,找—读—记—说—写,整个过程层层递进。杨薇老师采用了先学文后识字,学生在没有识字的情况下写组词。在这个过程中,暴露了一些问题,老师和学生都把"必"的最后一笔写成"丿"。后来老师自己发现了,采取了一些补救措施,认真的学生更正过来了,还有些不认真的学生依旧是错。这就给学生造成了一种错误的思维定势。

其次,遵循低年级学生的认知规律。6—8岁的儿童,主要表现为无意注意占优势。到底先学文还是先识字?我认为要根据不同的教材内容而定。文章内容、故事情节是老师和学生熟悉的,可以边学文边识字。对于不熟悉的,还是先识字再学文。

第三,遵循低年级学生身体发育的规律。低年级阶段,主要是习惯养成阶段。学生书写时往往喜欢趴在桌上,或歪头,或扭腰,姿势五花八门,教师要经常提醒学生注意"三个一",从小养成正确的读书写字姿势。

3. 汉字结构是固定的模式,各种结构的字在田字格中的位置也是固定不变的。段老师在指导学生书写时告诉学生"左右结构的字左窄右宽,上下结构的字上窄下宽"。这句话就值得商榷了。并不是所有左右结构的字和上下结构的字都是这种规律,比如"到""列"等就是左宽右窄,"热""煮"等就是下窄上宽。如果说成本课中几个生字"左右结构的字左窄右宽,上下结构的字上窄下宽",也就没什么问题了,还不会让学生误入"歧途"。

4. 关注全体学生,灵活处理课堂中的动态生成。课堂上每个学生的注意力都会不一样，每个学生的思维能力也会参差不齐，教师要深入到学生中，才能发现问题，对于课堂上动态生成的问题要因势利导，切忌置之不理。

5. 一个年轻的教师要在多方面历练，如：个人素养、语速、语感、课堂激情，等等。

教师怎样做课题研究之"操作过程"

——苏仙区东南片校长、教学副校长会讲座稿

苏联教育家苏霍姆林斯基说:"如果你想让教师的劳动能够给教师带来乐趣,使天天上课不至于变成一种单调乏味的义务,那你就应当引导每一位教师走上从事研究这条幸福之路。"

新教育理念下的教师培训工作,就是要把我们的老师从单纯的教书匠引入教育研究者之路。在郴州,新课程改革已进行了整整七年,有一部分教师已经在这条路上有所收获了。因此,教师要做研究,就要做课题。一旦做课题,教师就成了研究者,在参与研究的过程中,教师不但可以提高自己的自我反思意识和能力,了解自己行为的意义和作用,还有利于改进自己的教学工作,提出切实可行的教育改革方案,更能帮助我们从"必然王国"走向"自由王国",从日常繁杂的教学工作中脱身出来,在劳动中获得理性的升华和情感上的愉悦,提升自己的精神境界和思维品味。

在日常的教育教学工作中,我们每个教师都在做课题,譬如怎样让学生掌握知识,怎样上好一节课,怎样当好一个班主任等,我们为什么没有课题成果呢?那是因为我们没有将我们工作中遇到的问题进行系统化的研究和提升总结,没有拿出来进行科学论证、提炼经验并上升到理论。

教师怎样进行教育科学研究?下面我就"操作过程(研究过

程）"向在座的领导们汇报。

一、如何选择研究对象？

选择研究对象就是根据课题的性质和研究任务，通过合理选择，使研究对象具有典型性和代表性。研究对象有全体和部分之分，因而就有总体研究和抽样研究两种情况。作为教师，研究的对象没有太大的变化，主要是学生，多数采取抽样研究。

抽样研究的关键是抽样的水平。

第一，总体的内涵和外延要非常明确。如"小学生学习困难成因的研究"，内涵就是学生学习困难的成因，外延是小学生这一特定的范围。

第二，取样要有随机性，尽可能是每个被抽取的个体具有均等的机会。如有的学校搞实验班，有时会出现插班或"开后门"进实验班的现象，或者故意选一些智商高的学生作为实验对象，这都是不符合抽样规范的，最终，研究的结果就缺乏说服力。

第三，取样要有代表性。要尽可能使抽取的样本能代表总体。做到这一点，很重要的一个策略就是分层取样，也就是根据学生的智力、家庭背景等一些可比因素，分成若干层次，在每一个层次中按同一比例抽取，组成样本。

第四，样本的容量要合理。要科学地确定样本的大小，既要满足统计学的要求，又要考虑实际上收集资料的可能性，使误差减少到最低限度。一般地说，描述研究、调查研究，样本容量不少于总体的 10%，实验研究所确定的一个实验班，一般不少于 30 人。

归纳起来就是：先抽样，然后选两个同水准的班，再在各个年级展开；是否知道你的对象期待什么，你将采取什么方法介入解决；做研究时不要拘泥于规范。

二、如何收集资料？

（一）途径

1. 通过观察记录（手记、摄像、摄影）。

2. 通过问卷调查（学校、社会、家庭）。

3. 通过图书馆收集资料。

4. 通过个别交流、专家询问收集资料。

5. 通过参加学术会议收集资料。

6. 通过上网收集资料。

（二）资料的种类

1. 文字类的资料：教案、论文、研究札记、活动记录、研究计划、会议记录等。

2. 图片类：活动的照片、研究图纸。

3. 音像类：录像带、录音带等多媒体工具。

4. 物品类：教具、学具、测量工具、学生的作品、获奖证书参考书目。

三、如何控制条件？

（一）盲发研究：搞实验不要让学生或家长知道在做研究。

（二）保持时间上的连贯和研究对象的稳定：不要今年搞这个班，明天搞那个班；示范课以录像的形式呈现（在哪搞的研究，就在哪里实验）；保持研究对象的学籍稳定，不要经常有转进转出的现象，避免影响研究的进度。

四、如何整理和分析资料？

关键的工作是：打散、重组、浓缩、整合。这样做的目的在对于原始资料进行意义解释。

（一）整理资料的原则

1. 及时性原则（最好做到日日记、随时记、在记忆力消退之前进行)。

2. 原汁性原则（最好不对文字进行编辑，尽可能保持"原汁原味"；也不在尚未整理资料之前与他谈论自己所看到的和听到的内容，以免造成信息的筛选和失真）。

3. 补充性原则（将未记录的信息进行补充，对现有的信息进行初步思考和分析，作旁批）。

（二）原始资料的记录和整理的方法及举例

1. 做笔记。做笔记时要留三分之一的地方写个性评语。

2. 分类收集。如：盒子、袋子、夹子、本子。

3. 为资料编号，建立编号系统与资料目录（资料类型——文件、论文、书籍等；资料的采集方式——时间、地点、情景）。

（三）资料分析的步骤

1. 阅读原始资料。我们要学会向资料投降，不要想自己的观点，把自己的观点悬起来，让资料自己说话；向体悟投降，把自己的真实感受写下来；寻找意义，自己发现某词、某概念的关系，联系生活实际进行内化与运用。

2. 登录（做一些标记写码号，码号是资料分析最基础的意义单位。登录是资料分析的一项最基本工作，是将资料打散，赋予概念和意义，然后再以新的方式重新组合的过程）。

3. 寻找"本土"概念。"本土"概念是那些能够表达被研究者自己的观点和情感感受的语言，是被研究者经常使用的、用来表达自己"看世界"的方式的概念；通常有自己的个性和特色；与用以表达的词语本身会有所不同。

4. 资料系统化（建立编码系统化、建立归类系统）。

（四）资料分析

1. 类属分析。指在资料中寻找反复出现的现象，以及可以解释这些现象的重要概念的过程（类属资料分析中的一个意义单位,一般是资料所呈现的一个观点或主题)。

2. 情境分析。将资料放置于研究现象所处的自然情境中,按事情发生的时序对有关事件和人物进行描述分析的过程。

(五)资料分析手段

1. 写作:描述型、分析型、方法型、理论型、综合型。

2. 图画表:矩阵图、曲线图、分类图、网络图、认知图、模型、报表、模式、因果关系图、举证图。

3. 与人交流,发表自己的意见。归纳(提出问题—探索问题—解决问题—进行练习)—演绎(提供背景—发现问题—探索问题—解决问题—作出决策—付诸实施)。

小学生传统文化修养培育在班级管理中的作用

——郴州市教师发展中心班主任培训

尊敬的各位领导们、各位老师：

大家好！首先得感谢郴州市教师发展中心的唐主任和曾老师，把这个机会交给我，我看了"班主任训前调研报告"，我很符合你们的要求，但就不知道能不能对上你们的胃口。

说实话，我现在很忐忑，本人才疏学浅，不是什么专家，说不出什么大道理来，也没有"腹有诗书气自华"的气势，我就是一个普普通通的在一线工作了 27 年的老师，我和大家一样，乘着"国家城中村改造的这股春风"变成了城里人。今天我将来与大家进行分享。

今天主要把我做的一些对城中村小学生进行传统文化修养培育与班级管理的有关小事向大家汇报。

"为什么做—取得什么成效—怎么做？"我从这三个方面与大家一起分享，希望能与大家共勉。同时希望大家能在这次分享的过程中积极参与互动，共同交流。

一、引入话题

1. 老师的职业感。
2. 老师是什么人？
3. 老师说的几种死法。

4. 班主任（老师）工作状态。

5. 如何理性看待社会对老师的传统定位。

6. 全面实施素质教育。

二、什么是班主任？班主任的任务是什么？PPT——4张

案例一：2017年11月21日发布的"优秀学生"刺杀"优秀老师"事件：究竟是谁把小罗推向了犯罪的深渊？（11月12日，湖南省益阳沅江市第三中学一名16岁的高三学生罗某，在办公室用水果刀将自己的班主任鲍某刺死。次日，小罗因涉嫌故意杀人罪被刑事拘留。）

讨论交流：谈谈自己在班级管理工作中遇到过哪些苦恼的问题，请将你讨论后的意见写在白纸上。

我也是一线老师，面对顽皮的、学习不认真的等问题学生经常会有"恨铁不成钢"的无奈，很是羡慕一些知名专家有化解"班级云雾"的本事，也曾经依葫芦画瓢，可画来画去就是没有效果。后来，我也有了想法——"临渊羡鱼不如退而结网"。

班主任的任务：班主任是班集体的组织者、领导者和教育者，是学校对学生进行思想品质教育的骨干。班主任的任务就是对学生进行思想教育，组织班级课内外活动、做好协调本班任课老师的工作、引导学生完成学习任务、指导班委会工作，进行家长联系工作、中肯评价学生的工作，等等。

三、什么是中国传统文化修养

传统文化修养：传统文化就是文明演化而汇集成的一种反映民族特质和风貌的民族文化，是民族历史上各种思想文化、观念形态的总体表征。修养指行为和涵养，与人的性格、心理、道德、文化等有着紧密的联系，即为综合素质的表现。

中国传统文化修养：指我国人们对传统文化的把握和感知，将传统文化中领悟到的东西运用到生活和学习之中，成为个人修

养的一部分。

四、传统文化修养的培育对班级管理的意义

我认为对小学生,特别是城中村的小学生进行传统文化修养的培育,它的意义就在于:

1. 能在学校这么一个特殊的教育环境里弘扬和培养民族精神,体现学校育人目标的具体落实。

2. 它是城中村教育发展、全面推行素质教育、提高师生传统文化修养、践行教育对象"终身发展"的需要。

3. 符合我们这种学校特殊的地理位置、教育对象的发展、形成良好班风及办学特色的要求。

4. 能有效地帮助城中村孩子改变陋习,规范行为,讲究文明,养成良好的行为习惯,尽快有效地融合于城市生活、文化的氛围之中。

5. 能有效地帮助家长认识到孩子的行为将影响孩子的一生,促使家长加强对孩子的监管,并主动参与到班级管理中来。

6. 能有效提升教师的文化修养,提高班主任的班级管理艺术。

五、如何用传统文化修养的培育来影响班级管理?

下面我将以我们学校在进行的课题研究为例,来谈谈"小学生传统文化修养的培育与班级管理"。

1. 缘由:学校地处区域特殊、生源特殊、周边环境特殊。

2. 如何选择教育目标及教育措施?

观看视频《南橘北枳》《孟母三迁》阐述了这样一个道理——"环境造就人"。

在现实生活中,你和谁在一起的确很重要,甚至能改变你的成长轨迹,决定你的人生成败。和什么样的人在一起,就会有什么样的人生。我要声明:并不是说农村的孩子就是习惯不好,只是大多数家庭生活的环境变了，价值观也就变了，就好比南方的橘种到北方就结出了枳，种子放在水泥地板上会被晒死，种子放在水里会被淹死，种子放到肥沃的土壤里就生根发芽结果。选择决定命运，环境造就人生！

蝴蝶效应：三年级语文课本《一条新裙子》能使盖茨大街的环境发生翻天覆地的变化，就是一个关于蝴蝶效应的故事。蝴蝶效应，初始条件十分微小的变化经过不断放大，对其未来状态会造成极其巨大的差别。有些小事可以糊涂，有些小事如经系统放大，则对一个组织、一个国家来说是很重要的，就不能糊涂。今天的企业，其命运同样受"蝴蝶效应"的影响。消费者越来越相信感觉，所以品牌消费、购物环境、服务态度……这些无形的价值都会成为他们选择的因素，而这蝴蝶效应对班级管理同样有用。

美国心理学家马斯洛"人的需求层次"理论。在马斯洛看来，人的需求有一个从低到高的发展层次。低层次的需要是生理需要，向上依次是安全、爱与归属、被尊重和自我实现的需要。自我实现指创造潜能的充分发挥，追求自我实现是人的最高动机。生理需求是人类最基本的需求和欲望。人类不会安于底层的需求，较低层的需求被满足之后，就会往高处发展。满足生理需求之后就追求心理满足和社会认同，之后就想被爱，被尊重，希望人格与自身价值被承认。比如说，没钱用的时候希望自己有小钱，有了小钱又想赚大钱，赚了大钱想买房、买车……这是人类共同的特质。对城中村学生进行传统文化修养的培育，是这部分学生尽快融入都市生活、文化氛围的需要，也是学生健康成长中个人修养的需要。

陶行知的生活教育理论：学生的良好修养是从生活和社会中逐步获得的，从而提出"社会即学校""教学做合一"，其核心是

"生活即教育"。他提出"生活教育"是"为生活而教育","为生活的提高、进步而教育","为生活的向前向上的需要而教育";是"教人做人、教人做好人、做好国民";是对学生进行"心、脑、手并用""学政治、学经济、学文化相结合"的"全面教育",通俗地说:受什么教育决定过什么生活。

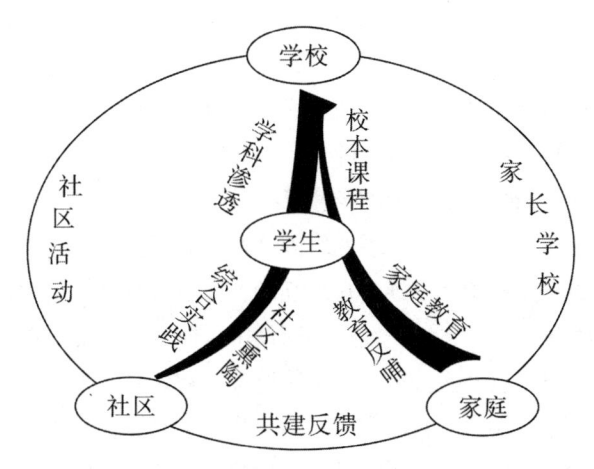

学校、家庭、社区共育示意图

班级案例

1. 案例一:段博财,PPT——丢失的文具盒(互动:老师,如果是你,该怎么处理这个问题?)

如果你班有一个这样的学生,你该怎么办?小组讨论。

2. 案例二:陈海的变化——一个问题生,父母几度都想放弃对孩子的教育。

偶遇"百善堂"的刘总,把孩子带到百善堂学习《论语》《弟子规》等。两个月后,孩子变了。一个偶然的机会,我与郴州"百善堂"联系了,经常与郴州"百善学堂"进行经验交流,2012年下期我就请百善堂的专家、老师到我的班上进行传统文化修养家校互动的宣传，并向教师、学生及学生家长做了大量的宣传工作，让他们的思想尽快融入"传统文化"之中。后来，百善学堂的讲师刘无风老师和张丽芳老师、李建球老师多次到我们学校组织"百善孝为先"的学生及学生家长互动活动，要求家长和老师都写听后感，同时在星期六、星期日组织部分家长参加百善堂义务举办的"经典诵读亲子活动"。（PPT—携手百善堂，听后感）原来许多家长以为，孩子一进学校，那就是老师的事，我们也有这样的切身体会，学生成绩好，那是天资聪明，所以很多学习成绩好的学生，看到以前的老师会绕弯走；而那些学习成绩不好的学生，家长就会说×××老师不会教书，不管他的孩子，不改作业……他们会把主观客观的原因都归到老师的身上，家长很少在自己的身上找原因。通过几次互动，许多家长对自己教育孩子方面感触很深，很多家长在这些活动中受到启发，发现孩子是自己的，先从自己身上找原因，纷纷用各种有效的方式（面谈、打电话、写信、写感受）跟老师沟通，改变了家长认为"孩子一上学，教育就是老师的事"的观念，增强了家长的责任感，加大了家长对孩子的教育力度，明白了"树不修不成型，人无管教不成材"的道理。

3. 案例三：变本加厉——李逸，他们怎么打你，你就怎么打他们

"感恩"教育活动"润物细无声"

4. 案例四：陈老师的苦恼（《弟子规》真管用）

趁热打铁（学科间渗透，课内外结合、校内外联动，家校社会总动员）

六、结论及思考

通过对课题近四年的研究，课题组的成员，不仅在理论上有了提升，同时也在理论联系实际中提升了自身传统文化修养；积

累了编写校本教材的经验,成功编订并开始使用校本教材《小学生必读必行三字经》《和孩子一起成长》,找到了解决城中村小学生传统文化修养培育的一些有效方法和途径,获得了培育城中村小学生传统文化修养的一些经验;《传统文化在课堂中的渗透》教师论文集、《走进郴州传统文化》实践活动集、《传统文化修养》学习心得集;培育了我校学生的传统文化修养,规范了学生的各种行为,逐步养成了良好的行为习惯。通过学科渗透、校本教程、开展综合性实践活动等形式,以及三位一体的培育方法,学生从实际行动上逐渐改变自己:注重并规范自己的言行举止,严于律己,宽以待人,懂得礼仪,学会正确的待人处世的方法,并具有一定的高雅的爱好;逐步改变生活中的陋习,养成良好的生活、学习习惯。

由于学校所处的地理环境特殊,教育对象流动面大,接受传统文化教育对象形成一定的个体差异;对于城中村小学生"传统文化修养"的培育不是一朝一夕的事,它是个长久的教育过程,需要各级部门和社会力量的大力支持。同时,我们也在思考,如何加大辐射力度,有效推进小学生传统文化修养的培育进程,让传统文化修养能更广泛地得以运用,我们将继续深化课题,形成我校独有的办学特色。

其实,我们的做法很平常,也许你们平时都做了,说不定做得比我们还好。但是,你们可能没有把这些问题作为一个专题来做,没有总结提炼的过程,所以,同样的事情,有人做了之后总结出了经验,形成了成果,有的人做了一辈子还在迷茫。

对待学生,有时候响鼓不用重锤,我经常在工作中做这些事:

1. 努力做到"严爱并施,爱中有严、严中有序、放而不泛、情中生细、范必务实"。

2. 善于写好班主任日志（记录一周的主要工作，每天发生的事情）和一周工作的反思。

3. 勤于做好"教师、家长、学生沟通记录"。

4. 经常引导学生看书，讲故事。

5. 时不时在孩子面前露一手。

6. 蹲下来看学生，学会走进学生的心里。

共 勉

播下一个行动，收获一种习惯；

播下一种习惯，收获一种性格；

播下一种性格，收获一种命运。

思想会变成语言，语言会变成行动，

行动会变成习惯，习惯会变成性格。

性格会影响人生！习惯好，一生好！

谢谢聆听！

第六章 媒体推介

彩笔一勾五岭欢,
传媒推介不夸张。
先生入画惊雷动,
始知福地又流芳。

周艳华的"家校经"

一转眼 28 年了。郴州市的乡村教师周艳华从师范学校毕业后,开始是在郴州市苏仙区五里牌乡中心小学,后来去了白鹿洞村小。如今白鹿洞成了城中村,小学也改名为郴州市第十三完全小学(以下简称"十三完小")。无论在哪所学校,周艳华总是乐学、乐教、乐研,与学生、家长一起成长。

28 年里,周艳华先后获得了"郴州市优秀教师""十佳教学能手"等荣誉。2016 年,她还被评定为"副高职称教师"。一名村小教师,能做到这样,得益于她对家校联通工作的深耕厚植。

让每个家长都能为教育带来正能量

2007 年 10 月,周艳华调入白鹿洞村小刚两个月。一天中午,三年级学生李某的妈妈冲进李某的教室打了班上的 6 名学生。这一幕正好被课前巡班的周艳华看见了,她立即上前制止。同时,她也将当事的孩子叫到一起,询问具体情况。

原来,当天中午,这 6 名孩子在乒乓球室有序地玩球时,李某走了过来,要打"霸王球"。这 6 名同学不同意,与李某争辩。这时,李某便挥拍打了他们。于是,孩子们拉着李某去见老师。李某自觉理亏,就回家搬来了自己的母亲。真相水落石出,李某无法反驳,但他的妈妈却毫无愧疚之心。周艳华花了很多时间、想了很多办法与他妈妈沟通,才让她认识到自己的错误。后来,李某的妈妈也配合老师帮助孩子纠正了不良行为。

李某妈妈的问题解决了，但周艳华依旧忧虑。因为，这不是个别现象。学校附近的原住民，因土地被征收而成了富豪，建了新居，将自己的孩子送出去择校就读了。于是，这个城中村住满了从农村进城的务工人员或经商人员，他们往往忙于工作而疏忽了孩子的家庭教育。像李某这样缺乏良好家庭教育的孩子大有人在。

突出的家庭教育问题让周艳华深感压力，为此，她几乎每天都在做家长的工作，走遍了白鹿洞村的13个村民小组。她给自己提出的要求是无论家长态度如何，都要尽力与他们交流沟通，赢得家长的信任，让每个家长都能为教育带来正能量。

周艳华提出"三个必须"的要求：一是家里必须给孩子提供基本的学习环境，起码要有读书、写作业的桌凳，有基本的书籍文具；二是家里必须有家规家训，以激励和约束所有家庭人员；三是家长必须对孩子实行"四项陪同"，即陪同生活、陪同读书、陪同游戏、陪同接待客人。这样，孩子不但能感受到家庭的温暖，还能学会为人处世的道理。

就这样，一个个家长，一个个家庭都开始蜕变，班级工作的开展更顺畅了，孩子们也变得更快乐了。城中村学校的学生本来流动性很强，但周艳华11年来在这儿带的三个班，没有一个学生流动。班上的学生和家长都认为他们遇到了最好的学校、最好的老师，所以不会再换别的学校。

有样学样，关键是要打好样

在周艳华看来，家长对孩子最好的爱就是"陪伴"。为了将这一理念传递给更多的学生家长，凡双休日的家访，她都会带着自己正在上小学的女儿徐邑荣一起去。在她与学生及其家长谈话时，徐邑荣总是安静地在一旁看一本自带的书。当家长问起这孩子为什么这么乖时，周艳华会趁机说："因为我总是会抽时间陪伴孩子。她现在看的这本书，我也在看，我们还会一起交流讨论。"

有了周艳华的打样，家长们也动起来了。十三完小72班的李秉鸿，以前并不是一个热爱阅读的孩子。他的父母决心改变孩子对阅读的态度，在李秉鸿过生日的时候，他的父母送了他一本《少儿科普》。为了与孩子有更多的共同话题，李秉鸿的妈妈也抽时间读了这本书，还经常抽时间一家人一起逛书店，以看书、选书、购书为乐。"一次花几十块钱，选两三本书，却能带来许多快乐。"从此，李秉鸿每天都会和爸爸妈妈一起读书，一起谈书。渐渐地，一家人的文学素养都得以提升。李秉鸿的作文不但上了学校墙报，还在"湖南省校园文学大赛"中得了奖，他的爸爸妈妈也从麻将桌的常客，变成了捧着书就不肯放下的"书虫"。

家长会上，李秉鸿的爸妈与家长们分享读书体会。李秉鸿妈妈说："陪伴是爱孩子最好的办法，而陪伴孩子读书是必不可少的。我们家孩子进步这么大，是爱读书以及我们的陪伴起了作用。其实一个月带孩子上一两次书店，选两三本好书，一般家庭都能做得到。"

"要千方百计保证家庭教育能与时俱进"

"学习和进步是一辈子的事，不仅我自己要坚持，还要与家长们一起坚持，让每位家长都能不断学习，与时俱进。"周艳华说。

为达成这一目标，周艳华想了很多办法。例如：让家长进课堂，与孩子一起学习，把自己的感悟跟大家分享；多开展主题研讨会，让家长与孩子分享学习心得……

周艳华还给家长们争取了许多学习机会，让他们参加市区教育局、图书馆等部门举行的教育类（特别是家庭教育类）演讲会、报告会。

一位曾经信奉"不打不成才""棍棒下面出孝子"的家长，听了专家几次有关"赏识教育"的讲座后，彻底改变观念。他说："周老师以前说过好孩子是夸出来的，不要一味地批评孩子，而要发现孩子的优点。但是具体怎么做，我没能很好地把握。听了专家讲赏识教育后，我才真正知道了具体该怎么做。现在，我们家每天在晚饭后都会聊天，与孩子交流一天的收获。父母和孩子自己互相赏识、互相学习，家庭生活变得越来越有意思。"

家委会主任汤连琴说："教育局、图书馆、社区的培训与专题讲座，对我们这些打工者来说，算是高端培训了。周老师和学校为我们想得这么周到，我们不努力学习，不与时俱进都不行了。"

和孩子一起成长是家长的责任，也是我们老师的责任。要真正做到教学相长，我们还需付出更多努力。对此我充满信心，我们一定要让每个家庭都成为孩子成长的沃土！

（《湖南教育》2018年10月第1009期"杏坛人物"栏目，通讯员：李让恒、蒋小毛）

随风潜入夜　润物细无声
——市十三完小高级教师周艳华速写

她从农村来，长期坚守在农村小学教育岗位。

她深深地明白，农村孩子缺什么，城中村的孩子缺什么。

她善于应用形象思维教学，让孩子感受到汉语的魅力；她把自己当成孩子的家长，无微不至关爱着每一个孩子，于无声处让孩子感受到师德的高尚与博大。

她就是市十三完小小学高级教师周艳华。

用形象思维说话：让孩子逐步培养语感

现年 45 岁的周艳华，先后在苏仙区五里牌中心完小、白鹿洞镇长冲铺小学、白鹿洞村小（现更名为"郴州市第十三完全小学"）任教语文学科，长期担任班主任，兼任语文教研组长，教研室主任。

在教学中，周艳华注重引导孩子形象思维，通过趣味化、具体化，让孩子感受到语言文字的美。2010 年，她执教的《巨人》录像课选送省教育学会，获一等奖；2014 年，她选送的课题录像课《刘邓大军渡黄河》，获省级一等奖。在这些公开课中，周艳华充分应用背景知识、历史知识和声光电气等现代化的教学手段，"还原"人物形象，"还原"故事情节，让孩子从枯燥的字词学习中解放出来。

面对新生代孩子，周艳华改变"填鸭式"的教学理念，她撰写的论文《城中村小学生学习现状的调查与分析》《城中村小学生传统文化修养培育的途径》《城中村小学生家庭文化背景现状调查与分析》等论文，深刻剖析了孩子的成长环境、家庭背景，有针对性地提出用传统文化弥补价值观的缺失，促进孩子文明习惯的养成。她主持的《城中村小学生传统文化修养培育的探索与实践》，于2011年在市规划办和省教育学会同时立项，于2014年7月同时结题，该课题还于2013年在湖南省教育规划办立项，并获得省级"一般资助"奖励。

身教重于言教：让孩子时刻感受老师的关爱

在教学科研上，周艳华精益求精。在师德建设上，周艳华展示了一名农村教师的赤子情怀。

1994年，当时在苏仙区五里牌中心完小任教的周艳华，新婚燕尔。但细心的她发现，班上一名女生整天愁眉苦脸。她一打听，原来孩子的父亲正在服刑，全家三姐妹全靠母亲一个人卖菜苦苦支撑。周艳华马上把这名女生叫到自己家里，与自己一道吃住，并发动全班学生献爱心，帮助她解决学费问题。

周艳华的另一位学生杨慧琳，现已参加工作，每逢过年，她都要前来看望周老师。在她读六年级的时候，妹妹读四年级，父亲突然罹患尿毒症，全家陷入了困境。周艳华老师让她们姐妹俩到自己家吃住，并帮助她们完成了学业。现在在太平洋保险公司工作的曹江帅，小学时曾因吃不惯隔餐菜、睡不惯学校寝室而产生"弃学"念头，周艳华老师深夜坐摩托车到他家，苦口婆心地劝说，帮助他一一解决困难，才让这个孩子顺利完成了学业。

2015年11月25日，周艳华担任班主任的市十三完小三年级

62班一位家长写来感谢信,感谢周老师忙前忙后帮她们家申请了爱心助学金和贫困家庭补助金。

  身正为师,德高为范。在周艳华身上,记者感受到了一名小学教师的博大。

(2016年2月2日《郴州日报》,记者:陈晨)

周艳华：用心呵护每一位学生

在今年教师节期间，来自郴州市第十三完小的周艳华老师一连获得苏仙区优秀教师、优秀省级教学成果奖、优秀论文成果奖、优秀课题成果奖等多项荣誉。一时间，这名在讲台上耕耘了27年的小学老师，成为苏仙区教育系统关注的焦点。近日，新报记者走近周艳华，了解她浇灌祖国未来花朵的故事。

课堂：妙趣横生，不让一个孩子掉队

一头短发、声音甜美、与人交流自带亲和力……这是周艳华给人的第一印象。

见到周艳华时，她正给二年级学生讲解课文《丰收的画》。孩子们个个端坐，认真聆听。她一提问题，一双双小手齐刷刷举得老高，生怕不能点到自己。这便是周老师的语文课，极具互动性和趣味性，每一堂课上孩子们的积极性都十分高涨。

今年47岁的周艳华，1990年从郴州幼师学校（现湘南幼儿高等师范专科学校）毕业后，分配到了苏仙区五里牌中心完小当老师，后来又去了五里牌的村小锻炼了两年，2004年调到原白鹿洞镇长冲铺工作了3年。从2007年至今，她一直在市十三完小任教，迄今为止，已在教育一线驰骋了27个春秋。她获得了"小学高级职称"，并被聘为"小学高级教师"，2016年12月，晋升为中小学高级教师。

"小学老师要根据孩子们的心理来上课,小朋友们有些后知后觉;要因材施教,课堂上应该随机应变。"作为连续多届获得"苏仙区优秀教师"称号的周艳华,教育孩子早已有自己的一套技巧。她说,无论孩子是调皮或是内向,在自己的课堂上,她都不会听任不管,而会耐心地开导。"不能只为了完成教学任务,而应该走进每一个孩子的内心深处,让他们懂得学习,懂得为人处世。"

"最喜欢听周老师的课了,特别有趣,也很幽默。"市十三完小二年级学生陈静香这样评价自己的老师。她说,在一年级的时候,第一次听周老师的语文课,便被老师讲的一个猴子逛果园的故事深深吸引。"老师通过故事告诉我们,做任何事情都不能丢三落四,应该一心一意。"陈静香告诉记者,在周老师的课堂上,经常会穿插一些小故事,同学们个个都很喜欢。

师者:用母爱对待每一个学生

作为一名小学老师和一名母亲,周艳华深知每一个孩子都是一个家庭的心头肉。而她,也像对待自己的子女一样,从学习和生活中去呵护自己的每一个学生。

林才香的孩子伍宏睿已在市 29 完小读五年级,但她和自己的儿子样,一直是周老师的"粉丝"。从一年级到三年级,周艳华都是伍宏睿的班主任。在这期间,伍宏睿的爸爸因为脑溢血,整个家庭的重任都压在了妈妈林才香的身上。林才香带着孩子租住在学校附近的小房子里,靠着每个月两千多块钱的工资,支撑起整个家庭。"为了努力工作,我每天都没时间给孩子做早餐,只能给几块钱让他自己去买。"林才香说,最开始孩子有些叛逆,把早餐钱当了零花钱。当周老师知道伍宏睿的家庭情况后,便一直默默关注着,经常带他去吃早餐,教育他要懂事。林才香说,有时放学后她还没来接孩子，周老师担心孩子一个人回家会孤独，便会帮伍宏睿补习，"直到我下班后，她才下班离开学校，有时候一等就是一个多小时，这样的情况太多了，周老师任劳任怨，特别令我感动"。

"都是为人父母，都把自己的孩子当宝贝，我不能让学生和家长失望。"周艳华说，她会经常教育学生们，不要去责怪父母，教导孩子们要理解父母，多为家庭分忧。"这些百姓为自己的生活操劳，我想尽自己的努力，让家长们少一些担忧，要每一个孩子每天都能开开心心上学，安安全全回家。"

教研：老师也是思考者

2000年，周艳华参加了省教育厅组织的跨世纪园丁培训班，开始接触课题研究。她经常花很多课余时间对农村孩子和城中村小学进行探索和思考，第一个课题便是《农村小学生语文综合性实践活动的研究》，当时引起了苏仙区教育系统的重视。

而在此之前，市十三完小也是一所村小，2014年才转变为城区小学。这所学校面积不大，是一所农民工子弟聚集的学校。一个班六十多个学生，外来务工子弟便占了五十多人。很多还都是爸爸一个人在外打工，妈妈带着孩子，租在学校附近陪读。来到市十三完小工作后，周艳华便开始调研城中村学生生活环境。为此，她经常走访学生家庭，了解孩子们的习惯养成教育。

"有些家长为了省钱，租住在一些小煤房里面，甚至连电视都没有。"周艳华说，这种状况让她很是担忧，虽然是弱势群体，但过低的生活质量会对孩子们的成长产生负面影响，"甚至我有时候在上课时，发现一些农村孩子连高粱、稻谷是什么也不知道，我很担心他们。"

"有些家长的观念比较落后，文化水平较低，自身的修养也参差不齐，需要改变他们对孩子和老师的看法。"周艳华说，为了让家庭教育与学校教育在这些外来务工子弟中进行推广，她拿自己班的孩子做起了"实验"，开始召集家长与孩子一同来学校上国学课，让家长做孩子们的榜样。课后，还让家长和学生一起写感想，这一举措很快取得成效，得到家长们的支持，随后，还在全校进行了推广。与此同时，她撰写的《城中村小学生传统文化修养培育的探索与实践》论文，获得了2010年第四届湖南省基础教育教改成果三等奖。

如今，周艳华成了湖南省教育教学专家库成员，她也是学校公认的研究型教师，是同事们的榜样和楷模。每次学校有老师需要进行公开课，都会来找她请教，而她也会细心地为同事们指导。"周老师乐观向上，积极向上，爱学习、爱社交，平易近人，值得我们每一个年轻老师学习。"在市十三完小教书两年的李婧老师这样评价周艳华。李婧说，周老师始终保持着年轻的心态，性格开朗，使得她带的学生有一种积极向上的精神面貌，这也是每一个小学老师应该持之以恒的一种态度。

(2017年9月29日《郴州新报》，记者：胡勇镜)

春风化雨，爱心育人

——周艳华老师的育人小故事

已从教 30 年的周艳华老师一直没有离开过班主任岗位，30 年来历年被评为优秀班主任。有人问周老师管班的"妙招"，她十分坦率地说就是用"心"做而已。为了学生，周老师经常忘记了自己还是一位妻子，是一位母亲。有一次，周老师正在给学生谈心，辅导潜能生的功课，女儿就静静地站在周老师旁边，扯着周老师的衣角怯怯地问："妈妈，可以跟我说说话吗？""妈妈，我可以做你的学生吗？"

一、施教因人而异

1999 年 9 月，五里牌中心完小六年级的武同学在村小没养成好习惯，学习没兴趣，上课要么不听讲影响他人，要么在课堂上来去自如。所有的科任老师都感到头疼，纷纷向周老师诉苦"这孩子太难教了"。对此，周老师一面多次家访，了解孩子的家庭环境；另一面向之前的老师和同学了解他的兴趣爱好，寻找他的闪光点；再一方面与他反复谈心，鼓励他发扬优点，激发学习兴趣。把准了脉，就看下什么药了。

有一次，周老师在作业批改时发现他的作业虽然做对的不多，但字迹工整，立即抓住他喜欢表扬的特点，在第二天的课堂上特意提出表扬。经过类似的教育形式，他从此上课认真多了。但是人的成长是螺旋式向前的，不久后一个冬天的晚自习他又逃学，偷偷跑回了家。周老师得知后已是晚上9点多钟，冒着山区的严寒坐着摩的（摩托）到他家里，与其父母一起把他劝回了学校。

二、注重家庭教育

2013年的一天中午，五年级52班的李同学因其他同学不愿意与他一起打乒乓球，他便跳上球台挥拍乱舞，不听其他同学的反复劝说，并动手打人。他还自认为受了欺负，跑回去把妈妈叫来。李妈妈一到学校，一不找同学了解情况，二不找老师反映问题，便领着孩子冲到教室里拎着其中一个同学大声吼道："儿子，他们怎么打你，你就怎么打他们！"因为母亲护犊子，李同学从此在班上为所欲为的行为变本加厉。

为了让李妈妈意识到对孩子的教育应该有个正确的引导，对孩子的爱有个合适的表达方式，在一次郴州市文化馆组织的"家庭教育报告会"活动前，周老师特意把李妈妈请到学校，与她进行沟通，同时还亲自陪同她去听关于家庭教育的报告。听了几次这样的报告，其间周老师又与李妈妈反复交流关于孩子教育的一些看法，李妈妈终于意识到父母纵容孩子的不良行为实则是害了孩子，并几次找到老师请教在家里如何正确教育孩子。

周老师这样做不但拉近了家长与老师之间的距离，化解了一些不必要的矛盾，而且让家长明白了父母就是儿童的第一位老师。

为了培养学生养成良好的学习、生活、行为习惯，周老师特意联系了我市传播传统文化的民间机构"百善堂"，请他们的老师到班上给家长和孩子一起做"传统文化与家庭教育"的专题讲座。家长们听了后很有感触，并带着孩子一起写心得体会。这件事改变了家长认为"孩子一上学，教育就是老师的事"的观念，增强了家长的责任感，加大了家长对孩子的教育力度。

三、弥补缺失的爱

2012年，周老师担任班主任的52班新转来的一名单亲家庭的学生刘同学，妈妈经常去外地谈生意而把他一个人留在家中。因为缺少家庭关爱而经常逃学，甚至与人打架，每年都会"被转学"，人称"调皮大王"。因刘同学插班面试的时候留给老师的印象差，所以，老师们大都不愿意接受，只有周老师接受了他。因母亲经常不在家，又没有其他监护人，他妈妈每次出去只给刘同学留下几十块钱。他拿着钱一下花个精光，没有钱吃饭便到处游荡，就别说好好学习了。周老师得知这一情况后，便每天中午把他带到家里吃饭，下午放学后在办公室督促他做完作业，再送他回家。一天傍晚下着雨，周老师在送刘同学回家的路上，不小心摔倒在路边的马路牙子上，膝盖擦破了，疼得站不起来，刘同学急忙扶起周老师，并感动地哽咽着说："周老师，怎么样了？我以后要做一个好学生……"春风化雨，慢慢地他变懂事了，学习也进步了。后来因为家庭原因刘同学回老家就读，但他每年都向她表示祝福问候。

四、关爱留守儿童

本届70班的黄同学是位建档立卡贫困户，父亲因触犯刑法正在监狱服刑，母亲改嫁到长沙，在郴州租了房子给孩子与外婆居住。2018年中秋节那天放假，同学们都回家了，他一人坐在教室发呆。周老师得知后，把他领回家中一起过节，晚饭后，周老师散步把黄同学送回家，见外婆在炒菜，黄同学马上动手帮忙。周老师被眼前的情景惊呆了，了解到外婆七十八岁且患有脑中风，孩子与外婆无法交流缺少关爱。周老师决定每天接他一起上下学，在学习上关注他，借此让他感受到老师对他的爱。长此以往，黄同学被周老师的关爱所感动，表现、学习都有了明显的进步。他妈妈知道后，多次用打电话和其他方式表示感谢。

五、不让一人掉队

9岁的李世杰，五官端正，眉清目秀。但因为母亲怀孕时，腹中缺氧，导致孩子留下了语言障碍的毛病。李世杰不能与人正常沟通，所以不能正常入学。按照正常年龄，他今年本应该读四年级，可如今每天只能由父母在家看管，除了家人，几乎没与其他任何人交往和接触。

"孩子渐渐长大，渴望有同伴的陪伴，感受儿童应有的快乐。"周艳华说，得知有这么一个特殊儿童，她主动申请送教，并决定带着班上的孩子一起去帮助李世杰，"同时培养孩子们的奉献精神和爱心"。与李世杰交流时，她总是尽量放慢语速、放低语调，时刻保持着微笑，好让他能够更好地接受自己，跟上自己交流的节奏。从去年11月份以来，周艳华每个月都会坚持带着学生们一起，为小世杰上门送教。语言训练、画画儿、音乐……虽然授课的对象是一个人，但每一次课程都丰富多彩。班里的孩子们也慢慢与李世杰变成了好朋友。而周艳华也将每一次的送教心得写成日记，记录着李世杰的成长故事。

"我很感谢周老师对我孩子悉心的照顾，她用母亲般的付出，诠释着一名人民教师的无私与大爱。"李世杰的母亲告诉记者，每一次上课周艳华都特别用心、有耐心。即便是在不方便走动的时候，她也会用视频的方式，为李世杰上课。"这段时间，我孩子变化很大，有了周老师的教导和孩子们的陪伴，小世杰也慢慢开朗、爱笑了。"

（2020年7月13日《红网时刻》，记者：胡用梅）

白鹿洞小学出名师，农村教育的骄傲

2011年9月9日，从苏仙区庆祝第27个教师节表彰大会上传来振奋人心的消息，我镇白鹿洞小学的周艳华老师与市二中的黄玉兰老师、苏园中学的张朝亮老师同时被授予"苏仙区名师"称号，区长彭先智亲自为他们颁发证书。

周艳华老师，郴州市第一批骨干教师，乡镇市级骨干教师第一人，小学高级教师，区学科带头人，多次参加省级骨干异地交流培训，主持郴州市三个省级课题之一的《城中村小学生传统文化修养培育的探索与实践的研究》，曾被区教育局定为"中小学质量监测命题智库"小学组命题人员，多次参加小学语文命题，并被评为"优秀命题教师"。多年来她孜孜不倦地倾心于小学语文教育教学和班主任工作，学科专业素养深厚，教学理念先进，积极投身课堂教学改革，扎实、灵活、有序地全面提高学生的语文素养，注重培养学生的思维能力和创新精神，努力探索教育信息化手段在小学语文课堂教学中的创新应用。丰富的教学理念，使她在小学语文课堂教学上如驾祥云，她启发和诱导的巧妙、环境的创设、兴趣的培养、学习小组的建设，使孩子们如鱼得水，尽情享受语文课堂的快乐和收获。指导的青年教师执教的《jqx》一课录像送评，获中国教育学会小学教育专业委员会"十一五"优秀论文级教科研成果征集评选活动录像课类一等奖，同时，自己被评为"优秀指导老师"；辅导的学生征文作品曾获国家级、省市区级特等及一、二、三等奖；所撰写的十多篇论文分别在国家级、省级、市级、区级获一、二等奖；她的教育教学论文《让学生养成积累语言的好习惯》《浅谈读中感悟》获国家级一等奖，并在《当代教育理论研究》杂志上公开发表。基于这些锲而不舍的努力，她也多次被评为区"教研工作先进个人""执行常规先进个人"，2009年、2010年两年考核连续被评为区级"优秀"，并获区政府"嘉奖"。

多年来，周艳华老师一直谨持"育人者必先育己，不正己则不能教人"的教育理念，坚守在农村教育一线，为我们的农村孩子奉献自己的光与热，让我们向村小名师周艳华致敬！

（2011年9月19日郴州教科网，李红果、刘旭辉）

后记

走近学生，走进教材

《一个教师的笃行致远》付梓在即，欣欣然，亦惶惶然。回顾三十余年的教学生涯，看看书稿，感慨颇多。沉潜下来，体会教书育人的不易，要成为一名合格的、称职的班主任、学科教师必须要做到"走近学生，走进教材"。

走近学生，一是要深入了解学生的内心世界、了解他们的兴趣爱好、特长，乃至喜怒哀乐；二是需要加强与学生家庭的联系，了解学生的家庭文化背景，与家长一起帮助他们树立正确的"三观"。只有这样学生才能亲其师，信其道。

走进教材，教师要努力学习当前新的教育理念，用理论来充实自己的头脑，指导自己的教学实践。其次，就是要认真钻研教材，吃透教材的编写意图，挖掘教材的教育内涵，每一堂课都做到心中有数：这堂课该讲什么、怎么讲、为什么这么讲等。于是，喜欢打破砂罐问到底的我，便有了一些愚见。发现了问题，就想办法解决问题，在解决问题的过程中，我找到一些属于我自己的思考。唯有如此，才会越走越远，越走越亮堂。

本册的成书过程，特别是资料的收集、整理、分类的过程中，我非常荣幸地得到了赵雄辉先生的赐教，他科学严谨的治学精神让我受益匪浅。在这里，我还要感谢赵小勤教授亲自为本书作序。同时，还有一大批关注、鼓励、帮助、支持我的亲朋好友们、相扶相携的同人们,有了你们,才有了《一个教师的笃行致远》,我在此深表由衷的谢意。

　　囿于学识,书中还有许多问题没有想透说透,教学实践中还有许多问题有待进一步探索,期待日后躬耕不辍,踔厉笃行,钩深致远。